U0667449

内蒙古自治区
企业工资分配与政策调控研究

高鹏博 等 著

社会科学文献出版社
SOCIAL SCIENCES ACADEMIC PRESS (CHINA)

《内蒙古自治区企业工资分配与政策调控研究》编写委员会

序

改革开放40多年来，内蒙古自治区经济、科技、教育、文化、卫生、收入分配、社会保障等领域的改革取得了长足的进步，全区高质量发展迈出了坚实的步伐。其中，企业工资收入分配领域的改革创新为全区高质量发展发挥了重要的引领作用。

第一，坚持深化收入分配制度改革，让改革发展成果更多惠及全区人民。改革开放以来，内蒙古自治区职工工资持续较快增长，工资水平实现历史性跨越；城乡居民收入水平显著提高，为全区全面实现小康社会奠定了坚实的基础。2017年，内蒙古自治区人均GDP达到63764元，在全国31个省份中居第9位；全体居民人均可支配收入达到28376元，在全国31个省份中居第10位；城镇在岗职工平均工资67688元，在全国31个省份中居第20位。1978年至2017年的40年间，全区用26年时间实现企业职工平均工资跨越万元大关，又用11年时间实现企业职工平均工资跨越5万元大关，2017年企业职工平均工资已接近7万元，目前正向10万元大关迈进。

第二，坚持深入贯彻国家收入分配政策与地方创新相结合，突出以企业工资分配调控政策引领企业创新发展。改革开放以来，内蒙古自治区深入贯彻落实国家宏观收入分配政策，并主动结合地方实际进行政策制度创新，全区企业工资分配制度改革取得了令人瞩目的成效。截至目前，全区企业工资分配宏观调控体系基本建立；企业工资正常增长机制制度体系趋于完善；国有企业负责人薪酬制度改革进展顺利并已取得阶段性成效；国有企业工资决定机制改革稳步推进；最低工资制度有序实施，连续14次提高最低工资标准；全区实行企业工资指导线和行业工资指导线制度，并且是全国31个省份中为数不多的推行行业工资指导线制度的省份之一。

第三，始终高度重视企业工资收入分配工作，千方百计推进企业工资分配政策调控做深做细、做出成效。颇为难能可贵的是，内蒙古自治区虽然属于西部省份，全区就业人口也较少，但在全国各地区企业工资分配调控管理和政策制度创新等方面，一直走在全国的前列，其中比较有代表性的包括国有企业薪酬核算委员会制度、行业工资指导线制度、自治区直属企业负责人薪酬专项审计制度等。2011 年，全区就在全国率先实行国有企业薪酬核算委员会制度，为全国国有企业负责人薪酬制度改革探索了有益经验；2008 年起，全区开始实行企业工资指导线制度；2010 年开始又在全国较早实施行业工资指导线制度，2019 年全区制定发布了 16 个行业工资指导线，行业工资指导线接近实现行业门类全覆盖。可以形象地说，内蒙古自治区虽然行政区划属于西部地区，但其企业工资分配政府职能管理水平达到东部先进水平；其地理区位虽然在我国北方边陲，但其企业工资分配政策制度创新理念达到甚至超过南方先进水平。

改革开放 40 多年来，内蒙古自治区企业工资分配工作积累了丰富的经验，取得了令人瞩目的成就，为全国企业工资分配事业发展作出了重要贡献。高鹏博同志长期从事地方企业工资分配政府职能管理工作，是内蒙古自治区企业工资分配改革发展的参与者和见证者。这本书比较全面、客观、真实地描述和分析了内蒙古自治区改革开放以来企业工资分配的改革历程、成就与创新、面临的矛盾和困难，值得所有关心企业工资分配问题的研究者参考。我们和所有关心内蒙古自治区企业工资分配工作的人一起瞻望着全区企业工资分配工作的持续进步和美好未来。

聂生奎

人力资源和社会保障部劳动关系司司长

2019 年 8 月

目 录

第一章　引言

党中央、国务院历来高度重视收入分配工作。习近平总书记对收入分配工作多次发表重要论述，强调“收入分配是民生之源，是改善民生、实现发展成果由人民共享最重要最直接的方式”①，“收入分配制度改革是一项十分艰巨复杂的系统工程，各地区各部门要充分认识深化收入分配制度改革的重大意义，把落实收入分配制度、增加城乡居民收入、缩小收入分配差距、规范收入分配秩序作为重要任务，着力解决人民群众反映突出的问题”②。做好收入分配工作，促进收入分配更合理、更有序，是抓住人民最关心最直接最现实的利益问题，在发展中保障和改善民生的根本要求。

一　收入分配、企业工资分配与研究角度

深化收入分配制度改革，推进形成合理有序的收入分配格局，让改革发展成果更多更公平惠及全体人民，是实现社会和谐、保持经济长期稳定发展的重要基础。改革开放以来的实践表明，深化收入分配制度改革需要做到以下几点：一要坚持按劳分配原则，坚持劳动报酬增长与劳动生产率提高同步，不断增加劳动者特别是一线劳动者报酬，在坚持经济增长的前提下实现居民收入同步增长；二要尊重市场规律，保护各种生产要素贡献的应得收入，鼓励形成除劳动之外，以要素（资金、技术、管理等）投入获得合法收入，促进收入分配更加多元、更加合理、更加有序；三要完善收入再分配调节机制，加快基本公共服务均等化，加大个税调节力度，增加普通劳动者收入，缩小不合理收入分配差距，促进收入公平。

新中国成立后至改革开放前，我国城镇居民就业者绝大多数为国有和集体职工，工资性收入几乎是唯一的收入来源。改革开放后，城镇居民的收入来源

---

① 《让老百姓过上好日子——关于改善民生和创新社会治理》，载《习近平总书记系列重要讲话读本》，学习出版社、人民出版社，2014，第 114 页。

② 《习近平关于全面深化改革论述摘编》，中央文献出版社，2014，第 92 页。

日益多元化，经营、财产和转移收入比重逐步增加，城镇居民工资性收入不再占据绝对主体地位。但城镇居民工资性收入仍然占据相对主体地位，2018 年，我国城镇居民人均工资性收入占人均可支配收入的比重为 60.6%，农村居民人均工资性收入占人均可支配收入的比重为 41.0%（农村居民可支配收入中工资性收入占比不及半数但占比仍最高）①，工资分配仍然是影响城乡居民收入的关键因素，工资分配仍然是收入分配的重要内容。

政府政策重要吗？经济学家盖尔·约翰逊的回答是："政策不仅重要，而且十分重要。如果政策是鼓励人们通过努力工作、储蓄、投资和有效利用他们的资源来改善自身条件的，那么社会就能够取得伟大的成就。"② 我国实行的是社会主义市场经济体制，科学有效的政府宏观调控是完善社会主义市场经济体制、提升国家治理体系和治理能力现代化水平的必然要求。改革开放以来，企业工资分配宏观调控作为政府宏观调控的重要组成部分，对国民经济持续健康发展发挥了重要作用。内蒙古自治区改革开放 40 多年来的企业工资分配实践经验也表明，大力推进企业工资分配领域改革创新，使包括企业职工在内的广大劳动者获得更直接、更明确、更满意的收入，才能更好展示中国特色社会主义的优越性，才能更好顺应人民对美好生活的向往，才能更好体现当代中国发展进步的根本方向。

改革开放以来，内蒙古自治区高度重视收入分配问题，结合地方经济社会发展需要，持续探索推进收入分配制度改革特别是企业工资分配制度改革，取得了显著成就，也存在一些亟待解决的问题，迫切需要通过进一步深化改革来加以解决。本书的宗旨，就是通过研究分析内蒙古自治区改革开放 40 多年来企业工资分配改革发展的辉煌历程，总结梳理相关经验教训，为深化全区乃至全国企业工资收入分配制度改革提供重要经验借鉴。

二　本书研究定位与研究思路

本书研究定位于政策性、应用性研究，重点对内蒙古自治区改革开放 40 多年来企业工资分配领域若干重要问题进行分析探讨，并试图为改进完善内蒙

① 《人民生活实现历史性跨越　阔步迈向全面小康——新中国成立 70 周年经济社会发展成就系列报告之十四》，国家统计局网站，2019 年 8 月 9 日，http：//www.stats.gov.cn/tjsj./zxfb/201908/t20190809_1690098.html。

② 〔美〕D. 盖尔·约翰逊：《经济发展中的农业、农村和农民问题》，林毅夫、赵耀辉编译，商务印书馆，2005。

古自治区及国家宏观收入分配调控提供政策建议。

本书的研究思路是：首先，对全区企业工资分配的政策演变历程、主要成就和政策创新进行梳理总结，集中展示改革开放40多年来全区工资分配领域取得的历史性成就；其次，分别从企业职工工资、国有企业职工工资、国有企业负责人薪酬分配、国有企业工资决定机制、全区主导产业采矿业和制造业的人工成本构成及变动原因、企业工资指导线理论模型、国有企业职业经理人薪酬制度改革等方面，对全区工资分配进行数据描述和研究分析；最后，结合地区实际和政策发展趋势，提出下一步改进完善全区乃至全国企业工资分配政策调控的若干政策建议。

三　本书结构与主要内容

本书共有十章。第一章为引言。第二章从全区整体视角总结评介内蒙古自治区改革开放40年来企业工资分配政策改革历程、主要成就与改革创新。第三章对改革开放中持续较快增长的职工工资及城乡居民收入进行研究分析。第四章聚焦国有企业（国有单位）职工工资分配。第五章对国有企业负责人薪酬制度改革及其成效进行研究分析。第六章对国有企业工资决定机制及其主要内容进行分析介绍。第七章重点对自治区两大支柱产业采矿业、制造业的人工成本进行研究分析。考虑到企业工资指导线特别是行业工资指导线是内蒙古自治区企业工资分配宏观调控的重要创新之一，第八章集中对自治区企业工资指导线的理论基础及测算过程进行研究分析。第九章结合当前国有企业改革发展趋势，着眼于下一步深化国有企业改革和收入分配制度改革，对国有企业职业经理人薪酬管理制度进行探索研究。第十章对进一步深化全区企业工资分配政策调控提出若干政策建议。

为了便于直观了解企业工资分配有关内容，本书尽可能采用图表等方式进行有关数据的描述展示和研究分析；同时，为了使有兴趣的读者可以更方便地了解内蒙古工资分配的具体政策内容和关键数据，本书最后特意收录了内蒙古自治区企业工资分配方面的相关政策和主要数据，希望可以为读者阅读本书和进行有关研究工作提供方便。

第二章　内蒙古企业工资分配政策改革历程、成就与创新

改革开放以来，与全国其他省份一样，内蒙古自治区企业工资分配政策随着国家和自治区发展战略、国有资产管理体制、国有企业管理体制等方面的变化发生了深刻变化，企业工资分配领域取得了显著成就和重要制度创新。

一　改革开放以来内蒙古企业工资分配改革历程

改革开放40年来，与同期国家层面企业工资分配制度改革相适应，内蒙古自治区企业工资分配[①]制度的改革历程可概括为以下四个阶段。

（一）按劳分配工资制度恢复实施（1978～1992年）

经过1956～1976年“工资的长期冻结”[②]，随着1978年开始改革开放，为了调动国有企业劳动者的积极性，克服平均主义，国家对职工工资进行了一系列调整，“文化大革命”期间被废止的按劳分配工资制度、计件工资制度和奖励制度等逐渐得到恢复。总体上看，1978～1992年，内蒙古自治区企业工资分配制度改革以克服传统计划经济体制下的平均主义分配导向，恢复实施按劳分配工资制度，重新体现企业工资分配与经济效益挂钩为发展主线。这一阶段，自治区企业工资分配改革的主要内容是贯彻落实国家层面先后出台的一系列工资分配改革政策。

---

① 理论和实践中不同人员对工资分配、薪酬分配等的称谓主要依据其工作习惯及个人偏好，尽管现有国家相关政策框架中工资、薪酬等定义不尽相同，但鉴于不同称谓对本书的研究内容没有本质影响，因此，除特殊说明外，本书中对工资、薪酬等说法不作严格区分。

② 赵人伟：《居民收入差距的来龙去脉》，转引自《紫竹探真：收入分配及其他》，上海远东出版社，2007，第139页。在1956～1976年大约20年间，工资基本上是冻结的，这同“大跃进”和“文化大革命”的特殊背景有关。

1979 年，国务院发布了《关于扩大国营工业企业经营管理自主权的若干规定》，国有企业获得了一定的经营自主权和部分分配决策权。其中，分配决策权主要是实行企业利润留成，企业用利润留成建立生产发展基金、集体福利基金和职工奖励基金，通过企业利润留成把企业经营的好坏同企业生产的发展和职工的物质利益直接挂起钩来。

1981 年，以《关于实行工业生产经济责任制若干问题的意见》和《关于当前完善工业经济责任制的几个问题的报告》为代表，中央政府决定在全国实行工业经济责任制。国家和企业的分配关系得到确立：一是利润留成和利润包干；二是盈亏包干；三是以税代利，自负盈亏。国有企业的奖励分配权得到进一步扩大，同时计件工资制和个人业绩在工资中逐渐得到体现。这使得国有企业的员工工资与个人贡献开始挂钩，提高了员工工作的积极性。但由于奖励的额度不大，与企业总体经营的业绩好坏仍没有紧密联系起来。

1983 年，国务院批转劳动人事部《关于一九八三年企业调整工资和改革工资制度问题的报告》，其基本原则是“调整工资必须实行调改结合的方针，把调整工资和改革工资制度结合起来，把调整工资同企业经济效益的好坏、同职工个人劳动成果的大小挂起钩来，并在国家计划安排的工资增长指标范围内，在提高经济效益的基础上，通过调整工资和改革工资制度，使企业的多数职工能够在一九八三、一九八四两年内增加工资，部分工资偏低、起骨干作用的中年知识分子较多地增加工资”。这次工资制度改革，不仅提高了职工的工资水平，而且通过实施调整工资同企业的经济效益挂钩，为国有企业的工资决定机制初步引入了市场因素。

1984 年，党的十二届三中全会通过的《中共中央关于经济体制改革的决定》提出了国有企业工资分配的具体要求，主要包括由企业根据经营状况自行决定企业职工资金，使企业职工的工资和奖金同企业经济效益的提高更好地联系起来。

1985 年，国务院印发《关于国营企业工资改革问题的通知》，标志着第三次全国性工资改革①的全面展开。这次工资改革的主要内容，是国家将工资决定权逐渐下放给企业，开始实行国有企业工资总额与经济效益挂钩即所谓

① 参见《人民论坛》2001 年第 5 期。1952 ~ 1955 年，我国实行了第一次工资改革，改革的主要内容是逐步将供给制为主的工资制度改为工资制。1956 年，我国实行了第二次工资改革，改革的主要内容包括取消“工资分”，实行直接货币工资标准，进一步改革工资等级制度。1985 年，我国实行了第三次工资改革。

“工效挂钩”，国家只管控国有企业的工资总额，不再统一安排企业内部的工资调整。国有企业拥有企业内部分配自主权，可以自主确定企业内部的工资制度。“工效挂钩”制度进一步加大了企业经营业绩与职工工资的联系，但企业还是不能自主决定企业工资总额，只能采取与经济效益挂钩的办法。实践中“工效挂钩”政策具体化为工资总额与利润总额的挂钩，或工资总额增长与利润总额增长的挂钩，一般做法是利润总额每增长1%，工资总额增长0.3%～0.7%。[①] 截至1987年，全国大部分国有企业已实行工资总额与经济效益挂钩的工资总额管理办法。

1992年，国务院印发施行《全民所有制工业企业转换经营机制条例》，其中第十九条明确规定：“企业享有工资、奖金分配权。企业的工资总额依照政府规定的工资总额与经济效益挂钩办法确定，企业在相应提取的工资总额内，有权自主使用、自主分配工资和奖金。”

“工效挂钩”制度本质上是与国有企业经营承包责任制相匹配的工资分配制度。由于这一时期资源的配置仍由国家控制，企业利润等经济效益指标受国家政策支配，企业的利润并不是在市场竞争中通过市场机制形成的，因此导致“工效挂钩”仍具有计划经济的色彩。同时，由于各个企业之间经济效益横向比较的可比性较差，导致企业事实上只能与自身的历史利润情况做纵向对比，需要逐步核定企业工资总额和经济效益基数及挂钩比例，这就避免不了国有企业与政府主管部门之间的“讨价还价”和行政协调。因此，“工效挂钩”也是20世纪80年代后期以来国有企业之间工资攀比和“工资侵蚀利润”的重要原因。这一时期，国有企业负责人尚不敢把自己的薪酬与普通职工的工资收入差距拉得太大，以免激化矛盾，但是为了弥补现金薪酬激励的不足，部分国有企业负责人的隐性收入与职务消费急剧增加。

总体而言，1978年至1992年间，随着“工效挂钩”政策实施，国有企业开始构建“国家宏观调控、分级分类管理、企业自主分配”的企业工资分配制度，从而使得改革开放前就已确立的按劳分配工资制度得

① “工效挂钩”主要做法是将企业工资总额增长与企业的经济效益增长紧密联系起来，由政府有关部门逐年核定企业工资总额基数、经济效益基数和挂钩比例（即“两个基数、一个比例”）。参见《国有企业工资总额同经济效益挂钩规定》第十六条“企业工效挂钩的浮动比例，根据企业劳动生产率、工资利税率、资本金利税率等经济效益指标高低和潜力大小，按企业纵向比较与企业之间横向比较相结合的方法确定。挂钩的浮动比例一般按1∶0.3—0.7核定。少数特殊的企业，其浮动比例经过批准可适当提高，但最高按低于1∶1核定”。

以恢复实施。

（二）逐步建立与现代企业制度相适应的收入分配制度（1993～2002 年）

1993～2002 年，在国有企业“产权改革”背景下，企业工资分配制度改革尤其是国有企业负责人薪酬制度改革主要体现为逐步建立与现代企业制度相适应的收入分配制度。

1992 年，劳动部发布《关于从一九九三年起普遍实行动态调控的弹性劳动工资计划的通知》，规定从 1993 年起，在全国各省、自治区、直辖市及计划单列市普遍实行动态调控的弹性劳动工资计划，劳动部对各地区不再下达指令性的年度职工人数、工资总额和技工学校招生等计划指标，这些指标都改为指导性计划，即主要以弹性计划对地区企业工资总额实行动态比例控制。实施弹性计划后，国家将按照投入产出的综合效益指标调控地区企业工资总额，通过调控工资总额间接调控职工人数。

为充分发挥国有企业管理者的积极作用，打破平均主义大锅饭的制约，这一时期，国有企业负责人的工资分配制度开始发生重大变化。

1992 年，劳动部和国务院经济贸易办公室下发了《关于改进完善全民所有制企业经营者收入分配办法的意见》，提出要对承包经营企业、租赁经营企业及其他形式经营企业的经营者在实绩考核的基础上确定经营者年收入。1992 年，上海市轻工局选定所属的上海英雄金笔厂等 3 家企业在全国率先试行年薪制。

1993 年，国家开始在部分国营企业试行经营者年薪制，对经营者年薪结构进行了初步划分，并规定了年薪总额的上限。

1994 年，深圳市出台了《企业董事长、总经理年薪制试点办法》，随后，四川、江苏、北京、河南、辽宁等省市也开始了年薪制试点。

1995 年，为配合现代企业制度试点工作，劳动部和国家经贸委联合下发的《现代企业制度试点企业劳动工资社会保险制度改革办法》明确规定，试点企业“企业经营者试行年薪制。经营者年薪与职工工资收入分离，与企业生产经营成果（主要依据利润或减亏指标）、责任、风险和资产保值增值相联系。实行公司制的企业，经营者年薪由企业董事会确定，劳动行政部门应对经营者年薪水平提出指导意见；未实行公司制的企业，经营者年薪由劳动行政部门会同经贸、财政部门确定”。年薪制的实行逐渐将经营者年薪和普通工人工资收入相分离，而与企业生产经营效果和资产保值增值相联系。经营者收入分为基本工资和风险收入两部分，基本工资不与效益挂钩，主要根据企业规模和效益、地区收入水平等因素确定，按月发放。风险收入与企业经营业绩挂钩，每年年终企业经济效益核算后一次性发放。年薪制的实行对企业经营者起到一定的激励作用。

1999 年，中共十五届四中全会通过的《中共中央关于国有企业改革和发展若干重大问题的决定》明确提出："建立与现代企业制度相适应的收入分配制度，在国家政策指导下，实行董事会、经理层等成员按照各自职责和贡献取得报酬的办法；企业职工工资水平，由企业根据当地社会平均工资和本企业经济效益决定；企业内部实行按劳分配原则，适当拉开差距，允许和鼓励资本、技术等生产要素参与收益分配。"

2001 年，国家经贸委、人事部、劳动和社会保障部发布的《关于深化国有企业内部人事、劳动、分配制度改革的意见》明确提出："企业职工工资水平，在国家宏观调控下由企业依据当地社会平均工资和企业经济效益自主决定。"

总体而言，1993 年至 2002 年间，国家层面出台的一系列企业工资分配政策以及内蒙古自治区相应出台的有关配套改革措施，使得与现代企业制度相适应的收入分配制度开始逐步建立。

（三）建立健全与市场经济更好兼容的收入分配制度（2003 ~ 2012 年）

2003 ~ 2012 年，在"国资管理"体制改革背景下，企业工资分配制度改革以工资分配与经济效益紧密挂钩、着力提高企业经济效率，建立健全企业职工工资正常增长机制为主线，聚焦建立健全与社会主义市场经济更好兼容的企业收入分配制度。

2003 年，国务院国资委及地方国资委相继成立，各级国资委依照法律、行政法规的规定，分别代表国家对国家出资企业履行出资人职责，享有出资人权益。《关于印发国资委监管企业工资分配管理工作交接有关问题纪要的通知》规定，国资委承担其监管国有企业工资分配管理职能，主要包括"（一）拟订国资委监管企业经营者收入分配政策，审核国资委监管企业主要负责人工资标准。（二）审核国资委监管企业工资总额工作，包括工资总额计划和工效挂钩方案。（三）指导国资委监管企业内部分配制度改革工作"。2003 年底国务院国资委颁布《中央企业负责人业绩考核暂行办法》，2004 年又出台《中央企业负责人薪酬管理暂行办法实施细则》，对企业负责人开始实行以业绩为导向的年度薪酬制度。2010 年，国务院国资委印发《中央企业工资总额预算管理暂行办法》，规定中央企业围绕发展战略，依据年度生产经营目标、经济效益情况和人力资源管理要求，对企业年度工资总额的确定、发放和职工工资水平的调整，作出计划安排并进行有效控制和监督，实施工资总额预算管理。国资委对中央企业工资总额预算实行核准制和备案制，企业根据生产经营特点与内部绩效考核制度、薪酬分配制度，自行决定所属企业工资总额调控方式、内部收入分配结构和水平。

根据党中央、国务院关于企业工资分配制度改革的决策部署，2010 年，内蒙古自治区围绕建立健全企业职工工资正常增长机制，先后出台了一系列重要政策文件。2010 年 4 月，内蒙古自治区人民政府办公厅转发自治区劳动和社会保障厅《〈关于建立企业职工工资正常增长机制若干意见〉的通知》。2010 年 5 月，内蒙古自治区人力资源和社会保障厅、内蒙古自治区财政厅、内蒙古自治区审计厅、内蒙古自治区国家税务局、内蒙古自治区地方税务局、内蒙古自治区总工会、中国人民银行呼和浩特中心支行联合印发《关于建立企业职工工资正常增长机制若干意见的实施办法》；同时，内蒙古自治区人力资源和社会保障厅、内蒙古自治区总工会联合印发《推进工资集体协商和做好企业职工工资薪金测算审核工作方案》。

2009 年，经国务院同意，人力资源和社会保障部会同中央组织部、监察部、财政部、审计署、国资委印发了《关于进一步规范中央企业负责人薪酬管理的指导意见》，提出了社会主义市场经济下规范中央企业负责人薪酬分配的基本原则，明确了负责人薪酬分配的结构和水平，确定了相关部门的监管职责。2011 年，内蒙古自治区人社厅、党委组织部、监察厅、财政厅、审计厅、国土资源厅、交通运输厅、国资委、总工会联合印发《关于进一步规范自治区国有企业负责人薪酬管理的指导意见》，并在全国创新性成立国有企业负责人薪酬核算委员会，依托《关于成立自治区国有企业负责人薪酬核算委员会的通知》和《自治区国有企业负责人薪酬核算委员会职责和工作规则》等文件开展工作，对内蒙古自治区国有企业负责人薪酬管理进行规范。通过自治区人力资源和社会保障厅加强指导协调，财政厅、国资委等各薪酬审核部门不断改进业绩考核，自治区各级国有企业认真执行有关政策规定，自治区国有企业负责人薪酬管理工作取得了较好成效。

总体而言，2003 年至 2012 年间，国家及内蒙古自治区先后出台一系列企业特别是国有企业负责人薪酬管理等方面的重大收入分配改革措施，在建立健全与市场经济更好兼容的收入分配制度方面取得显著进展。

（四）建立健全与中国特色现代企业制度相适应的收入分配制度（2013年以来）

2013年以来，以党的十八大、十九大精神为基本遵循，在坚持效益导向与维护公平相统一，充分发挥市场在企业工资分配中的决定性作用的同时，企业工资分配制度改革更多突出以缩小收入差距、促进社会公平，更好体现与中国特色现代企业制度相适应为主线，企业工资分配制度改革全面深化实施。

2013年，党的十八届三中全会通过的《中共中央关于全面深化改革若干重大问题的决定》提出，要“形成合理有序的收入分配格局”，“规范收入分配秩序，完善收入分配调控体制机制和政策体系，建立个人收入和财产信息系统，保护合法收入，调节过高收入，清理规范隐性收入，取缔非法收入，增加低收入者收入，扩大中等收入者比重，努力缩小城乡、区域、行业收入分配差距，逐步形成橄榄型分配格局”。对于企业、企业职工等市场主体，要“推动国有企业完善现代企业制度”，“健全资本、知识、技术、管理等由要素市场决定的报酬机制”，“积极发展混合所有制经济”，“允许混合所有制经济实行企业员工持股，形成资本所有者和劳动者利益共同体”。对于国有企业负责人，要“健全协调运转、有效制衡的公司法人治理结构。建立职业经理人制度，更好发挥企业家作用。深化企业内部管理人员能上能下、员工能进能出、收入能增能减的制度改革”；明确要求“国有企业要合理增加市场化选聘比例，合理确定并严格规范国有企业管理人员薪酬水平、职务待遇、职务消费、业务消费”。

2014年，中共中央、国务院印发了《关于深化中央管理企业负责人薪酬制度改革的意见》，首次从最高政策层面、从国家改革发展大局出发，对深化中央企业负责人薪酬制度改革进行了顶层设计，作出了重大决策部署。2015年，按照党中央、国务院关于深化国有企业负责人薪酬制度改革的决策部署，内蒙古自治区党委、政府印发《关于深化自治区直属国有企业负责人薪酬制度改革的意见》，确立了国有企业负责人由基本年薪、绩效年薪和任期激励收入三部分构成的薪酬结构，并按照薪酬“水平适当、结构合理、管理规范、监督有效”的指导思想对部分负责人不合理的偏高、过高收入进行了调整。同时，对国有企业负责人薪酬进行分类分级管理，施行差异化薪酬分配，组织任命的国有企业负责人薪酬分配实现了严格规范，市场化选聘的职业经理人则明确实行市场化薪酬分配机制。

2018 年 5 月，国务院印发了《关于改革国有企业工资决定机制的意见》；2018 年 12 月 23 日，内蒙古自治区人民政府印发了《关于改革国有企业工资决定机制的实施意见》。针对实施 30 多年的国有企业“工效挂钩”政策越来越突出的市场化分配程度不高、分配秩序不够规范、监管体制尚不健全等问题，内蒙古自治区明确提出以增强国有企业活力、提升国有企业效率为中心，改革国有企业工资决定机制，建立健全与劳动力市场基本适应、与国有企业经济效益和劳动生产率挂钩的工资决定和正常增长机制，充分调动国有企业职工的积极性、主动性、创造性，促进收入分配更合理、更有序。

党的十八大以来，在以习近平同志为核心的党中央领导下，内蒙古自治区坚持以人民为中心的发展思想，全面深化实施企业工资分配制度改革，对建立健全与中国特色现代企业制度相适应的收入分配制度起到了至关重要的作用。

二　改革开放以来内蒙古企业工资分配取得显著成就

改革开放 40 多年来，内蒙古自治区职工工资及企业职工工资均持续较快增长，工资水平实现历史性跨越；城乡居民收入水平显著提高，收入来源明显多元化，分配差距持续缩小，为内蒙古自治区全面建成小康社会奠定了坚实的基础。

（一）职工工资在改革开放中持续快速增长

改革开放以来，在人均 GDP 快速增长的基础上，内蒙古自治区职工工资总额、职工平均工资（包括企业职工平均工资）持续较快增长，带动同期居民人均可支配收入较快增长以及居民消费水平持续提高。

2017 年，内蒙古自治区人均 GDP 为 63764 元，比 1978 年名义增长 200.1 倍；城镇非私营单位在岗职工平均工资 67688 元，比 1978 年名义增长 94.1 倍；城镇居民人均可支配收入 35670 元，比 1978 年名义增长 117.5 倍；农村牧区居民人均可支配收入 12584 元，比 1978 年名义增长 95.1 倍（见表 2－1、图 2－1）。1978 年至 2017 年间，内蒙古自治区人均 GDP、城镇居民人均可支配收入名义增长均快于全国水平。

表 2-1　内蒙古自治区部分经济指标 2017 年比 1978 年名义增长情况

类别	内蒙古自治区			全国		
	1978 年	2017 年	2017 年/1978 年（倍数）	1978 年	2017 年	2017 年/1978 年（倍数）
人均 GDP（元）	317	63764	201.1	385	59660	155
职工工资总额（亿元）	14.98	1856.65	123.9	568.9	128998.1	226.8
城镇非私营单位在岗职工平均工资（元）	712	67688	95.1	615	76121	123.8
城镇居民人均可支配收入（元）	301	35670	118.5	343.4	36396.2	106.0
农村牧区居民人均可支配收入（元）	131	12584	96.1	133.6	13432.4	100.5

数据来源：内蒙古自治区 1978、2017 年职工工资总额、职工平均工资、城镇居民人均可支配收入、农村牧区居民人均可支配收入来自《内蒙古统计年鉴 2018》“表 2-3 国民经济和社会发展总量和速度”。1978 年人均生产总值数据来自《内蒙古统计年鉴 2002》“表 3-1 生产总值”。2017 年人均生产总值数据来自《中国统计年鉴 2018》“表 3-9 地区生产总值（2017 年）”。1978、2017 年全国人均 GDP 数据来自《中国统计年鉴 2018》“表 3-1 国内生产总值”。全国 2017 年城镇非私营单位就业人员职工工资总额、在岗职工平均工资、城镇居民人均可支配收入、农村牧区居民人均可支配收入分别来自《中国统计年鉴 2018》“表 4-10 城镇非私营单位就业人员工资总额和指数”、“表 4-12 城镇非私营单位就业人员平均工资和指数”、“6-6 城镇居民人均收支情况”、“6-11 农村居民人均收支情况”。全国 1978 年职工工资总额、在岗职工平均工资、城镇居民人均可支配收入、农村牧区居民人均可支配收入分别来自《中国统计年鉴 1999》“表 5-17 职工工资总额和指数”、“表 5-18 职工平均工资及指数”、“10-3 城乡居民家庭人均收入及指数”、“10-3 城乡居民家庭人均收入及指数”。

2017 年，内蒙古自治区人均 GDP、城镇非私营单位在岗职工平均工资、城镇居民人均可支配收入、城镇居民人均消费支出四项经济指标在全国 31 个省份中分别排名第 9、20、10、9 名（见表 2-2），其中，人均 GDP、城镇居民人均可支配收入、城镇居民人均消费支出在全国排名位居前列。

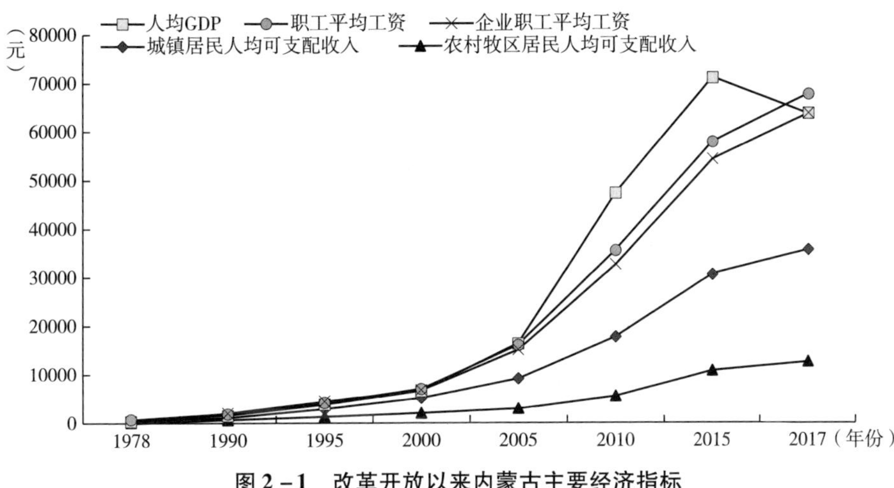

图 2－1　改革开放以来内蒙古主要经济指标

数据来源：1990～2017 年职工平均工资、城镇居民人均可支配收入、农村牧区居民人均可支配收入数据来自《内蒙古统计年鉴 2018》“表 2－2 社会经济主要指标人均水平”；1990～2015 年人均生产总值数据来自《内蒙古统计年鉴 2018》“表 2－2 社会经济主要指标人均水平”，1978 年人均生产总值数据来自《内蒙古统计年鉴 2002》“表 3－1 生产总值”；2017 年人均生产总值数据来自《中国统计年鉴 2018》“表 3－9 地区生产总值（2017 年）”；1990～2017 年企业职工平均工资数据来自内蒙古自治区人社厅官网。其中，1978 年职工平均工资、城镇居民人均可支配收入、农村牧区居民人均可支配收入数据来自《内蒙古统计年鉴 2018》“表 2－3 国民经济和社会发展总量和速度”。

表 2－2　2017 年内蒙古自治区部分经济指标在全国的排名位次

指标名称	2017 年在全国的排名
地区生产总值	21
人均地区生产总值	9
城镇非私营单位在岗职工平均工资	20
城镇私营单位就业人员平均工资	25
城镇居民人均可支配收入	10
城镇居民人均消费支出	9

数据来源：《中国统计年鉴 2018》。

改革开放以来，内蒙古自治区职工平均实际工资也持续快速增长。2017 年，内蒙古自治区城镇非私营单位在岗职工平均工资 67688 元，扣除价格因素，比 1978 年实际增长 14.1 倍，年均实际增长 7.0%。其中，1990 年至 2017 年，内蒙古自治区全部职工、企业职工平均实际工资增速进一步提高。2017 年，内蒙古自治区城镇非私营单位在岗职工平均工资比 1990 年实际增长 10.6 倍，年均实际增长 9.5%；2017 年，内蒙古自治区企业职工平均工资 63803 元，扣除价格因素，比1990年实际增长8.9倍，年均实际增长8.9%（见图2－2、表2－3）。

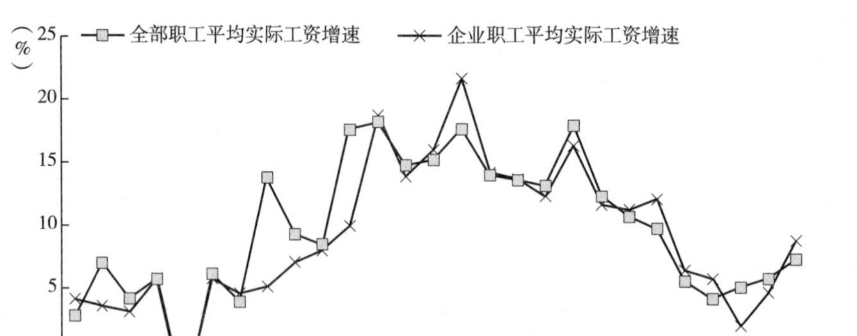

图2－2　1991～2017年内蒙古自治区全部职工、企业职工平均实际工资增速

数据来源：1990～2017年职工平均工资数据来自《内蒙古统计年鉴2018》“表2－2社会经济主要指标人均水平”，企业职工平均工资数据来自内蒙古自治区人社厅官网。其中，1978年职工平均工资数据来自《内蒙古统计年鉴2018》“表2－3国民经济和社会发展总量和速度”。职工平均实际工资指数＝报告期职工平均工资指数/报告期城镇居民消费价格指数×100%。其中，1990～2017年城市居民消费价格指数数据来自《内蒙古统计年鉴2018》“表9－1各种价格总指数”。

表2－3　1990～2017年内蒙古自治区全部职工、企业职工平均工资及增长率

年份	全部职工平均工资		企业职工平均工资	
	金额（元）	比上年实际增长（%）	金额（元）	比上年实际增长（%）
1990	1846	—	2036	—
1991	2012	2.8	2247	4.2
1992	2339	7.0	2531	3.6
1993	2796	4.2	2995	3.1
1994	3675	5.7	3939	5.8
1995	4134	-3.9	4444	-3.7
1996	4716	6.1	5053	5.8
1997	5124	3.9	5526	4.6
1998	5792	13.8	5768	5.1
1999	6347	9.3	6196	7.1
2000	6974	8.5	6776	8.0
2001	8250	17.6	7496	9.9
2002	9683	18.2	8839	18.7
2003	11279	14.8	10219	13.9
2004	13324	15.2	12153	16.0

续表

年份	全部职工平均工资		企业职工平均工资	
	金额（元）	比上年实际增长（%）	金额（元）	比上年实际增长（%）
2005	15985	17.6	15087	21.7
2006	18469	14.0	17452	14.2
2007	21884	13.6	20696	13.7
2008	26114	13.2	24503	12.3
2009	30699	18.0	28419	16.3
2010	35507	12.3	32680	11.7
2011	41481	10.7	38373	11.3
2012	47053	9.8	44424	12.1
2013	51388	5.6	48933	6.5
2014	54460	4.2	52659	5.8
2015	57870	5.1	54366	2.1
2016	61994	5.8	57646	4.7
2017	67688	7.4	63803	8.8
1990～2017年		9.5	1990～2017年	8.9

数据来源：1990～2017年职工平均工资数据来自《内蒙古统计年鉴2018》“表2－2社会经济主要指标人均水平”，企业职工平均工资数据来自内蒙古自治区人社厅官网。其中，1978年职工平均工资数据来自《内蒙古统计年鉴2018》“表2－3国民经济和社会发展总量和速度”。职工平均实际工资指数＝报告期职工平均工资指数/报告期城镇居民消费价格指数×100%。其中，1990～2017年城市居民消费价格指数数据来自《内蒙古统计年鉴2018》“表9－1各种价格总指数”。

总体上看，1978年至2017年的40年间，内蒙古自治区用26年时间（1978～2003年）实现职工、企业职工平均工资跨越万元大关，分别又用10年时间（2004～2013年）、11年时间（2004～2014年）实现全部职工、企业职工平均工资跨越5万元大关，2017年全部职工、企业职工平均工资已接近7万元（其中，鄂尔多斯市、阿拉善盟、锡林郭勒盟职工平均工资已突破7万元大关；2017年鄂尔多斯市职工平均工资超过同期全国平均水平，达到78166元），目前正向平均工资10万元大关迈进。

（二）职工平均工资增速快于同期全国水平

2017年，内蒙古自治区人均GDP为63764元，扣除价格因素，比1978年实际增长57.0倍，年均实际增长10.7%；同期，全国人均GDP为59660元，扣除价格因素，比1978年实际增长25.3倍，年均实际增长8.5%（见图2－3）。

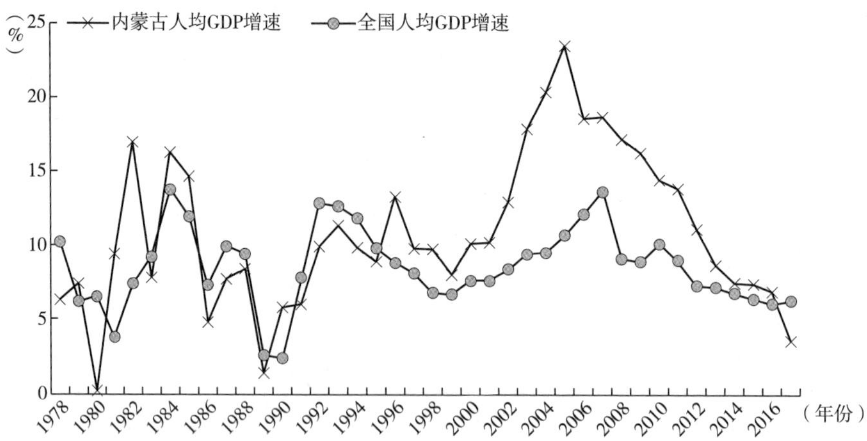

图 2-3　改革开放以来内蒙古人均 GDP 增速与全国人均 GDP 增速比较

数据来源：内蒙古人均 GDP 增速数据来自《内蒙古统计年鉴 2018》“表 3-2 生产总值指数”。全国人均 GDP 增速数据来自《中国统计年鉴 2018》“表 3-4 国内生产总值指数”。

作为衡量全员劳动生产率的主要指标，改革开放以来特别是 20 世纪 90 年代以来，内蒙古自治区人均 GDP 增速快于同期全国水平，这为自治区职工平均工资增长奠定了扎实基础。1990 年至 2017 年，内蒙古自治区全部职工平均实际工资年均增长 9.5%，而同期全国城镇单位在岗职工平均实际工资年均增长 9.1%（见图 2-4），内蒙古自治区职工平均实际工资增速快于全国平均水平。

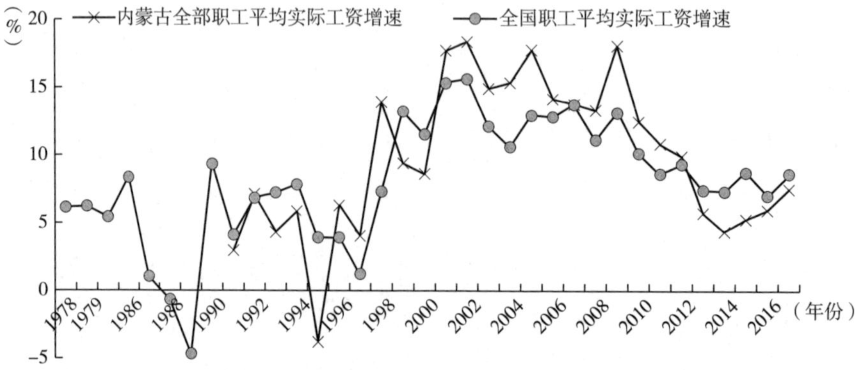

图 2-4　改革开放以来内蒙古全部职工平均实际工资增速与全国水平比较

数据来源：内蒙古职工平均工资增速数据来自《内蒙古统计年鉴 2018》“表 5-10 职工平均工资及指数”。2011～2017 年全国职工平均工资增速数据来自《中国统计年鉴 2018》“表 4-12 城镇非私营单位就业人员平均工资和指数”。1995～2010 年数据来自《中国统计年鉴 2011》“表 4-11 城镇单位就业人员平均工资和指数”。1978～1994 年数据来自《中国统计年鉴 1999》“表 5-18 职工平均工资及指数”，其中，1980～1984 年数据缺失是因为当年的统计年鉴中没有 1980～1984 年数据。下文也存在这种情况，不再赘述。

与此同时，1990 年至 2017 年，内蒙古自治区企业职工平均实际工资年均增长 8.9%，而同期全国城镇单位在岗职工平均实际工资年均增长 9.1%（见图 2－5），内蒙古自治区企业职工平均实际工资增速与全国平均水平基本持平。

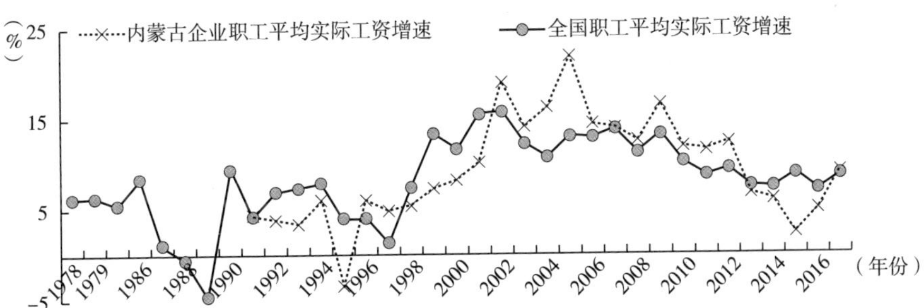

图 2－5　改革开放以来内蒙古企业职工平均实际工资增速与全国水平比较

数据来源：1991～2017 年内蒙古自治区职工平均工资数据来自内蒙古统计局官网。2011～2017 年全国职工平均工资增速数据来自《中国统计年鉴 2018》“表 4－12 城镇非私营单位就业人员平均工资和指数”，1995～2010 年数据来自《中国统计年鉴 2011》“表 4－11 城镇单位就业人员平均工资和指数”，1978～1994 年数据来自《中国统计年鉴 1999》“表 5－18 职工平均工资及指数”。

（三）职工平均工资位居全国中等水平，采矿业、农牧业工资水平较高

2017 年，内蒙古自治区职工平均工资接近 7 万元（见图 2－6、表 2－4）。其中，鄂尔多斯市、阿拉善盟、锡林郭勒盟职工平均工资 2017 年均已突破 7 万元大关，尤其是鄂尔多斯市 2017 年职工平均工资超过同期全国平均水平，达到 78166 元。①

2017 年，内蒙古自治区城镇非私营单位在岗职工平均工资水平虽然低于同期全国职工平均工资水平（76121 元），但在全国 31 个省（自治区、直辖市）中排名第 20 位，职工平均工资水平高于陕西、广西、湖南、甘肃、河北、江西、吉林、辽宁、山西、黑龙江、河南等 11 个省份（见图 2－7）。2017 年，内蒙古职工平均工资水平是全国城镇非私营单位在岗职工平均工资最低水平（最低为河南省 2017 年职工平均工资 55997 元）的 1.2 倍。

2017 年，内蒙古自治区重要支柱产业采矿业职工平均工资比全国平均水平高 23.4%，在全国具备较强行业竞争力（见图 2－8）。

---

① 参见《内蒙古统计年鉴 2018》“表 22－14 各盟市职工平均工资及指数（2017 年）”。

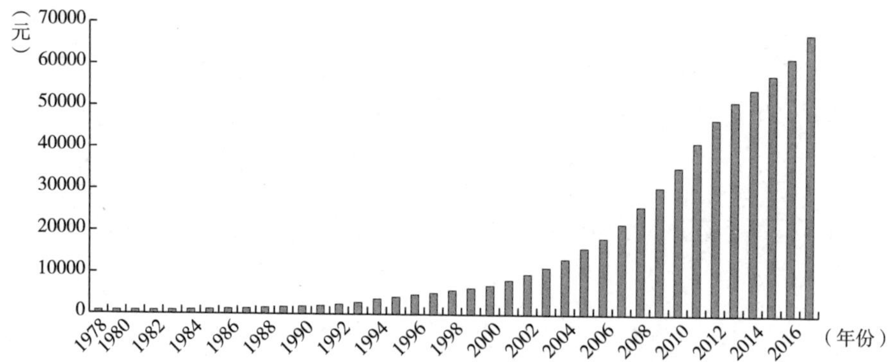

图 2-6 1978~2017 年内蒙古全部职工平均工资变化情况

数据来源:《内蒙古统计年鉴 2018》"表 5-10 职工平均工资及指数"。

表 2-4 改革开放以来内蒙古自治区职工工资水平及增长

年份	职工平均工资(元)	较上年名义增长(%)	城市居民消费价格指数	较上年实际增长(%)
1978	712	—	—	—
1980	796	11.2	106.1	4.8
1981	807	1.4	101.9	-0.5
1982	826	2.4	101.7	0.6
1983	862	4.4	101.2	3.1
1984	986	14.4	104.9	9.0
1985	1095	11.1	108.9	2.0
1986	1239	13.2	105.5	7.3
1987	1301	5.0	108.5	-3.2
1988	1548	19.0	117.0	1.7
1989	1685	8.9	114.2	-4.7
1990	1846	9.6	101.8	7.6
1991	2012	9.0	106.0	2.8
1992	2339	16.3	108.7	6.9
1993	2796	19.5	114.7	4.2
1994	3675	31.4	124.3	5.7

续表

年份	职工平均工资（元）	较上年名义增长（%）	城市居民消费价格指数	较上年实际增长（%）
1995	4134	12. 5	117. 1	-3. 9
1996	4716	14. 1	107. 5	6. 1
1997	5124	8. 7	104. 6	3. 9
1998	5792	13. 0	99. 3	13. 8
1999	6347	9. 6	100. 3	9. 3
2000	6974	9. 9	101. 3	8. 5
2001	8250	18. 3	100. 6	17. 6
2002	9683	17. 4	99. 3	18. 2
2003	11279	16. 5	101. 5	14. 8
2004	13324	18. 1	102. 5	15. 2
2005	15985	20. 0	102. 0	17. 6
2006	18469	15. 5	101. 3	14. 1
2007	21884	18. 5	104. 3	13. 6
2008	26114	19. 3	105. 4	13. 2
2009	30699	17. 6	99. 7	17. 9
2010	35507	15. 7	103. 0	12. 3
2011	41481	16. 8	105. 5	10. 7
2012	47053	13. 4	103. 3	9. 8
2013	51388	9. 2	103. 4	5. 6
2014	54460	6. 0	101. 7	4. 2
2015	57870	6. 3	101. 1	5. 1
2016	61994	7. 1	101. 2	5. 9
2017	67688	9. 2	101. 7	7. 4

数据来源：1978～2017年职工平均工资来自《内蒙古统计年鉴2018》“表5－10 职工平均工资及指数”，较上年名义增速为作者整理计算。1978～2017年城市居民消费价格指数来自《内蒙古统计年鉴2018》“表9－1 各种价格总指数”。较上年实际增长为作者按照“职工平均实际工资指数＝报告期职工平均工资指数/报告期城镇居民消费价格指数×100%”整理计算。

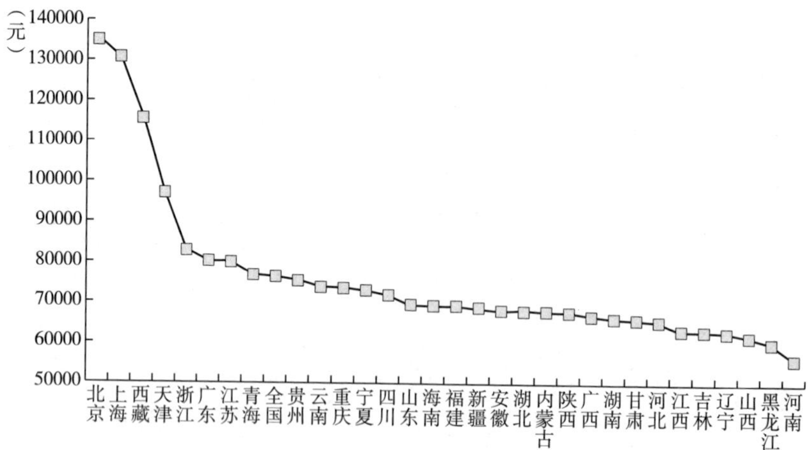

图 2－7　2017 年内蒙古城镇非私营单位在岗职工平均工资在全国排名第 20 位

数据来源：《中国统计年鉴 2018》“表 4－12 城镇非私营单位就业人员平均工资和指数”。

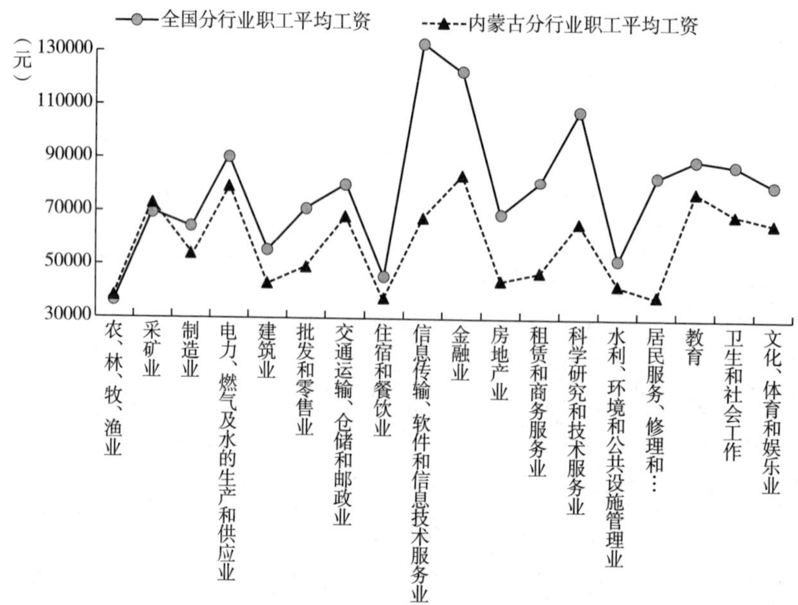

图 2－8　2017 年内蒙古分行业职工平均工资与全国平均水平比较

数据来源：内蒙古分行业职工平均工资来自《内蒙古统计年鉴 2018》“5－12 分行业职工平均工资（2017 年）”，全国分行业职工平均工资数据来自《中国统计年鉴 2018》“表 4－15 按行业分城镇非私营单位就业人员平均工资”。

（四）国有单位职工工资在职工工资分配中占主导地位

截至目前，内蒙古全部职工工资分配中国有单位职工仍占主导地位（见图2－9）。其中，1978年至1997年，国有单位职工工资总额占全部工资总额的比例较高，基本都在80%以上，1997年最高，达到85.6%。1998年至2017年，国有单位职工工资总额所占比例逐渐下降，2014年占比最低，为57.2%。但近年来，国有单位工资总额占比有所上升，基本保持在60%左右（见图2－10）。

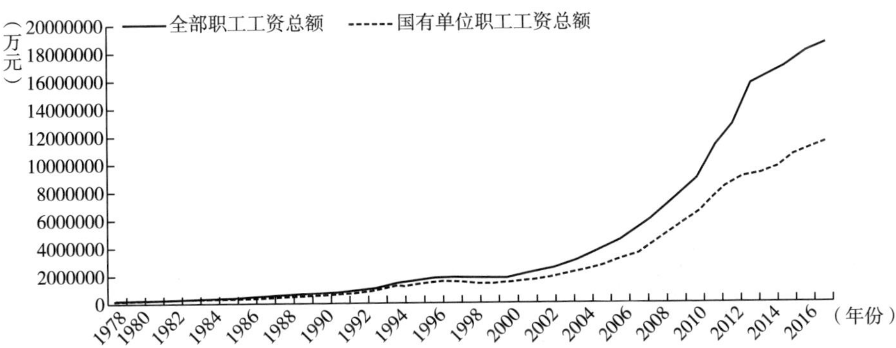

图2－9　1978～2017年国有单位与全部职工工资总额变化

数据来源：《内蒙古统计年鉴2018》“表5－9 职工工资总额和指数”。

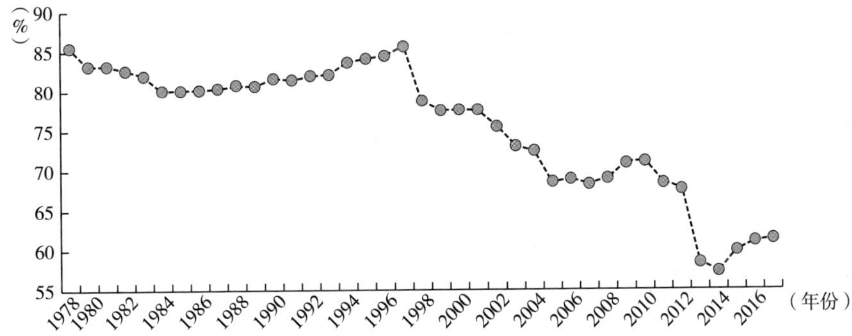

图2－10　1978～2017年国有单位占全部职工工资总额比重

数据来源：根据《内蒙古统计年鉴2018》“表5－9 职工工资总额和指数”整理计算。

（五）行业职工平均工资差距显著小于同期全国水平

2017年，内蒙古不同行业职工平均工资最高行业为金融业83823元，最低行业为住宿和餐饮业 37695 元，最高行业平均工资是最低行业平均工资的 2.2 倍；同期，全国不同行业职工平均工资最高行业为信息传输、软件和信息技术服务业 133150 元，最低行业为农林牧渔业 36504 元，全国层面不同行业职工平均工资差距最高是最低的 3.6 倍。内蒙古自治区行业职工平均工资差距显著小于同期全国水平。

三　内蒙古企业工资分配制度创新亮点纷呈

改革开放以来，内蒙古自治区深入贯彻落实国家工资分配宏观调控政策，并结合地方实际进行制度创新，全区企业工资分配制度改革取得了令人瞩目的成效，企业工资分配宏观管理工作亮点纷呈，主要包括以下八个方面。

（一）建立健全企业职工工资正常增长机制政策体系

2010 年 4 月，内蒙古自治区政府印发了《关于建立企业职工工资正常增长机制的若干意见》。内蒙古人社、财政、审计、国税、地税、总工会、人民银行等部门为贯彻落实《关于建立企业职工工资正常增长机制的若干意见》，2010 年 5 月，又印发了《关于建立企业职工工资正常增长机制若干意见的实施办法》。

2012 年 7 月，内蒙古自治区第十一届人大常委第三十次会议通过了《内蒙古自治区企业工资集体协商条例》，并积极稳妥地推行工资集体协商制度，通过劳资双方的工资集体协商，有力促进职工工资的正常增长。

2015 年，内蒙古自治区党委、自治区人民政府印发《关于构建和谐劳动关系的实施意见》，自治区人民政府印发《关于进一步推进企业工资集体协商工作的意见》。

2018 年 12 月 23 日，内蒙古自治区政府印发《关于改革国有工资决定机制的实施意见》。内蒙古自治区党委、自治区人民政府从改革发展大局出发，对改革国有企业工资决定机制作出新的重大决策部署，国有企业工资决定机制改革取得重大突破。

（二）国有企业负责人薪酬管理有效开展

2011 年，自治区人社厅、组织部、监察厅、国土厅、交通厅、国资委、总工会联合制定了《关于进一步规范自治区国有企业负责人薪酬管理的指导意见》，由自治区政府牵头，成立了自治区国有企业负责人薪酬核算委员会。

内蒙古自治区人社厅、党委组织部、监察厅、财政厅、审计厅、国土资源厅、交通运输厅、国资委、总工会2012年8月2日联合印发《关于印发自治区国有企业负责人薪酬核算委员会职责和工作规则的通知》，委托社会中介进行核算，这样既符合市场经济规则，又形成监管合力，有效实现对国有企业负责人薪酬进行调控。自治区薪酬核算委员会主任委员由自治区政府副秘书长担任，副主任委员由自治区党委组织部副部长、人力资源和社会保障厅厅长担任，成员由自治区党委组织部、人力资源和社会保障厅、财政厅、审计厅、监察厅、国土资源厅、交通运输厅、国资委、总工会分管领导担任，同时聘请若干名核算企业之外的高级会计师（或高级审计师）为委员会成员，根据核算所属范围，其国有资产主管（或监管）部门的负责同志相应为委员会成员。自治区国有企业负责人薪酬核算委员会主要负责落实国家和自治区有关国有企业收入分配的相关政策，研究确定企业负责人薪酬核算年度审核原则，协调解决企业负责人薪酬管理中的重大问题，分析企业负责人薪酬水平状况，研究完善企业负责人薪酬管理政策，指导盟市规范地方国有企业负责人薪酬分配政策。薪酬核算委员会还明确规定了运行程序和议事规则。实践表明，内蒙古自治区国有企业负责人薪酬核算委员会的成立及其运作机制是有效推进国有企业负责人薪酬制度改革的制度创新和管理创新，一定程度上为2015年全国层面开展的国有企业负责人薪酬制度探索了成功经验（2015年各地为贯彻实施国有企业负责人薪酬制度改革，全部成立深化国有企业负责人薪酬制度改革工作领导小组）。

2014年11月5日，中共中央、国务院印发了《关于深化中央管理企业负责人薪酬制度改革的意见》，对深化国有企业负责人薪酬制度改革作出重大决策部署。按照中央和内蒙古自治区要求，2014年底，内蒙古自治区本级和12个盟市全部成立了深化国有企业负责人薪酬制度改革工作领导小组，自治区和盟市两级国有企业负责人薪酬制度改革工作全面启动。2015年7月，内蒙古自治区党委、政府印发《关于深化自治区直属国有企业负责人薪酬制度改革的意见》，到2016年6月底，全区12个盟市全部印发《深化直属国有企业负责人薪酬制度改革的实施方案》。同时，自治区和各盟市先后制定印发了《直属国有企业负责人基本年薪基数认定暂行办法》、《直属国有企业负责人薪酬监督检查办法》等配套文件。同时，内蒙古自治区近年来还有序开展自治区直属企业负责人薪酬专项审计工作。国有企业负责人薪酬制度改革实施近5年来，取得了阶段性成效。

近年来，内蒙古自治区有关政府主管部门也在稳步推进国有企业职业经理人制度改革试点并进行了有益探索。

（三）国有企业工资决定机制改革有序推进

国有企业工资决定机制改革是国有企业改革的重要内容。内蒙古自治区自1985年起对国有大中型企业实行了工资总额同经济效益挂钩的办法，企业在相应提取的工资总额内有权根据职工的劳动贡献情况进行自主分配，在一定程度上打破了工资分配的“大锅饭”和平均主义，对促进国有企业提高经济效益和调动国有企业职工积极性发挥了重要作用。2003年起，自治区取消了国有企业工效挂钩方案审批制度，由企业按照工资总额增长幅度低于经济效益增长幅度、职工平均工资增长幅度低于劳动生产率增长幅度的原则，依法自主确定工资总额。2008年起，自治区实行了工资指导线制度，连续10年发布了企业工资指导线和部分行业工资指导线。2010年，自治区国资委印发《内蒙古自治区国资委监管企业工资总额预算管理办法（试行）》，对监管企业全面实行工资总额预算管理。2012年，自治区政府办公厅转发自治区劳动和社会保障厅《关于建立企业职工工资正常增长机制若干意见的通知》，要求建立以企业工资指导线为依据、以工资集体协商为基础，兼顾效率和公平，市场机制调节和政府调控指导相结合的企业工资分配机制。

党中央、国务院和自治区党委、政府高度重视国有企业工资决定机制改革工作。2018年3月28日，习近平总书记主持召开中央全面深化改革委员会第一次会议，审议并原则上同意《关于改革国有企业工资决定机制的意见》。5月13日，国务院印发《改革国有企业工资决定机制的意见》，要求各地结合实际制定改革实施意见。11月1日，内蒙古自治区政府召开常务会议，审议通过《关于改革国有企业工资决定机制的实施意见》。11月29日，自治区党委召开全面深化改革委员会第一次会议，审议通过《关于改革国有企业工资决定机制的实施意见》。12月23日，自治区人民政府正式印发《关于改革国有企业工资决定机制的实施意见》，从改革发展大局出发，对改革自治区国有企业工资决定机制作出新的重大决策部署。目前，自治区正指导各盟市认真组织开展国有企业工资决定机制改革的实施工作。

（四）企业工资指导线及行业工资指导线制度成效显著

工资指导线是政府对企业工资分配进行宏观调控的重要手段，其目的是通过政府宏观政策指导，使企业的工资分配与国民经济的总体发展水平协调一致，引导企业工资水平适度增长。工资指导线的制定过程，通常是综合运用宏观经济状况分析和经济发展预测办法，制定发布企业工资基准线、预警线、下线，通过公开发布工资指导线，让企业掌握宏观经济形势和政策导向、正确进行工资决策，以实现职工工资的正常、适度增长，达到既调动企业职工积极性，又合理控制人工成本，增加企业产品市场竞争能力的目的。工资指导线一般分为基准线、预警线和下线。其中，基准线体现了企业从业人员人均劳动报酬增长的合理幅度，是政府为企业职工年度平均工资增长确定的预期调控目标；预警线是企业从业人员人均劳动报酬增长的最高幅度，是政府对企业年度货币平均工资增长的最高限度；考虑到职工货币工资增长与当年物价指数保持同步，政府确定的企业从业人员人均劳动报酬增幅的最低水平为下线。工资指导线下线主要体现了当年物价指数的变化，职工货币工资增长与当年物价指数保持同步，这样才能保证职工工资水平在实质意义上不降低，确定的最低水平，不得低于当地最低工资标准。

2008 年起，内蒙古自治区开始实行企业工资指导线制度。2010 年，内蒙古自治区在发布企业工资指导线的基础上，又细化了 12 个行业的工资指导线，2019 年度行业工资指导线扩展为 16 个行业，为企业、行业或区域开展工资集体协商确定工资水平提供了重要参考依据。

内蒙古自治区把企业工资指导线作为工资集体协商的重要依据之一，持续完善职工民主参与收入分配机制，充分发挥工会组织在工资收入初次分配中的积极作用，通过工资集体协商决定企业职工工资收入水平。实践表明，内蒙古自治区企业、行业工资“双指导线”制度成效显著。

（五）最低工资制度在全区全面建立并定期实施评估

最低工资制度是市场经济条件下政府依法保障劳动者特别是低收入劳动者报酬权益的重要手段，目的是确保劳动者提供正常劳动的前提下，用人单位所支付的最低劳动报酬能够满足劳动者及其赡养人口的基本生活需求。按照《最低工资规定》等有关规定，内蒙古自治区从 1995 年至 2017 年，14 次调整了最低工资标准（见表 2－5），年平均增长幅度为 10.9 %。

表 2-5　1990～2017 年内蒙古自治区职工平均工资和最低工资标准

年份	自治区职工年平均工资		自治区企业职工年平均工资		自治区最低工资标准			
	金额（元）	比上年增长（%）	金额（元）	比上年增长（%）	一类区	二类区	三类区	四类区
1990	1846		2036					
1991	2012	9.0	2247	10.4				
1992	2339	16.3	2531	12.6				
1993	2796	19.5	2995	18.3				
1994	3675	31.4	3939	31.5				
1995	4134	12.5	4444	12.8	180	160	140	
1996	4716	14.1	5053	13.7				
1997	5124	8.7	5526	9.4	210	190	170	
1998	5792	13.0	5768	4.4				
1999	6347	9.6	6196	7.4	270	250	230	
2000	6974	9.9	6776	9.4				
2001	8250	18.3	7496	10.6				
2002	9683	17.4	8839	17.9	330	310	290	
2003	11279	16.5	10219	15.6				
2004	13324	18.1	12153	18.9	420	400	380	
2005	15985	20.0	15087	24.1				
2006	18469	15.5	17452	15.7	560	520	460	400
2007	21884	18.5	20696	18.6	680	620	560	500
2008	26114	19.3	24503	18.4				
2009	30699	17.6	28419	16.0				
2010	35507	15.7	32680	15.0	900	820	750	680
2011	41481	16.8	38373	17.4	1050	980	900	820
2012	47053	13.4	44424	15.8	1200	1100	1000	900
2013	51388	9.2	48933	10.1	1350	1250	1150	1050
2014	54460	6.0	52659	7.6	1500	1400	1300	1200
2015	57870	6.3	54366	3.2	1640	1540	1440	1340

续表

年份	自治区职工年平均工资		自治区企业职工年平均工资		自治区最低工资标准			
	金额（元）	比上年增长（%）	金额（元）	比上年增长（%）	一类区	二类区	三类区	四类区
2016	61994	7.1	57646	6.0				
2017	67688	9.2	63803	10.7	1760	1660	1560	1460

注：内蒙古自治区现行最低工资标准地区分类如下。一类地区：呼和浩特市新城区等15个区，二连浩特市等2个计划单列市，阿拉善左旗等10个旗；二类地区：呼伦贝尔市海拉尔区等6个区，托克托县等5个县，锡林浩特市等3个县级市，阿荣旗等9个旗；三类地区：巴彦淖尔市临河区、开鲁县等4个县，乌兰浩特市等3个县级市，巴林右旗等16个旗；四类地区：卓资县等8个县，阿尔山市等3个县级市，库伦旗等17个旗。

数据来源：内蒙古自治区人社厅官方网站。

2015年以来，内蒙古自治区的最低工资标准在全国的位次均保持在第10位左右，截至2018年底月最低工资标准在全国排名第12位（见表2－6），小时最低工资标准在全国排名第9位。由此可以看出，自治区最低工资标准与最低工资区域系数及地区生产总值等指标在全国的位次相比，仍有适度的超前性。

表2－6　全国各省份月最低工资标准情况（截至2018年12月）

单位：元

排序	地区	第一档	第二档	第三档	第四档
1	上海	2420			
2	北京	2120			
3	广东	2100	1720	1550	1410
4	天津	2050	1800	1660	1500
5	浙江	2010			
6	山东	1910	1730	1550	
7	河南	1900	1700	1500	
8	江苏	1890	1720	1520	
9	新疆	1820	1620	1540	1460
10	四川	1780	1680	1580	1480
11	吉林	1780	1650	1550	

续表

排序	地区	第一档	第二档	第三档	第四档
12	内蒙古	1760	1660	1560	1460
13	湖北	1750	1500	1380	1250
14	福建	1700	1650	1500	1380
					1280
15	山西	1700	1600	1500	1400
16	陕西	1680	1580	1480	1380
17	江西	1680	1580	1470	
18	贵州	1680	1570	1470	
19	广西	1680	1450	1300	
20	黑龙江	1680	1450	1270	
21	海南	1670	1570	1520	
22	云南	1670	1500	1350	
23	宁夏	1660	1560	1480	
24	河北	1650	1590	1480	1380
25	西藏	1650			
26	甘肃	1620	1570	1520	1470
27	辽宁	1620	1420	1300	1120
28	湖南	1580	1430	1280	1130
29	安徽	1550	1380	1280	1180
30	重庆	1500	1400		
31	青海	1500			

数据来源：详见本书附录《内蒙古自治区最低工资标准执行情况评估报告》。

2018 年 12 月，内蒙古自治区各盟市、部分旗县协调劳动关系三方委员会开展了最低工资标准执行情况评估工作，通过召开民营企业座谈会、劳动保障监察执法检查、发放调查问卷、微信公众号参与调查等方式，对自治区 2017 年发布的最低工资标准执行情况进行评估，评估结果表明最低工资标准在社会群体知晓度不断提高，最低工资标准在全区执行情况良好，最低工资标准调整对企业人工成本支出和地方财政支出有一定影响（详见附录《内蒙古自治区最低工资标准执行情况评估报告》）。

（六）劳动力市场工资指导价位制度成效显著

劳动力市场工资指导价位制度主要内容是，劳动保障行政部门按照国家统一规范和制度要求，定期从各类企业中选择具有代表性的不同职业（工种）的工资水平进行调查、分析、汇总、加工，形成各类职业（工种）的工资价位，向社会发布，用以指导企业合理确定职工工资水平和工资关系，调节劳动力市场价格。

2009 年，内蒙古自治区印发实施《关于全面建立劳动力市场工资指导价位制度的通知》，自 2009 年年底前全面建立劳动力市场工资指导价位制度。劳动力市场工资指导价位制度实施以来成效显著，具体来说，有以下作用：一是劳动保障部门利用劳动力市场价格信号指导企业合理进行工资分配，将市场机制引入企业内部分配，为企业合理确定工资水平和各类人员工资关系、开展工资集体协商提供重要依据；二是促进劳动力市场形成合理的价格水平，为劳动力供求双方协商确定工资水平提供客观的市场参考标准，减少供求双方的盲目性，提高劳动者求职的成功率和劳动力市场运作的整体效率；三是引导劳动力的合理、有序流动，调节地区、行业之间的就业结构，使劳动力价格机制与劳动力供求机制紧密结合，构建完整的劳动力市场体系。

（七）建立企业薪酬调查和信息发布制度

企业工资指导线和行业工资指导线制度、劳动力市场工资指导价位制度取得了良好效果，从 2011 年开始，内蒙古自治区试行企业薪酬调查和信息发布制度，组织开展薪酬调查工作，按年度发布相关数据，通过工资信息发布方式来引导劳资双方合理地确定工资水平及其增长幅度。

2019 年 7 月，内蒙古人力资源和社会保障厅印发《关于建立企业薪酬调查和信息发布制度的通知》，人社、财政、税务、统计四部门联合建立调查科学、数据准确、发布规范的企业薪酬调查和信息发布制度，到 2020 年将建成全区统一的企业薪酬调查和信息发布体系。

需要特别指出的是，与其他省份通常以人力资源和社会保障厅、财政厅两部门联合印发关于建立企业薪酬调查和信息发布制度的通知的做法不尽相同，内蒙古自治区企业薪酬调查和发布制度由人社、财政、税务、统计四部门联合建立，事实上也是一种工作机制创新，而且这种创新做法非常有利于人社、财政部门加强与税务、统计部门的工作协同，建立工作会商和资源共享机制，提高工作效能，形成工作合力，客观上也增强了自治区企业薪酬调查和发布制度的权威性。

（八）制定室外工作环境高温高寒津贴标准

2013年，经内蒙古自治区人民政府同意，内蒙古自治区人力资源和社会保障厅、内蒙古自治区卫生厅、内蒙古自治区安全生产监督管理局、内蒙古自治区总工会转发国家安全生产监督管理总局、卫生部、人力资源和社会保障部、中华全国总工会《关于印发防暑降温措施管理办法的通知》，同时，结合自治区实际，创新性针对自治区高寒天气制定高寒天气管理措施，制定了自治区高温高寒天气室外作业的高温高寒岗位津贴支付标准。其主要政策内容是：第一，明确界定高温高寒岗位津贴适用范围。内蒙古自治区行政区域内企业、事业单位和个体经济组织等用人单位安排劳动者在33℃及以上高温天气从事室外作业连续6小时及以上和在－25℃及以下高寒天气室外连续作业4小时及以上工作岗位的均属于适用范围。第二，合理确定支付标准，根据各地区天气情况分类确定执行时间。政策规定高温高寒岗位津贴按月发放，高温岗位津贴180元/月，高寒岗位津贴230元/月。高温高寒岗位津贴根据自治区气象部门提供的各地区天气情况分类确定执行时间，使得高温高寒岗位津贴标准更具合理性和可操作性。第三，明确配套政策要求。一是有关部门要严格执行发放范围和标准，加强政策解释和宣传工作，不得随意扩大或缩小发放范围，更不得变相冒领。二是用人单位已自行制定高温高寒天气室外作业岗位补贴，低于此标准的，应当按本规定执行。三是根据用人单位作业区域自然气候的差异，可适当调整区域津贴标准，但不得低于办法规定的标准。四是最低工资标准不包括高温高寒岗位津贴，高温高寒岗位津贴计入工资总额，在企业成本中列支。

改革开放40多年来，内蒙古自治区锐意进取，勇于创新，不断挖掘全区职工工资及城乡居民收入增长潜力，持续改善收入分配格局，企业工资分配领域取得了显著成绩和令人瞩目的制度创新，为全国企业工资分配改革事业发展作出了重要贡献。

第三章　内蒙古职工工资和居民收入在改革开放中快速增长

改革开放以来，得益于国民经济健康持续发展和企业工资分配宏观政策调控，内蒙古自治区职工工资总额、职工平均工资均持续较快增长，城乡居民收入水平显著提高，居民收入分配差距持续缩小，为自治区全面建成小康社会奠定了坚实的基础。

一　职工工资持续快速增长，工资水平实现历史性跨越

（一）职工工资总额持续较快增长

1978 年到 2017 年，内蒙古自治区就业人数从 652.8 万人增长到 1424.9 万人，职工人数从 227.6 万人增长到 271.7 万人①，自治区职工工资总额整体呈现较快增长趋势，从 14.98 亿元上涨到了 1856.65 亿元，名义增长了约 123 倍②（见图 3－1）。

1978 年到 2017 年，内蒙古自治区 GDP 名义增长了约 276 倍。从职工工资总额占同期 GDP 比重的变化趋势来看，2008 年以前，职工工资总额占同期 GDP 比重总体呈下降趋势，从 1980 年的 29.0% 下降至 2008 年的 7.5%，但 2008 年以来，职工工资总额占同期 GDP 比重则呈逐步提高态势，从 2008 年的 7.5% 提高至 2017 年的 11.5%（见图 3－2）。

（二）职工平均工资持续快速增长，位居全国中等水平

改革开放以来，内蒙古自治区职工平均工资持续快速增长。2017 年，内蒙古自治区城镇非私营单位在岗职工平均工资 67688 元，比 1978 年的 712 元

① 参见《内蒙古统计年鉴 2018》“表 2－3 国民经济和社会发展总量与速度”。

② 与同期全国水平比较，1978 年至 2017 年，全国职工工资总额从 568.9 亿元增长到 129889.1 亿元，名义增长了 228 倍。

名义增长94倍，扣除价格因素，实际增长14.1倍，年均实际增长7.0%（见图3－3、表3－1）。

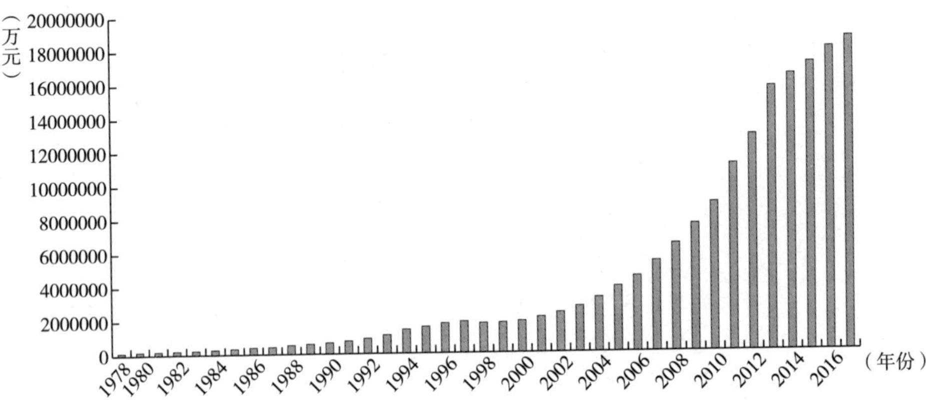

图3－1　1978～2017年内蒙古全部职工工资总额变化情况

数据来源：《内蒙古统计年鉴2018》"表5－9 职工工资总额和指数"。

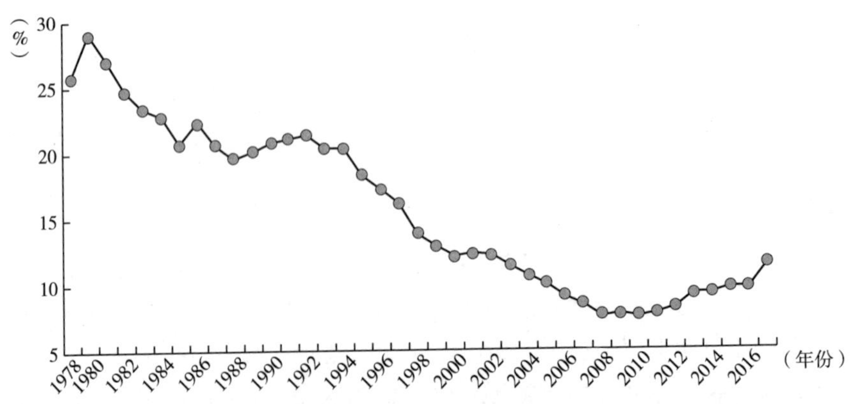

图3－2　1978～2017年内蒙古职工工资总额占GDP比重变化情况

数据来源：内蒙古职工工资总额数据来自《内蒙古统计年鉴2018》"表5－9 职工工资总额和指数"，1978～2016年内蒙古GDP数据来自《内蒙古统计年鉴2017》"表3－1 生产总值"，2017年数据来自《中国统计年鉴2018》"表3－9 地区生产总值（2017年）"。

改革开放40年间，内蒙古自治区职工用26年时间（1978～2003年）实现平均工资跨越万元大关，用10年时间（2004～2013年）实现平均工资跨越5万元大关，2017年平均工资已接近7万元（见图3－3、表3－1），正向平均工资10万元大关迈进。其中，鄂尔多斯市、阿拉善盟、锡林郭勒盟职工平均工资2017年已突破7万元大关，鄂尔多斯市2017年职工平均工资超过同期全国平均水平，达到 78166 元。[①]

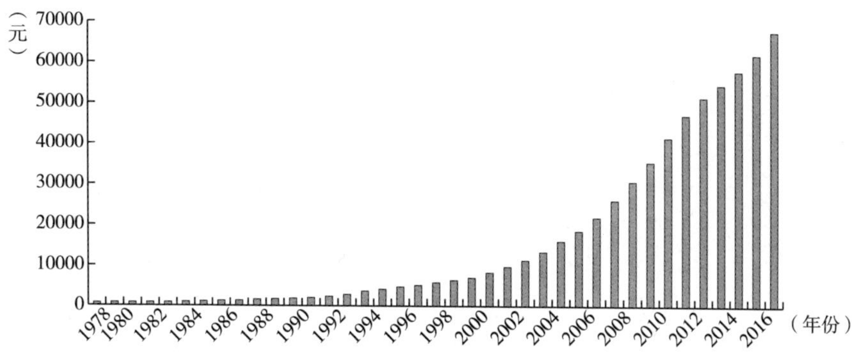

图 3－3　1978～2017 年内蒙古全部职工平均工资变化情况

参见《内蒙古统计年鉴 2018》“表 5－10 职工平均工资及指数”。

表 3－1　改革开放以来内蒙古自治区职工工资水平及增长率

年份	职工平均工资（元）	较上年名义增长（%）	城市居民消费价格指数	较上年实际增长（%）
1978	712	—	—	—
1980	796	11.2	106.1	4.8
1981	807	1.4	101.9	-0.5
1982	826	2.4	101.7	0.6
1983	862	4.4	101.2	3.1
1984	986	14.4	104.9	9.0
1985	1095	11.1	108.9	2.0
1986	1239	13.2	105.5	7.3
1987	1301	5.0	108.5	-3.2
1988	1548	19.0	117.0	1.7
1989	1685	8.9	114.2	-4.7
1990	1846	9.6	101.8	7.6
1991	2012	9.0	106.0	2.8
1992	2339	16.3	108.7	6.9
1993	2796	19.5	114.7	4.2
1994	3675	31.4	124.3	5.7
1995	4134	12.5	117.1	-3.9
1996	4716	14.1	107.5	6.1

① 参见《内蒙古统计年鉴 2018》“表 22－14 各盟市职工平均工资及指数（2017 年）”。

续表

年份	职工平均工资（元）	较上年名义增长（%）	城市居民消费价格指数	较上年实际增长（%）
1997	5124	8.7	104.6	3.9
1998	5792	13.0	99.3	13.8
1999	6347	9.6	100.3	9.3
2000	6974	9.9	101.3	8.5
2001	8250	18.3	100.6	17.6
2002	9683	17.4	99.3	18.2
2003	11279	16.5	101.5	14.8
2004	13324	18.1	102.5	15.2
2005	15985	20.0	102.0	17.6
2006	18469	15.5	101.3	14.1
2007	21884	18.5	104.3	13.6
2008	26114	19.3	105.4	13.2
2009	30699	17.6	99.7	17.9
2010	35507	15.7	103.0	12.3
2011	41481	16.8	105.5	10.7
2012	47053	13.4	103.3	9.8
2013	51388	9.2	103.4	5.6
2014	54460	6.0	101.7	4.2
2015	57870	6.3	101.1	5.1
2016	61994	7.1	101.2	5.9
2017	67688	9.2	101.7	7.4

数据来源：1978～2017年职工平均工资来自《内蒙古统计年鉴2018》“表5－10 职工平均工资及指数”，较上年名义增速为作者整理计算。1978～2017年城市居民消费价格指数来自《内蒙古统计年鉴2018》“表9－1 各种价格总指数”。较上年实际增长为作者按照“职工平均实际工资指数＝报告期职工平均工资指数/报告期城镇居民消费价格指数×100%”计算。

2017年，内蒙古自治区城镇非私营单位在岗职工平均工资水平虽然低于同期全国职工平均工资水平（76121元），但在全国31个省（自治区、直辖市）中排名第20位，职工平均工资水平高于陕西、广西、湖南、甘肃、河北、江西、吉林、辽宁、山西、黑龙江、河南等11个省份（见图3－4）。

2017年，内蒙古职工平均工资为67688元，是全国城镇非私营单位在岗职工平均工资最低水平（最低为河南省，2017年职工平均工资为55997元）的1.2倍。

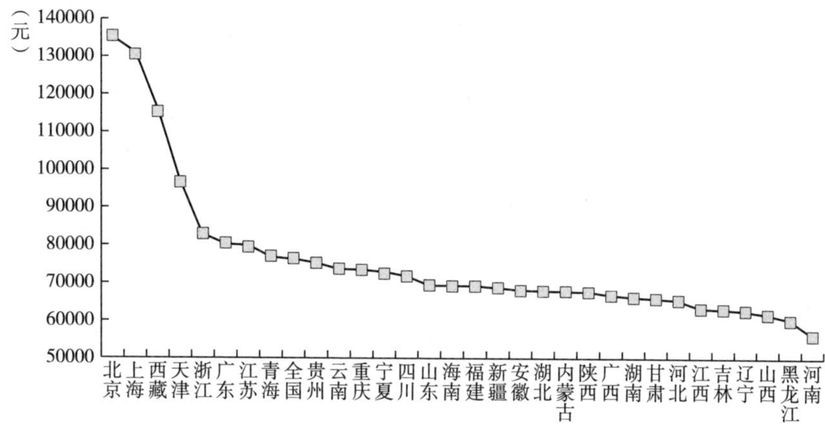

图 3－4 2017 年内蒙古非私营单位在岗职工平均工资全国排名第 20 位

数据来源：《中国统计年鉴 2018》“表 4－12 城镇非私营单位就业人员平均工资和指数”。

2017 年，从内蒙古自治区所属 13 个盟市来看，鄂尔多斯市、阿拉善盟、锡林郭勒盟、包头市四个盟市职工平均工资水平排名自治区前列，显著高出同期全区平均水平，鄂尔多斯市、阿拉善盟、锡林郭勒盟三个盟市职工平均工资已突破 7 万元大关（见图 3－5），鄂尔多斯市职工平均工资甚至超过同期全国平均水平，这对处于西部地区的地市级城市而言是颇具竞争力的。

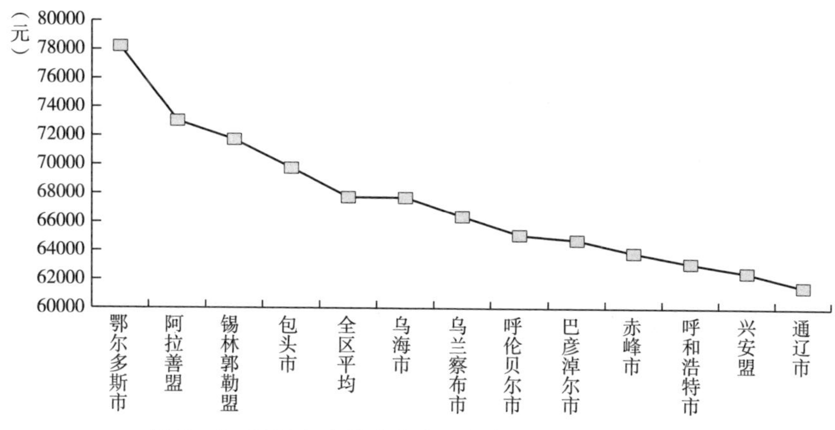

图 3－5 2017 年内蒙古各盟市在岗职工平均工资水平

数据来源：《内蒙古统计年鉴 2018》“表 22－14 各盟市职工平均工资及指数（2017 年）”。

（三）采矿业、农牧业职工平均工资在全国具备较强竞争力

2017 年，内蒙古自治区采矿业、农林牧渔业两大重要支柱产业的职工平均工

资分别比全国平均水平高23.4%、12.8%，在全国具备较强行业竞争力。但其他16个行业职工平均工资均低于全国平均水平，特别是信息技术行业职工平均工资仅为全国平均水平的56.1%，金融业、房地产业、租赁和商务服务业、科学研究和技术服务业四个行业职工平均工资也比全国平均水平低1/3左右（见图3－6）。

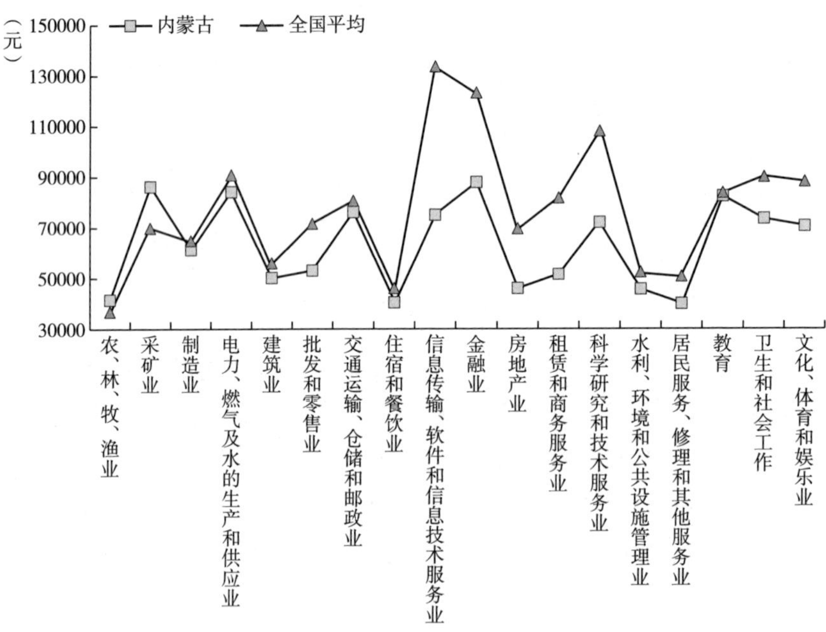

图3－6　2017年内蒙古分行业职工平均工资与全国平均水平比较

数据来源：内蒙古职工平均工资来自《内蒙古统计年鉴2018》“5－12 分行业职工平均工资（2017年）”；全国分行业职工平均工资数据来自《中国统计年鉴2018》“表4－15 按行业分城镇非私营单位就业人员平均工资”。

（四）职工平均工资增长与同期国民经济增长基本匹配

2017年，内蒙古自治区地区生产总值16096亿元，扣除价格因素，比1978年（58.04亿元）实际增长74.2倍，年均实际增长11.7%。

与同期职工平均实际工资增速7.0%相比，改革开放以来特别是1978年至2000年期间，内蒙古自治区职工平均实际工资增速较同期GDP实际增速低4.7个百分点，未实现同步增长。但是，进入21世纪后，内蒙古自治区职工平均实际工资增速显著加快，2008年以来，职工平均实际工资年均增速8.7%，同期GDP年均实际增速10.3%，职工平均实际工资增速与同期GDP增速基本同步（见图3－7）。

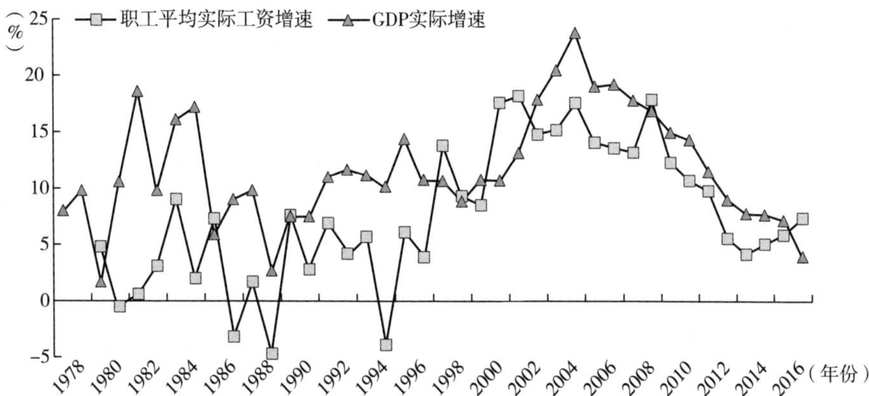

图 3－7　改革开放以来内蒙古职工平均实际工资增速与 GDP 实际增速比较

数据来源：1978～2017 年职工平均实际工资增速数据见表 3－1。1978～2017 年 GDP 增速来自《内蒙古统计年鉴 2018》“表 3－2 生产总值指数”以及“表 2－3 国民经济和社会发展总量与速度”。

二　城乡居民收入持续较快增长，人民生活水平不断提高

（一）城乡居民收入较快增长，全体居民人均可支配收入超过全国平均水平

改革开放以来，内蒙古自治区城乡居民收入节节攀升。特别是党的十八大以来，自治区坚持以人民为中心的发展思想，认真贯彻落实全面建成小康社会的战略目标和方针政策，全面实施收入分配制度改革，城乡居民收入稳步增长。

2017 年，内蒙古全体居民人均可支配收入 26212 元（其中工资性收入为 13900 元，占比为 53.0%），超过同期全国居民人均可支配收入 25974 元及西部、中部、东北地区居民人均可支配收入水平（分别为 20130 元、21834 元、23901 元），是同期东部地区居民人均可支配收入 33414 元的 78.4%。[①] 扣除价格因素，全区城镇居民可支配收入 2017 年比 1978 年实际增长 16.9 倍，年均实际增长 7.7%；农牧民 2017 年人均纯收入比 1978 年实际增长 14.7 倍，年均实际增长 7.3%（见表 3－2）。

改革开放以来 40 年间，内蒙古自治区城镇居民用 29 年时间（1978～2006 年）实现人均可支配收入跨万元大关，用 5 年时间（2007～2011 年）实现跨 2

① 参见《中国统计年鉴 2018》“表 6－3 全国居民按东、中、西部及东北地区分组的人均可支配收入”及“表 6－1 全国居民人均收支情况”。

万元大关，用4年时间（2012～2015年）实现跨3万元大关，目前正向人均可支配收入4万元大关迈进（见表3－2）。

表3－2 改革开放以来内蒙古自治区城乡居民收入水平及增长

年份	农牧民人均纯收入		城镇居民可支配收入	
	绝对数（元）	指数（1978＝100）	绝对数（元）	指数（1978＝100）
1978	131	100.0	301	100.0
1979	164	115.8	350	115.5
1980	192	123.9	407	124.7
1981	241	146.1	418	124.7
1982	288	163.8	453	133.6
1983	325	174.1	474	138.5
1984	368	189.0	549	152.8
1985	400	192.3	666	173.0
1986	382	171.3	774	187.4
1987	426	185.7	820	183.0
1988	547	219.3	916	174.8
1989	553	214.5	1053	175.9
1990	647	224.3	1155	189.6
1991	651	242.1	1295	200.5
1992	719	251.8	1479	210.7
1993	829	254.1	1883	235.2
1994	1062	266.2	2503	251.5
1995	1300	274.0	2846	244.1
1996	1602	314.5	3432	273.9
1997	1780	335.9	3945	300.9
1998	1982	379.2	4353	334.5
1999	2003	403.5	4771	365.5
2000	2038	408.7	5129	385.8
2001	1973	393.2	5536	411.9
2002	2086	411.7	6051	446.7
2003	2268	436.5	7013	509.6
2004	2606	474.0	8123	575.9
2005	2989	526.1	9137	632.3
2006	3342	578.7	10358	708.2
2007	3953	655.0	12378	811.6
2008	4656	725.7	14433	897.6

续表

年份	农牧民人均纯收入		城镇居民可支配收入	
	绝对数（元）	指数（1978 = 100）	绝对数（元）	指数（1978 = 100）
2009	4938	771.3	15849	988.3
2010	5530	834.5	17698	1071.5
2011	6642	948.2	20408	1170.9
2012	7611	1060.4	23150	1285.9
2013	8596	1165.0	25497	1369.7
2014	9976	1278.0	28350	1468.3
2015	10766	1380.2	30594	1584.3
2016	11609	1470.0	32975	1687.3
2017	12584	1568.4	35670	1795.3

数据来源：1978～2013 年数据来自《内蒙古统计年鉴 2018》“10－2 城乡居民家庭人均收入及指数”。2014～2017 年数据来自内蒙古自治区 2014～2017 年国民经济和社会发展统计公报。

（二）居民人均消费水平位居全国前列

2017 年，内蒙古自治区居民人均消费支出为 18946 元，仅次于上海、北京、天津、浙江、广东、江苏、福建、辽宁，位居全国第 9 位，超过同期全国平均水平 18322.1 元，居民人均消费水平位居全国前列（见图 3－8）。

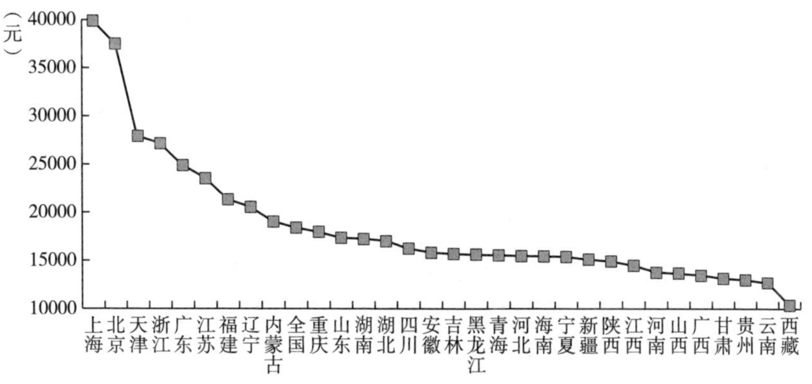

图 3－8 2017 年内蒙古自治区居民人均消费支出全国排名第 9 位

数据来源：《中国统计年鉴 2018》“表 6－19 分地区居民人均消费支出”。

2017 年，从各盟市来看，乌海市、包头市、阿拉善盟、呼和浩特市、鄂尔多斯市、锡林郭勒盟六个盟市居民人均消费支出水平排名全区前列，不仅高出同期全区平均水平（见图 3－9），而且超过同期全国平均水平。

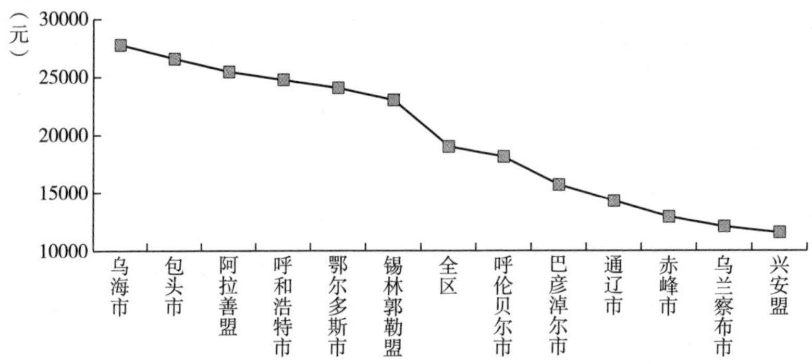

图 3－9　2017 年内蒙古各盟市居民人均消费水平比较

数据来源：《内蒙古统计年鉴 2018》“表 22－29 各盟市全体居民人均消费支出情况（2017 年）”。

三　城乡居民收入分配格局明显改善，收入差距持续缩小

改革开放 40 年来，在以按劳分配为主体、多种分配方式并存的收入分配制度引导下，内蒙古自治区城乡居民的收入构成从单一占比较高趋向多元化发展，城乡居民之间收入差距持续缩小，收入分配格局明显改善。

（一）城乡居民收入来源呈现多元化

2017 年，内蒙古居民人均可支配收入构成中，工资性收入 13900 元，占比为 53.0%，与同期全国水平 56.3% 基本持平（见表 3－3），整体而言，工资性收入仍是全体居民收入的主要来源；经营净收入 6364 元，占比为 24.3%；财产净收入 1288 元，占比为 4.9%；转移净收入 4661 元，占比为 17.8%（见图 3－10）。

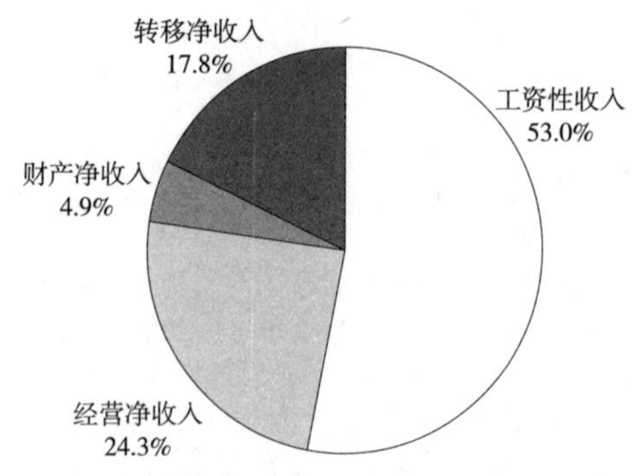

图 3－10　2017 年内蒙古自治区居民人均可支配收入构成

数据来源：内蒙古自治区 2017 年国民经济和社会发展统计公报。

表 3 -3　2017 年全国居民人均收入及构成

全国居民人均收入	绝对值（元）	占比（%）
可支配收入	25973. 8	100. 0
工资性收入	14620. 3	56. 3
经营净收入	4501. 8	17. 3
财产净收入	2107. 4	8. 1
转移净收入	4744. 3	18. 3

数据来源：《中国统计年鉴 2018》“表 6 -1 全国居民人均收支情况”。

2017 年，内蒙古自治区城镇常住居民人均可支配收入 35670 元的构成中，工资性收入 21707 元，占比为 60. 9%，仍是城镇居民收入的主要来源；经营净收入 6349 元，占比为 17. 8%；财产净收入 1824 元，占比为 5. 1%；转移净收入 5789 元，占比为 16. 2%（见图 3 -11）。

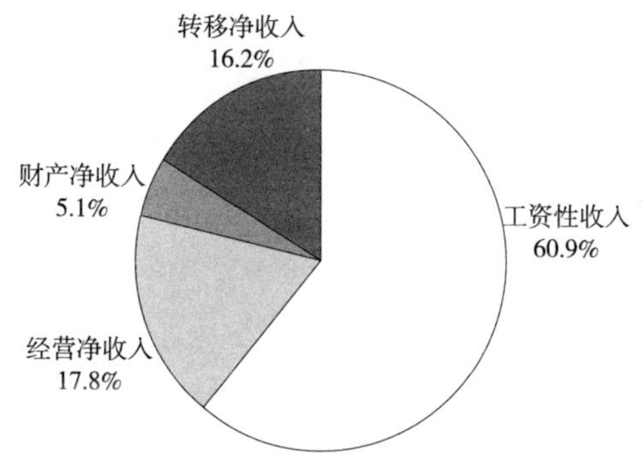

图 3 -11　2017 年内蒙古自治区城镇常住居民人均可支配收入构成

数据来源：内蒙古自治区 2017 年国民经济和社会发展统计公报。

2017 年，内蒙古农村牧区常住居民人均可支配收入 12584 元的构成中，工资性收入 2649 元，占比为 21. 1%；经营净收入 6385 元，占比为 50. 7%；财产净收入 515 元，占比为 4. 1%；转移净收入 3036 元，占比为 24. 1%（见图 3 -12）。

（二）城乡居民收入差距持续缩小

改革开放以来，内蒙古自治区收入分配制度改革逐步推进，极大促进了城乡居民收入水平的提高，同时，近年来全区城乡居民收入差距缩小趋势明显。

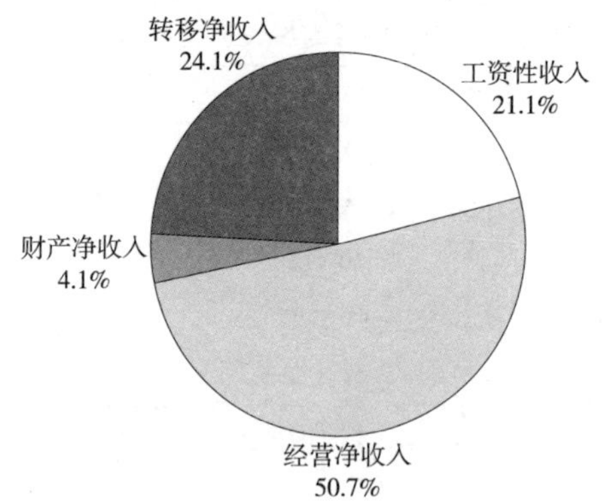

图 3-12　2017 年内蒙古自治区农村牧区常住居民人均可支配收入构成

数据来源：内蒙古自治区 2017 年国民经济和社会发展统计公报。

1978 年至 1983 年，内蒙古自治区城乡居民收入差距持续缩小，由 1978 年的 2.30 倍缩小为 1983 年的 1.46 倍，但 1983 年后城乡收入差距总体逐步扩大，由 1983 年的 1.46 倍扩大为 2009 年的 3.21 倍。2009 年以来，内蒙古自治区城乡居民收入差距呈现持续缩小态势（见图 3-13）。党的十八大以来，内蒙古自治区各级党委、政府充分发挥再分配调节功能，加大对保障和改善民生的投入，农村居民收入增速快于城镇居民，城乡居民收入差距持续缩小。2017 年，内蒙古自治区城乡居民人均可支配收入之比为 2.83（略高于同期全国城乡收入比平均值 2.71），比 2009 年下降 0.38，比 2012 年下降 0.21。

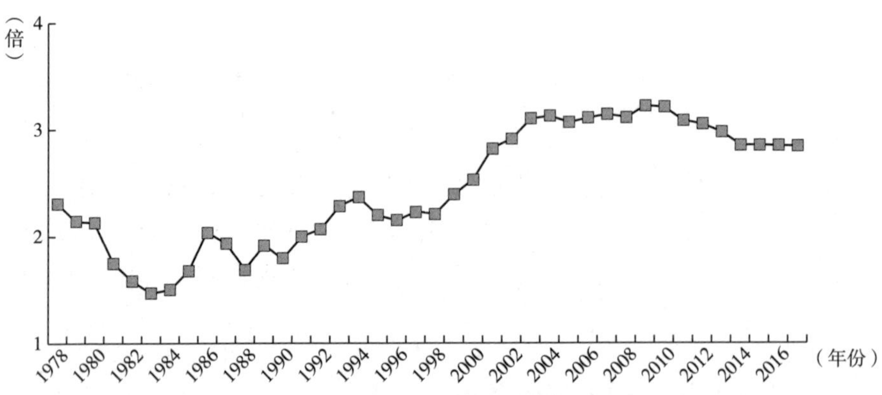

图 3-13　改革开放以来内蒙古城乡居民收入差距变化情况

数据来源：1978～2013 年数据来自《内蒙古统计年鉴 2018》“10-2 城乡居民家庭人均收入及指数”。2014～2017 年数据来自内蒙古自治区 2014～2017 年国民经济和社会发展统计公报。作者整理计算。

第四章 内蒙古国有企业工资增长情况

国有企业是国民经济的重要支柱。国有企业工资增长合理和分配关系合理对促进国有企业持续健康发展和形成合理有序的收入分配格局具有重要意义。本章主要基于内蒙古自治区国有企业就业人数、职工工资总额、职工平均工资及职工平均工资增长率等数据，研究分析改革开放40年来全区国有企业（或国有单位）① 工资分配情况。

一 当前内蒙古国有企业基本情况

（一）国有企业数量占比较高

2017年，内蒙古自治区企业单位共有222801个，其中国有控股企业为5722个，国有企业数量占全部企业数量比重为2.57%（见表4－1、图4－1），远高于同期全国平均水平（2017年全国国有企业占全部企业数量比重为1.8%），但自治区国有企业数占全国国有企业的比重较低（见表4－1、图4－2）。与全国平均水平相比，国有企业在自治区国民经济中占有更为重要的地位。

根据内蒙古国资委数据，2017年内蒙古全区地方国有企业户数（独立核算）1923户，是2012年的2.3倍；国有资产总额达到2.36万亿元，是2012年的3.6倍。② 2018年，内蒙古自治区国资委监管的14家国有企业实现营业收入1814.3亿元，同比增长15.8%；实现利润46.4亿元，同比增长110%，创近年来最好水平，国有企业在推动内蒙古自治区经济高质量发展中的骨干带动作用不断增强。③

① 按照国家统计局的现行统计口径，国有单位包括国有企业，还有国家机关、事业单位及国际组织等。由于数据的可获得性，除特殊说明外，本章未严格区分国有单位和国有企业，而是交叉使用国有企业或国有单位的表述。

② 参见《内蒙古国资》2018年12月总第82期，第7页。

③ 参见《内蒙古国资》2018年12月总第82期，刊首语。

表4－1　内蒙古自治区企业数、国有企业数、国有企业占比与全国各地区比较

地　区	企业单位数（个）	国有控股企业数（个）	国有企业占当地企业数比重（%）	国有企业占全国国有企业数比重（%）
全　国	18097682	325800	1.80	100.00
北京市	676829	17711	2.62	5.44
天津市	414784	8879	2.14	2.73
河北省	954073	10473	1.10	3.21
山西省	429757	11060	2.57	3.39
内蒙古	222801	5722	2.57	1.76
辽宁省	543275	14058	2.59	4.31
吉林省	141199	5790	4.10	1.78
黑龙江省	223467	8225	3.68	2.52
上海市	453393	11706	2.58	3.59
江苏省	2148335	22014	1.02	6.76
浙江省	1599310	12991	0.81	3.99
安徽省	727017	12738	1.75	3.91
福建省	748141	12632	1.69	3.88
江西省	439890	9764	2.22	3.00
山东省	1676178	18645	1.11	5.72
河南省	695953	14556	2.09	4.47
湖北省	751526	13511	1.80	4.15
湖南省	502984	12911	2.57	3.96
广东省	1752016	24617	1.41	7.56
广　西	409008	7043	1.72	2.16
海南省	77662	2592	3.34	0.80
重庆市	520514	7988	1.53	2.45
四川省	401716	11682	2.91	3.59
贵州省	342972	9604	2.80	2.95
云南省	457374	9558	2.09	2.93
西　藏	9461	1016	10.74	0.31
陕西省	333776	10722	3.21	3.29
甘肃省	127899	4951	3.87	1.52
青海省	76169	2124	2.79	0.65
宁　夏	63463	1295	2.04	0.40
新　疆	176740	9222	5.22	2.83

数据来源：《中国统计年鉴2018》“表1－7按地区和控股情况分企业法人单位数（2017年）”。其中，国有企业占当地企业数比重、国有企业占全国国有企业数比重为作者整理计算。

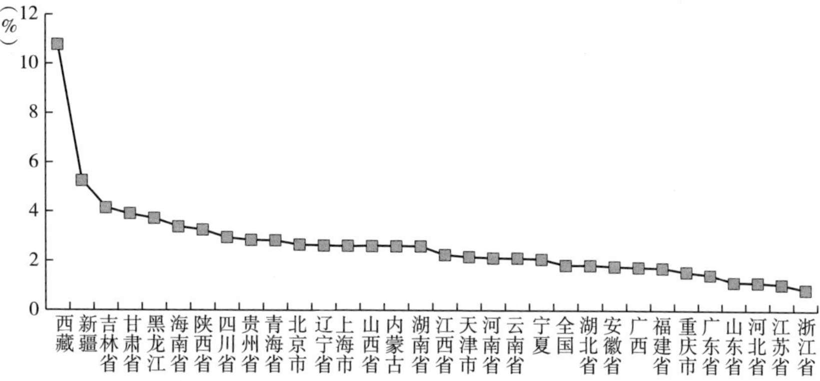

图 4－1　2017 年各省份国有企业数量占当地全部企业数比重

数据来源：根据《中国统计年鉴 2018》“表 1－7 按地区和控股情况分企业法人单位数（2017 年）”整理计算。

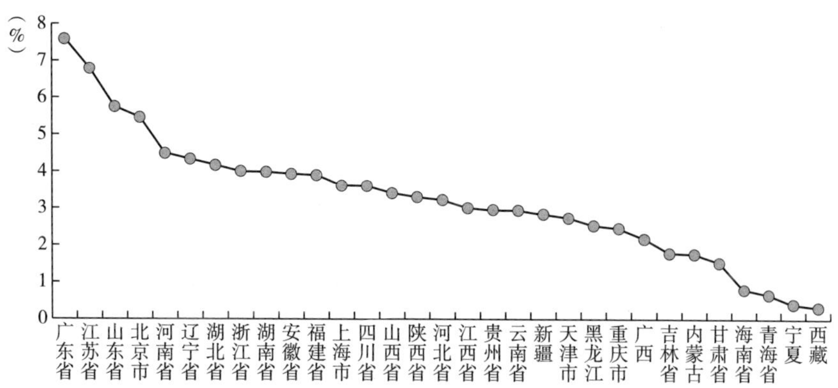

图 4－2　2017 年各省份国有企业数量占全国国企数比重

数据来源：根据《中国统计年鉴 2018》“表 1－7 按地区和控股情况分企业法人单位数（2017 年）”整理计算。

（二）国有企业资产规模较大、经济效益较好

内蒙古国有控股企业资产总额、利润总额在全国各省份中排名靠前，企业规模相对较大、经济效益相对较好。2017 年，内蒙古自治区国有控股工业企业资产总额为 17549 亿元，在全国各省份中排名第 11 位、占全国比重为 4.0%（见图 4－3）；自治区国有控股工业企业主营营业收入 6097 亿元，在全国各省份中排名第 22 位、占全国比重为 2.3%（见图 4－4）；自治区国有控股工业企业利润总额 500 亿元，在全国各省份中排名第 13 位、占全国比重为 2.9%（见图 4－5）。

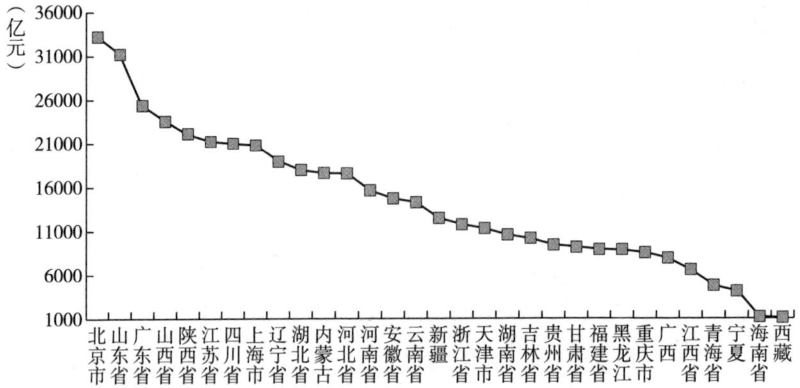

图 4－3　2017 年内蒙古国有控股工业企业资产总额在全国排第 11 位

数据来源：《中国统计年鉴 2018》“表 13－5 国有控股工业企业主要指标”。

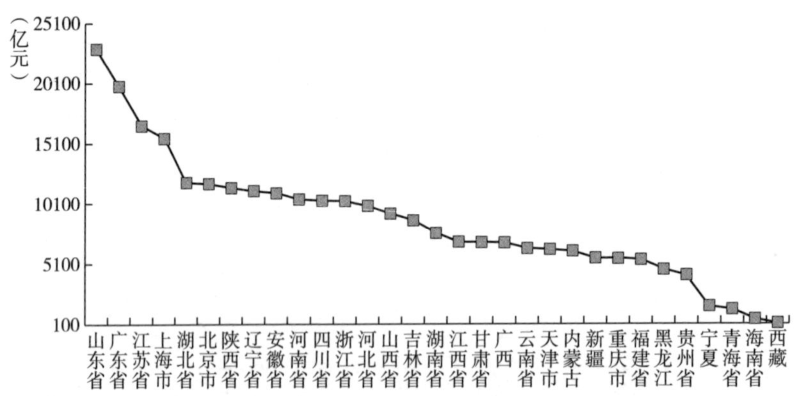

图 4－4　内蒙古 2017 年国有控股工业企业营业收入在全国排第 22 位

数据来源：《中国统计年鉴 2018》“表 13－5 国有控股工业企业主要指标”。

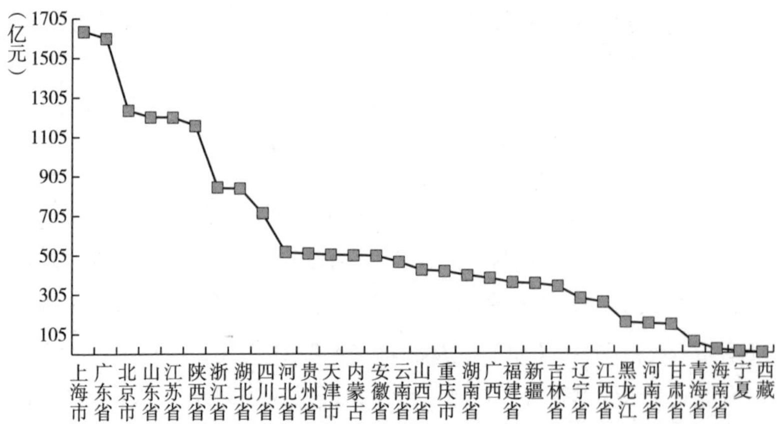

图 4－5　内蒙古 2017 年国有控股工业企业利润总额在全国排第 13 位

数据来源：《中国统计年鉴 2018》“表 13－5 国有控股工业企业主要指标”。

二 内蒙古自治区国有单位职工工资分配总体情况

（一）国有单位职工工资总额、职工平均工资较快增长

1978 年到 2017 年，内蒙古自治区国有单位职工工资总额、职工平均工资整体呈现平稳上升趋势（见图 4－6、图 4－7），其中，国有单位职工工资总额名义增长了 87.9 倍，国有单位职工平均工资名义增长了 94.4 倍。

2017 年，内蒙古自治区国有单位职工工资总额达到 1138.8 亿元，国有单位职工平均工资达到 71419 元，低于同期全国城镇国有单位职工平均工资 81114 元。①

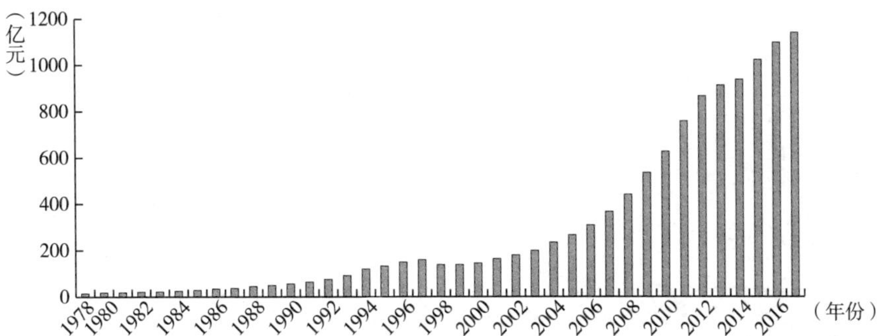

图 4－6 1978～2017 年内蒙古国有单位职工工资总额变化情况

数据来源：《内蒙古统计年鉴 2018》"表 5－9 职工工资总额和指数"。

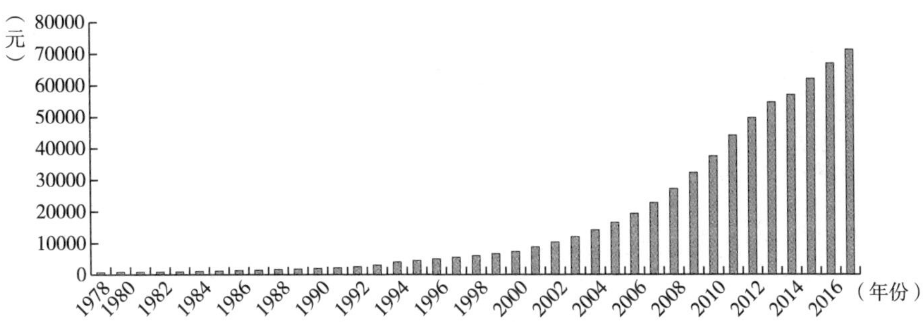

图 4－7 1978～2017 年内蒙古国有单位职工平均工资变化情况

数据来源：《内蒙古统计年鉴 2018》"表 5－10 职工平均工资及指数"。

① 根据《中国统计年鉴 2018》"表 4－12 城镇非私营单位就业人员平均工资和指数"，2017 年内蒙古自治区、全国国有单位就业人员平均工资分别为 70361 元、81114 元。

（二）国有单位职工工资在全部职工中占据主导地位

改革开放以来，内蒙古自治区国有单位职工工资在全部职工工资中持续占据主导地位。其中，1978 年至 1997 年，国有单位职工工资总额占全部职工工资总额的比例较高，基本都在 80% 以上，1997 年最高，达到 85.6%。1998 年至 2017 年，国有单位职工工资总额所占比例逐渐下降，2014 年占比最低，为 57.2%。但近年来，国有单位工资总额占比逐步提高，基本保持在 60% 左右（见图 4－8、图 4－9）。

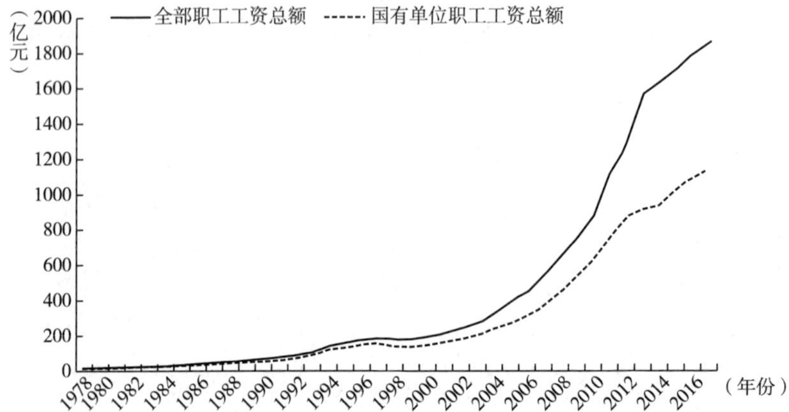

图 4－8　1978～2017 年内蒙古国有单位职工工资总额与全部职工工资总额变化

数据来源：《内蒙古统计年鉴 2018》“表 5－9 职工工资总额和指数”。

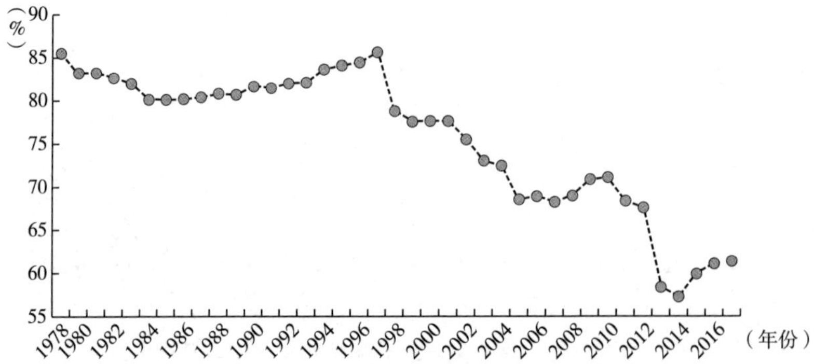

图 4－9　1978～2017 年内蒙古国有单位职工工资占全部职工工资总额比重

数据来源：根据《内蒙古统计年鉴 2018》“表 5－9 职工工资总额和指数”整理计算。

1978 年至 2017 年，内蒙古自治区国有单位职工平均工资均高于全部职工平均工资，前者保持在后者的 1.03～1.08 倍之间（见图 4－10、图 4－11）。

1978 年至 2017 年，内蒙古自治区国有单位职工平均工资名义增长率与全部职工平均工资名义增长率及波动幅度基本一致（见图 4 - 12）。其中，1994 年国有单位和全部职工平均工资名义增长率最高，国有单位职工平均工资名义增长率达到 31.5%。

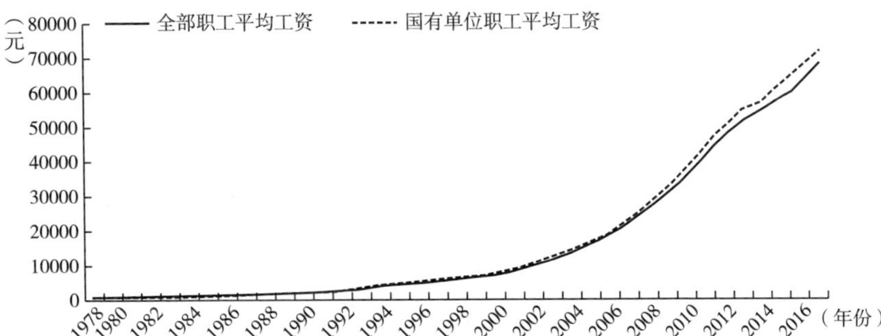

图 4 - 10　1978 ~ 2017 年内蒙古国有单位职工平均工资与全部职工平均工资变化

数据来源：《内蒙古统计年鉴 2018》“表 5 - 10 职工平均工资及指数”。

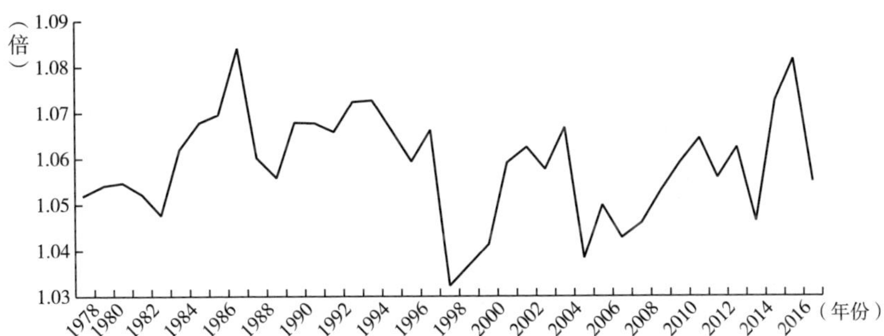

图 4 - 11　1978 ~ 2017 年内蒙古国有单位职工平均工资是全部职工平均工资的倍数

数据来源：1978 ~ 2017 年内蒙古自治区职工平均工资和国有单位职工平均工资数据来自《内蒙古统计年鉴 2018》“表 5 - 10 职工平均工资及指数”。作者整理计算。

图 4 - 12　1978 ~ 2017 年内蒙古国有单位与全部职工平均工资名义增长率比较

数据来源：《内蒙古统计年鉴 2018》“表 5 - 10 职工平均工资及指数”。作者整理计算。

（三）1998 年以来国有单位职工工资增长与同期经济增长趋于协调

从图 4－13 可以看出，1997 年之前，内蒙古自治区 GDP 实际增速显著高于国有单位职工平均工资实际增速，1978 年至 1997 年 GDP 年均实际增速为 10.2%，国有单位职工平均工资实际增速仅为 2.7%。内蒙古自治区国有单位职工（以及全部职工）平均工资增长速度远低于 GDP 的增长速度。[①] 这表明 1997 年之前内蒙古自治区国有单位职工工资与经济发展存在一定程度不匹配现象。

1998 年至 2017 年，内蒙古自治区 GDP 年均实际增速为 12.1%，国有单位职工平均工资实际增速为 10.5%，二者增速趋于一致，国有职工工资增长与自治区国民经济增长更为协调，国有单位职工更好地分享到了经济增长的成果。

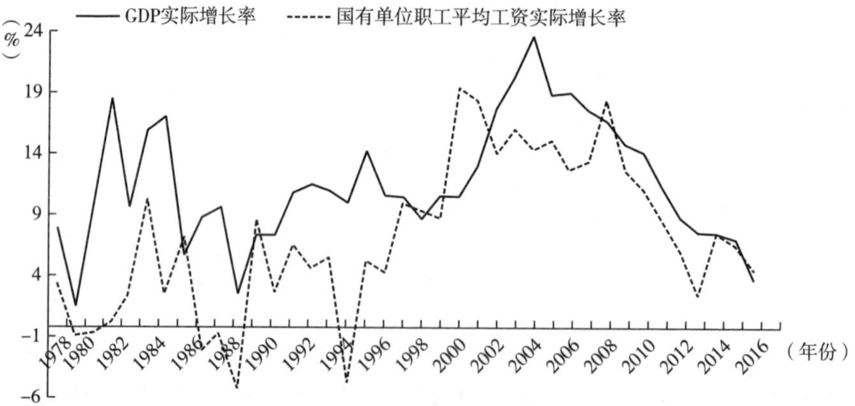

图 4－13　1978～2017 年内蒙古国有单位职工平均工资实际增长率与同期 GDP 增长率比较

数据来源：1978～2017 年内蒙古 GDP 增速来自《内蒙古统计年鉴 2018》“表3－2生产总值指数”；1978～2017 年国有职工平均工资名义增速来自《内蒙古统计年鉴 2018》“表 5－10 职工平均工资及指数”；1978～2017 年城市居民消费价格指数来自《内蒙古统计年鉴 2018》“表9－1各种价格总指数”。较上年实际增长率为作者按照“职工平均实际工资指数＝报告期职工平均工资指数/报告期城镇居民消费价格指数×100%”计算。

① 杨博、高鹏博、吴新娣、王春枝、李力、奇威：《内蒙古企业工资收入分配现状及调控建议》，《北方经济》2013 年 Z1 期，第 11～13 页。

三　各盟市国有单位职工工资分配情况

内蒙古自治区在不同时期行政区划有所变化（见表4－2），因此，对各盟市国有单位工资分配情况的分析分为1987～1998年、1999～2000年、2001～2017年三个时间段进行。

表4－2　内蒙古自治区不同时期下辖行政区情况

序号	1987～1998年	1999～2000年	2001～2017年
1	呼和浩特市	呼和浩特市	呼和浩特市
2	包头市	包头市	包头市
3	乌海市	乌海市	乌海市
4	赤峰市	赤峰市	赤峰市
5	呼伦贝尔盟	呼伦贝尔盟	呼伦贝尔市
6	兴安盟	兴安盟	兴安盟
7	哲里木盟	通辽市	通辽市
8	锡林郭勒盟	锡林郭勒盟	锡林郭勒盟
9	乌兰察布盟	乌兰察布盟	乌兰察布市
10	伊克昭盟	伊克昭盟	鄂尔多斯市
11	巴彦淖尔盟	巴彦淖尔盟	巴彦淖尔市
12	阿拉善盟	阿拉善盟	阿拉善盟

（一）1987～1998年各盟市国有单位职工工资增长情况

1. 国有单位年末就业人数持续减少

1987年到1998年，包头市、呼伦贝尔盟、呼和浩特市、赤峰市和哲里木盟的国有单位年末就业人数较多，基本保持在20万人以上，包头市遥遥领先，但1998年从将近40万人急剧减少到25万人以下。

同期，乌海市、兴安盟、锡林郭勒盟、乌兰察布盟、伊克昭盟、巴彦淖尔盟、阿拉善盟的国有单位年末就业人数基本在20万人以下，其中阿拉善盟的国有单位年末就业人数全区最少，每年都在50000人以下（见图4－14）。

2. 国有单位职工工资总额持续增长

1987年到1997年，内蒙古自治区各盟市的国有单位职工工资总额均呈现上升趋势。包头市、呼伦贝尔盟、呼和浩特市、赤峰市和哲里木盟的国有单位职工工资总额每年均名列前茅，到1997年基本保持在10亿元以上，其中包头市国有单位职工工资总额遥遥领先，1997年工资总额已经超过了25亿元。同期，乌海市、兴安盟、锡林郭勒盟、乌兰察布盟、伊克昭盟、巴彦淖尔盟、阿拉善盟的国有单位职工工资总额基本在 10 亿元以下，其中阿拉善盟的国有单位职工工资总额全区最少，每年都在 2.5 亿元以下（见图 4－15）。

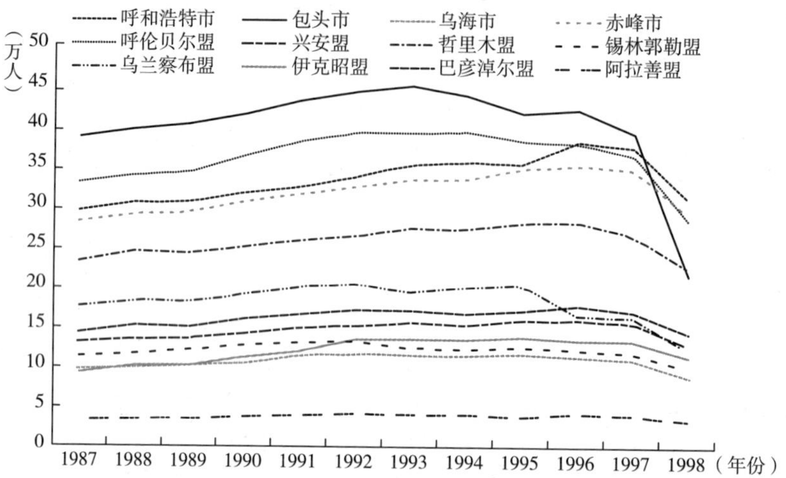

图 4－14　1987～1998 年内蒙古自治区各盟市国有单位年末就业人数

数据来源：1987～1994 年数据分别来自相应年度《内蒙古统计年鉴》“职工人数及城镇个体劳动者”。1995～1997 年数据分别来自相应年度《内蒙古统计年鉴》“职工人数及城镇个体私营劳动者”。1998 年数据来自《内蒙古统计年鉴 1999》“45 在岗职工人数及城镇个体私营劳动者”。

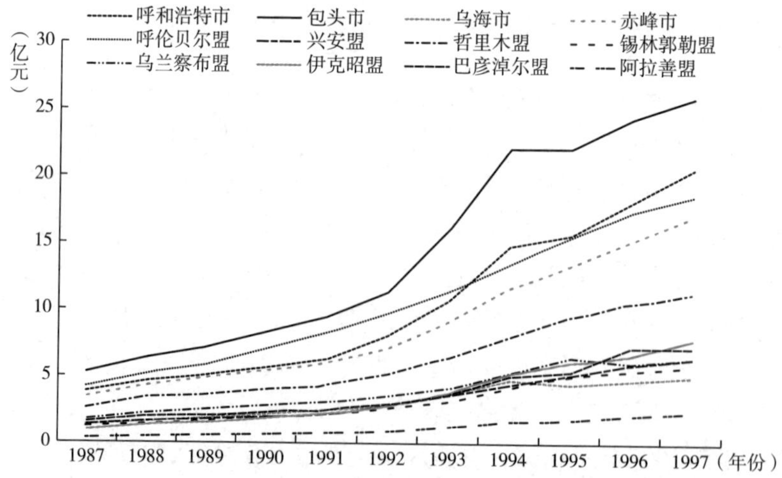

图 4－15　1987～1997 年内蒙古自治区各盟市国有单位职工工资总额

数据来源：1987～1997 年数据来自相应年度《内蒙古统计年鉴》“职工工资总额及平均工资”。

3. **国有单位职工平均工资持续增长**

1987 年到 1998 年，内蒙古各盟市的国有单位职工平均工资整体均呈现上升趋势。1998 年，内蒙古各盟市的国有单位职工平均工资大多高于 5000 元。相比其他盟市，呼伦贝尔盟、乌海市、包头市波动较大。阿拉善盟的职工平均工资稳健增长，在 1998 年超过了 7000 元，排名第一。伊克昭盟、呼和浩特市也名列前茅（见图 4 –16）。

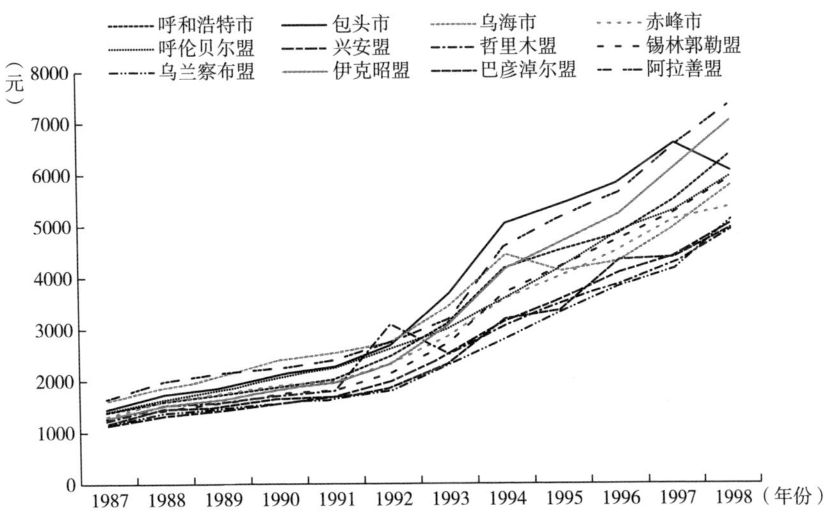

图 4 –16　1987 ~ 1998 年内蒙古自治区各盟市国有单位职工平均工资

数据来源：1987 ~ 1997 年数据来自相应年度《内蒙古统计年鉴》“职工工资总额及平均工资”。1998 年数据来自《内蒙古统计年鉴 1999》“47 在岗职工工资总额及平均工资”。

如果将 1987 年到 1998 年内蒙古自治区各盟市国有单位职工平均工资按照高低排列，由高到低分别是：包头市和阿拉善盟；呼和浩特市和伊克昭盟；锡林郭勒盟、乌海市、赤峰市、呼伦贝尔盟；乌兰察布盟、兴安盟、哲里木盟和巴彦淖尔盟。

4. **国有单位平均工资增长率**

由图 4 –17 可知，除了哲里木盟波动幅度较大外，其余盟市的国有单位平均工资增长率基本一致，在 0% ~ 40% 之间浮动。可以看出，1988 ~ 1991 年，内蒙古自治区各盟市国有单位职工平均工资增长基本一致，但 1991 年之后，各盟市国有单位职工平均工资增长率差距逐渐拉大。

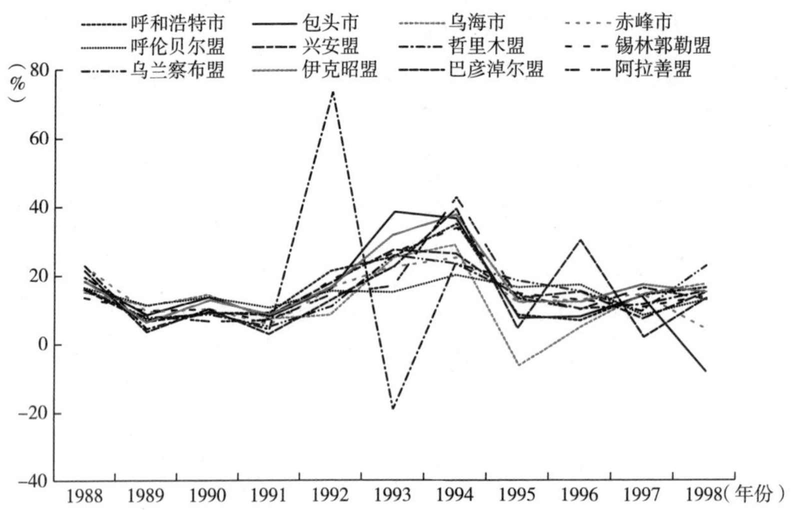

图 4－17　1988～1998 年内蒙古自治区各盟市国有单位平均工资增长率

数据来源：1987～1997 年数据来自相应年度《内蒙古统计年鉴》“职工工资总额及平均工资”。1998 年数据来自《内蒙古统计年鉴 1999》“47 在岗职工工资总额及平均工资”。作者整理计算。

（二）1999～2000 年各盟市国有单位职工工资增长情况

1. 国有单位年末就业人数基本稳定

1999 年到 2000 年，内蒙古自治区各盟市国有单位年末就业人数略有下降，不过下降幅度均不大。其中，国有单位就业人数较多的盟市是呼和浩特市、赤峰市、呼伦贝尔盟、通辽市和包头市，基本保持在 15 万人以上。就业人数最少的仍然是阿拉善盟（见图 4－18）。

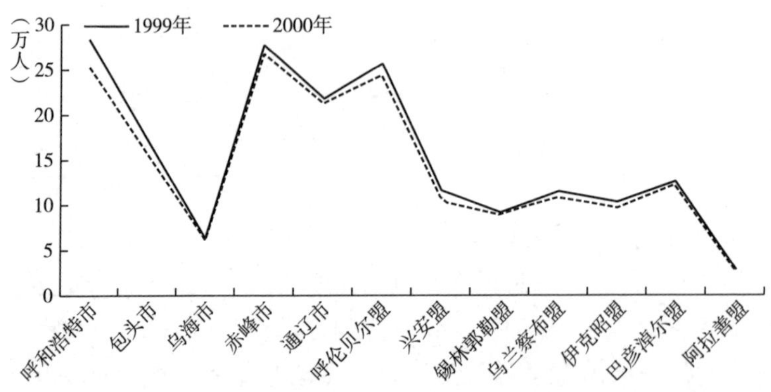

图 4－18　1999～2000 年内蒙古自治区各盟市国有单位年末就业人数

数据来源：1999 年数据来自《内蒙古统计年鉴 2000》“43 在岗职工人数及城镇个体私营劳动者”。2000 年数据来自《内蒙古统计年鉴 2001》“22－7 各盟市分等级注册类型年底职工人数”。

2. **国有单位职工工资总额基本持平**

1999 年到 2000 年，呼和浩特市、呼伦贝尔盟、赤峰市、通辽市和包头市的国有单位职工工资总额均已超过 12 亿元，排在前列。阿拉善盟、乌海市排名靠后，国有单位职工工资总额不超过 5 亿元（见图 4 – 19）。

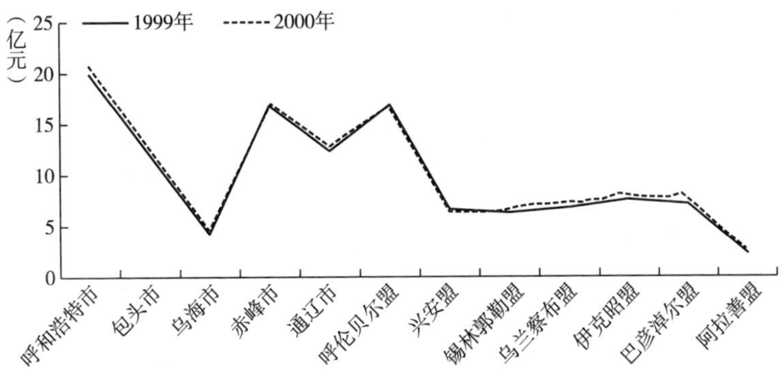

图 4 – 19　1999 ~ 2000 年内蒙古自治区各盟市国有单位职工工资总额

数据来源：1999 年数据来自《内蒙古统计年鉴 2000》“45 在岗职工工资总额及平均工资”。2000 年数据来自《内蒙古统计年鉴 2001》“22 – 13 各盟市职工工资总额和指数”。

3. **国有单位职工平均工资**

1999 年至 2000 年，内蒙古各盟市国有单位职工平均工资整体均呈现上升趋势。2000 年，内蒙古各盟市国有单位职工平均工资均高于或接近 6000 元。其中，阿拉善盟的职工平均工资最高，已超过 9000 元，排名第一；国有单位职工平均工资水平仅次于阿拉善盟的分别是伊克昭盟、呼和浩特市、包头市，2000 年分别达到 8220 元、7995 元、7945 元（见图 4 – 20）。

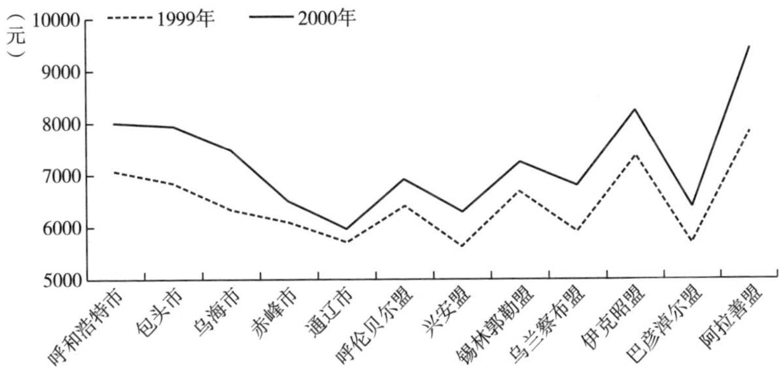

图 4 – 20　1999 ~ 2000 年内蒙古自治区各盟市国有单位职工平均工资

数据来源：1999 年数据来自《内蒙古统计年鉴 2000》“45 在岗职工工资总额及平均工资”。2000 年数据来自《内蒙古统计年鉴 2001》“22 – 14 各盟市职工平均工资及指数”。

如果对1999年到2000年内蒙古自治区各盟市国有单位职工平均工资按照高低排列，由高到低分别是：阿拉善盟；伊克昭盟、呼和浩特市、包头市；乌海市、锡林郭勒盟、呼伦贝尔盟；乌兰察布盟、赤峰市、兴安盟、巴彦淖尔盟和通辽市。

4. 国有单位平均工资增长率

2000年，阿拉善盟国有单位职工平均工资增长率最高，达到20.2%，最低的是通辽市，为4.9%，各盟市之间的差距较大（见图4-21）。

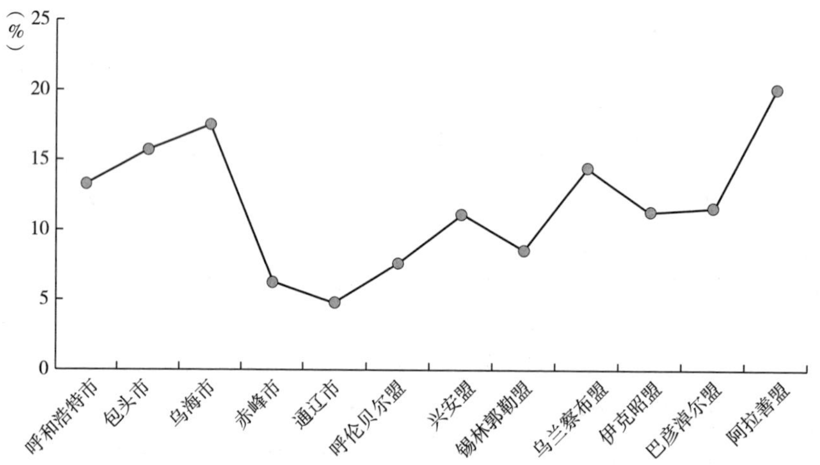

图4-21 2000年内蒙古自治区各盟市国有单位职工平均工资增长率

数据来源：1999年数据来自《内蒙古统计年鉴2000》“45 在岗职工工资总额及平均工资”。2000年数据来自《内蒙古统计年鉴2001》“22-14 各盟市职工平均工资及指数”。作者整理计算。

（三）2001~2017年各盟市国有单位职工工资增长情况

1. 国有单位年末就业人数

2001年至2017年，内蒙古自治区各盟市中赤峰市、呼和浩特市、呼伦贝尔市、通辽市的国有单位年末就业人数较多，基本保持在15万人以上，但是人数呈现下降趋势。阿拉善盟国有单位年末就业人数仍然最少。包头市、巴彦淖尔市、乌兰察布市、兴安盟、锡林郭勒市和阿拉善盟这17年来国有单位年末就业人数保持平稳，乌海市、鄂尔多斯市波动趋势明显（见图4-22）。

2. 国有单位职工工资总额

2001年到2017年，内蒙古自治区各盟市国有单位职工工资总额整体呈现上升趋势。其中，2012年到2014年，呼和浩特市、包头市、鄂尔多斯市、呼伦贝尔市、通辽市和乌海市均有不同程度的下降。乌海市国有企业职工工资总额波动趋势明显，2017 年乌海市国有单位职工工资总额与阿拉善盟不相上下，排名最后（见图 4 －23）。

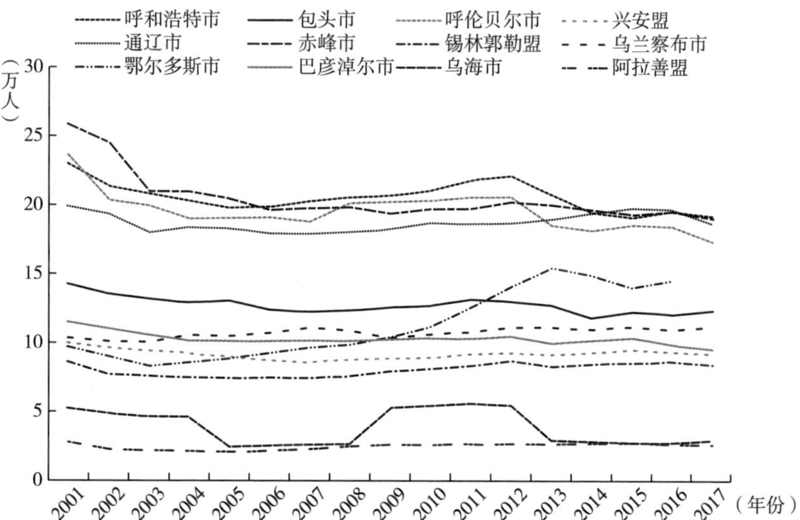

图 4 －22　2001 ～2017 年内蒙古自治区各盟市国有单位年末就业人数

数据来源：2001 ～2017 年数据来自相应年度《内蒙古统计年鉴》（2002 ～2018 年）“各盟市登记注册类型年底职工人数”。

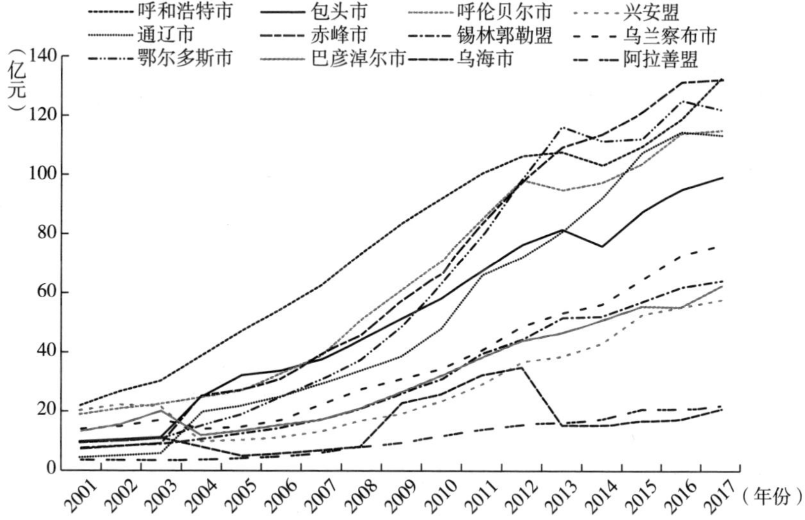

图 4 －23　2001 ～2017 年内蒙古自治区各盟市国有单位职工工资总额

数据来源：2001 ～2017 年数据分别来自相应年度《内蒙古统计年鉴》“各盟市职工工资总额和指数”。

3. **国有单位职工平均工资**

2001 年到 2017 年，各盟市国有单位职工平均工资均呈上涨态势。2017 年，鄂尔多斯市、阿拉善盟、包头市、锡林郭勒盟、乌海市国有单位职工平均工资排名靠前，其中最高的鄂尔多斯市达到 86421 元。相比其他盟市，乌海市国有单位职工平均工资水平波动剧烈，2012 年到 2013 年国有单位职工平均工资有近 1000 元的较大幅度下降（见图 4－24）。

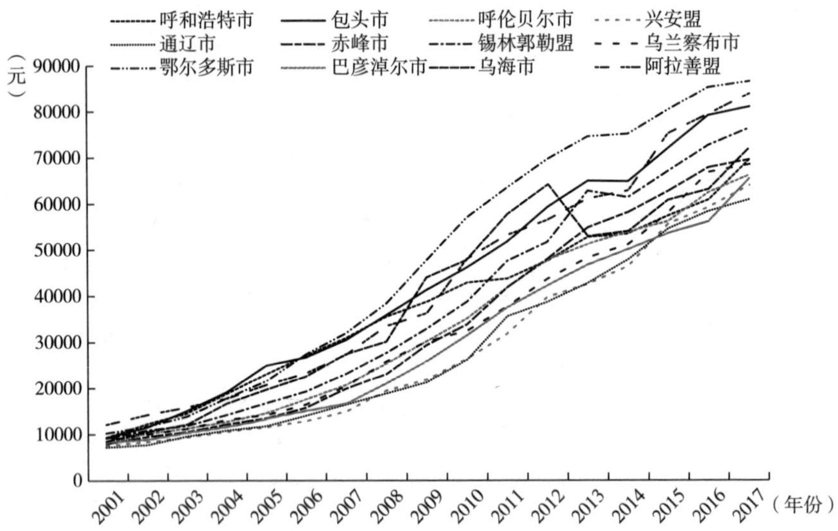

图 4－24　2001～2017 年内蒙古自治区各盟市国有单位职工平均工资

数据来源：2001～2017 年数据分别来自相应年度《内蒙古统计年鉴》（2002～2018 年度）"各盟市职工平均工资及指数"。

如果将 2001 年到 2017 年内蒙古自治区各盟市国有单位职工平均工资按照高低排列，由高到低分别是：鄂尔多斯市；阿拉善盟、包头市、锡林郭勒盟；乌海市、呼和浩特市；乌兰察布市、赤峰市、呼伦贝尔市、巴彦淖尔市、兴安盟和通辽市。

4. **国有单位平均工资增长率**

2002 年到 2017 年，各盟市国有单位职工平均工资名义增长率波动幅度大。除乌海市外，其余盟市的增长率均在 0%～40% 之间浮动。2017 年，各盟市之间国有单位职工平均工资增长率差距逐渐缩小（见图 4－25）。

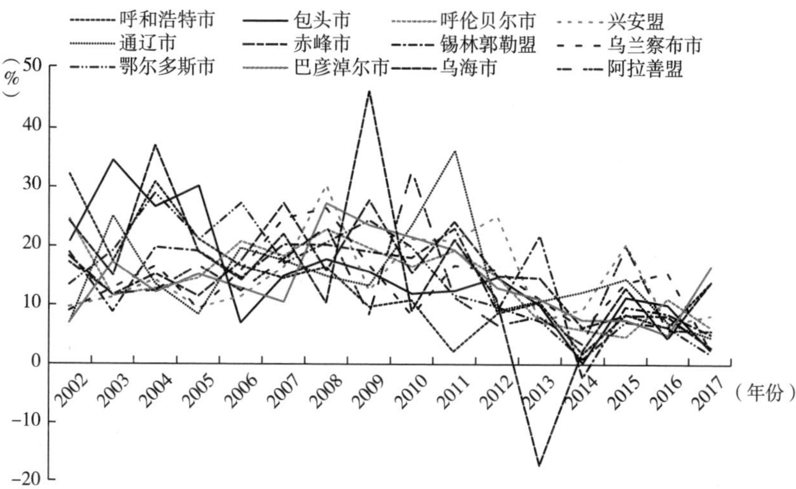

图 4－25　2002～2017 年内蒙古自治区各盟市国有单位职工平均工资增长率

数据来源：2001～2017 年数据分别来自相应年度《内蒙古统计年鉴》“各盟市职工平均工资及指数”。

（四）各盟市职工平均工资差距分析

为更加直观地说明各盟市国有单位职工平均工资的差距，采用各盟市职工平均工资极大值/极小值来测量绝对差距。1987 年到 2017 年，内蒙古自治区各盟市国有单位职工平均工资差距较大，绝对差距基本都保持在 1.4 倍以上，2004 年到 2010 年达到最高，绝对差距超过 2 倍，但是从 2009 年以来，各盟市绝对差距已经逐渐缩小，2017 年各盟市国有单位职工平均工资绝对差距为 1.42（见表 4－3、图 4－26）。

表 4－3　1987～2017 年内蒙古自治区各盟市国有单位职工平均工资统计

年份	极小值	极大值	绝对差距	均值	标准差
1987	1164	1656	1.42	1352.58	165.686
1988	1346	1973	1.47	1591.58	193.471
1989	1429	2131	1.49	1713.83	229.945
1990	1555	2384	1.53	1893.92	268.302
1991	1660	2563	1.54	2021.92	307.792
1992	1837	3107	1.69	2414.08	393.778

续表

年份	极小值	极大值	绝对差距	均值	标准差
1993	2305	3708	1.61	2900.83	445.571
1994	2835	5067	1.79	3806.92	689.433
1995	3344	5421	1.62	4183.42	681.977
1996	3845	5808	1.51	4685.33	642.223
1997	4196	6612	1.58	5228.58	849.024
1998	4945	7379	1.49	5837.00	804.403
1999	5652	7807	1.38	6470.92	701.116
2000	5974	9384	1.57	7260.17	988.901
2001	7183	12177	1.70	8962.75	1333.034
2002	7681	14222	1.85	10466.58	1821.661
2003	9309	15861	1.70	12147.67	2214.378
2004	10613	19166	1.81	14625.67	3255.546
2005	11591	24877	2.15	17131.00	4643.431
2006	12883	27320	2.12	19768.17	5293.018
2007	14971	31911	2.13	23308.92	6032.695
2008	18799	38373	2.04	27872.25	6769.041
2009	21254	47623	2.24	33282.42	8471.670
2010	26185	56944	2.17	38814.42	9594.028
2011	31814	63527	2.00	45294.25	9616.100
2012	38672	69599	1.80	50686.50	9795.113
2013	42492	74486	1.75	54537.08	9633.937
2014	46324	75008	1.62	56525.42	8269.196
2015	53550	80231	1.50	62780.17	8851.680
2016	56077	85107	1.52	67558.08	9440.456
2017	60799	86421	1.42	71826.25	8199.607

数据来源：1987～1997年数据分别来自相应年度《内蒙古统计年鉴》“职工工资总额及平均工资”。1998～1999年数据分别来自相应年度《内蒙古统计年鉴》“在岗职工工资总额及平均工资”。2000～2017年数据分别来自相应年度《内蒙古统计年鉴》“各盟市职工平均工资及指数”。作者整理计算。

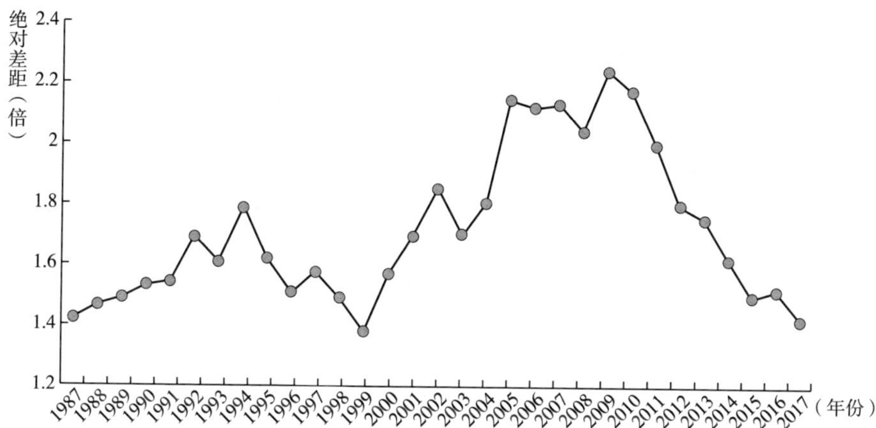

图 4－26　1987～2017 年内蒙古自治区各盟市国有单位职工平均工资绝对差距

数据来源：1987～1997 年数据分别来自相应年度《内蒙古统计年鉴》"职工工资总额及平均工资"。1998～1999 年数据分别来自相应年度《内蒙古统计年鉴》"在岗职工工资总额及平均工资"。2000～2017 年数据分别来自相应年度《内蒙古统计年鉴》"各盟市职工平均工资及指数"。作者整理计算。

（五）各盟市国有单位职工工资分配的主要特点

总的来看，1987 年到 2017 年，内蒙古自治区各盟市国有单位职工工资分配有以下四方面主要特点。

一是各盟市国有单位就业人员数量总体呈下降趋势，但下降幅度不大。呼伦贝尔盟、呼和浩特市、赤峰市和通辽市（原为哲里木盟，1999 年 10 月撤销地级哲里木盟建制，成立地级通辽市）的国有单位就业人员人数较多，阿拉善盟的国有单位历年就业人数全区最少。

二是各盟市国有单位职工工资总额均呈现上升趋势。其中，包头市、呼伦贝尔盟、呼和浩特市、赤峰市和通辽市的国有单位职工工资总额每年均名列前茅，阿拉善盟、乌海市排名靠后。各盟市国有企业职工工资总额差距较大，2017 年，排名第一的赤峰市和排名最后的阿拉善盟、乌海市之间相差超过 100 亿元。

三是各盟市国有单位职工平均工资整体呈现上升趋势，各盟市国有单位工资水平呈现较明显的等级划分。各盟市国有单位工资水平从高到低可分为一类、二类、三类、四类盟市（见表 4－4）。其中，阿拉善盟的职工平均工资稳健增长，排名靠前。阿拉善盟国有单位职工平均工资高的重要原因，是阿拉善盟地处内蒙古自治区偏远西部，经济发展程度较低，环境相对艰苦，上述因素使得当地需要支付较高的工资才能吸引劳动力的流入以及留住本地的劳动力。因此，阿拉善盟国有单位职工工资分配情况表现为职工数量少、职工平均工资高，但职工工资总额少。伊克昭盟（2001 年撤盟设市，改名为鄂尔多斯市）、呼和浩特市和包头市国有单位职工平均工资在全区名列前茅。

四是各盟市之间国有单位职工工资总额以及职工平均工资的差距呈逐渐扩大趋势。各盟市之间国有企业职工平均工资绝对差距虽然已经在逐渐下降，但是仍较大，保持在 1.5 倍左右。大部分盟市职工平均工资名义增长率分布在 0% ~40% 之间，差距逐渐缩小。

表 4 -4　内蒙古自治区各盟市国有单位职工平均工资由高到低排序

年份	工资水平 一类盟市	工资水平 二类盟市	工资水平 三类盟市	工资水平 四类盟市
1987 ~ 1998	包头市和阿拉善盟	呼和浩特市和伊克昭盟	锡林郭勒盟、乌海市、赤峰市、呼伦贝尔盟	乌兰察布盟、兴安盟、哲里木盟和巴彦淖尔盟
1999 ~ 2000	阿拉善盟	伊克昭盟、呼和浩特市、包头市	乌海市、锡林郭勒盟、呼伦贝尔盟	乌兰察布盟、赤峰市、兴安盟、巴彦淖尔盟和通辽市
2001 ~ 2017	鄂尔多斯市	阿拉善盟、包头市、锡林郭勒盟	乌海市、呼和浩特市	乌兰察布市、赤峰市、呼伦贝尔市、巴彦淖尔市、兴安盟和通辽市

数据来源：作者分析整理。

四　不同行业国有企业职工工资分配情况

由于不同时期国民经济行业分类有所变化（见表 4 -5），再加上数据的可得性，所以对内蒙古自治区各行业国有企业工资分配情况的探讨分为 1986 ~ 1992 年、1993 ~2002 年、2003 ~2017 年三个时间段进行。

表 4 -5　内蒙古自治区 1986 ~ 2017 年国民经济行业分类

序号	1986 ~ 1992 年	1993 ~ 2002 年	2003 ~ 2017 年
1	农、林、牧、渔、水利业	农、林、牧、渔业	农、林、牧、渔业
2	工业	采掘业	采矿业

续表

序号	1986 ~ 1992 年	1993 ~ 2002 年	2003 ~ 2017 年
3	地质普查和勘探业	制造业	制造业
4	建筑业	电力、煤气及水的生产和供应业	电力、热力、燃气及水生产和供应业
5	交通运输、邮电通信业	建筑业	建筑业
6	商业、公共饮食业、物资供销和仓储业	地质勘查业、水利管理业	批发和零售业
7	房地产管理、公用事业、居民服务和咨询服务业	交通运输、仓储及邮电通信业	交通运输、仓储和邮政业
8	卫生、体育和社会福利事业	批发和零售贸易、餐饮业	住宿和餐饮业
9	教育、文化艺术和广播电视事业	金融、保险业	信息传输、软件和信息技术服务业
10	科学研究和综合技术服务事业	房地产业	金融业
11	金融、保险业	社会服务业	房地产业
12	国家机关、政党机关和社会团体	卫生、体育和社会福利业	租赁和商务服务业
13		教育、文化艺术及广播电影电视业	科学研究和技术服务业
14		科学研究和综合技术服务业	水利、环境和公共设施管理业
15		国家机关、政党机关和社会团体	居民服务、修理和其他服务业
16		其他行业	教育
17			卫生和社会工作
18			文化、体育和娱乐业
19			公共管理、社会保障和社会组织
20			国际组织

资料来源：国家统计局。

（一）1986～1992年各行业职工工资分配情况

1. 国有单位年末就业人数

1987年到1992年，内蒙古自治区国有单位年末就业人数呈上升趋势，从1987年的约260万人增长到1992年的302万人，国有单位年末就业人数增加了约40万人（见图4－27）。

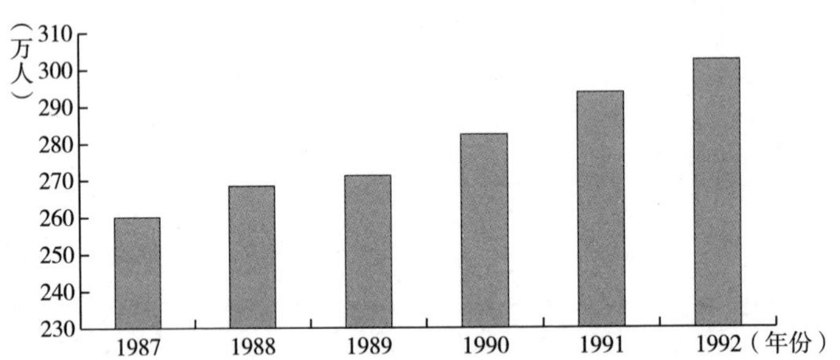

图4－27　1987～1992年内蒙古自治区国有单位年末就业人数

数据来源：1987～1991年数据来自相应年度《内蒙古统计年鉴》“全民所有制单位职工人数”。1992年数据来自《内蒙古统计年鉴1993》“3－3国有单位职工人数”。

1987年到1992年，内蒙古自治区工业和农、林、牧、渔、水利业国有单位年末就业人员最多，尤其是工业遥遥领先，1992年就业人数突破115万人，地质普查和勘探业就业人数最少，仅为23611人，不同行业之间就业人数差距明显（见图4－28、图4－29）。

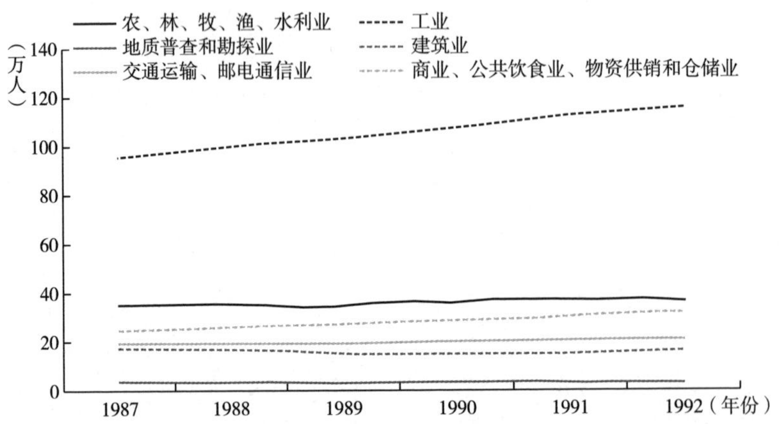

图4－28　1987～1992年分行业国有单位年末就业人数比较

数据来源：1987～1991年数据来自相应年度《内蒙古统计年鉴》“全民所有制单位职工人数”。1992年数据来自《内蒙古统计年鉴1993》“3－3国有单位职工人数”。图4－29数据来源与此相同。

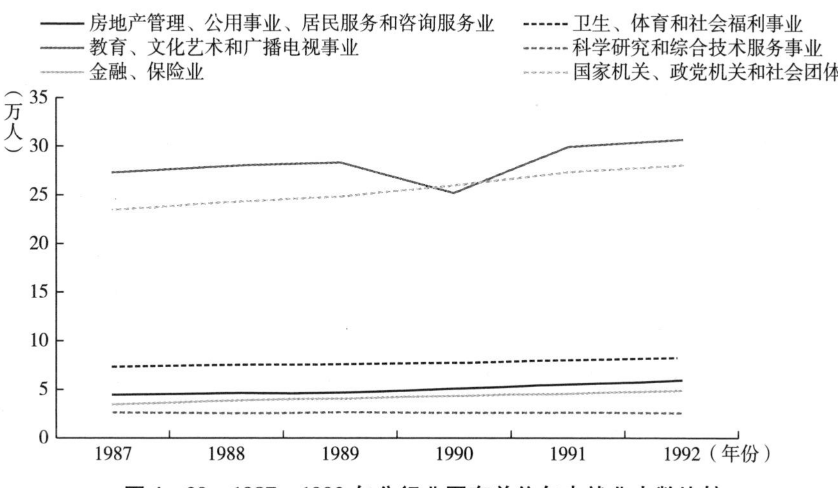

图 4-29　1987～1992 年分行业国有单位年末就业人数比较

2. 国有企业职工工资总额

1986 年到 1992 年，内蒙古各行业国有企业就业人员工资总额稳步增长。其中，工业与教育、文化艺术和广播电视事业等行业国有企业工资水平高、增长速度快；尤其是工业，1992 年工业国有企业从业人员总报酬将近 30 亿元（见图 4-30、图 4-31）。

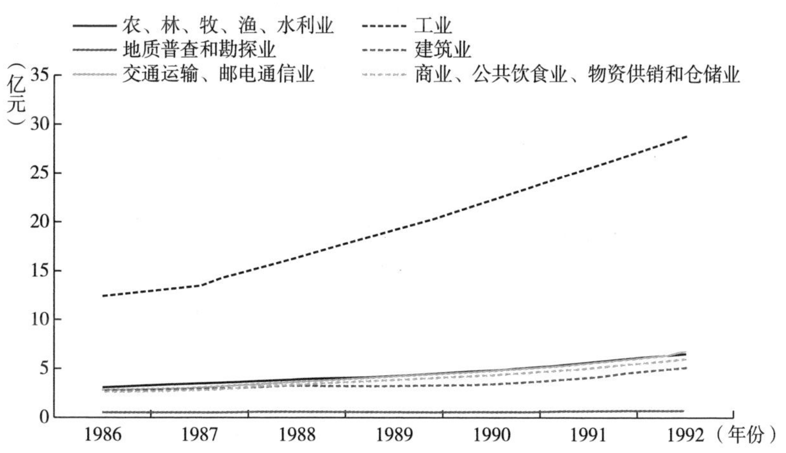

图 4-30　1986～1992 年分行业国有企业年末职工工资总额比较

数据来源：1986～1991 年数据来自相应年度《内蒙古统计年鉴》“全民所有制职工工资总额和平均工资”。1992 年数据来自《内蒙古统计年鉴 1993》“3-8 国有单位职工工资总额和平均工资”。图 4-31 数据来源与此相同。

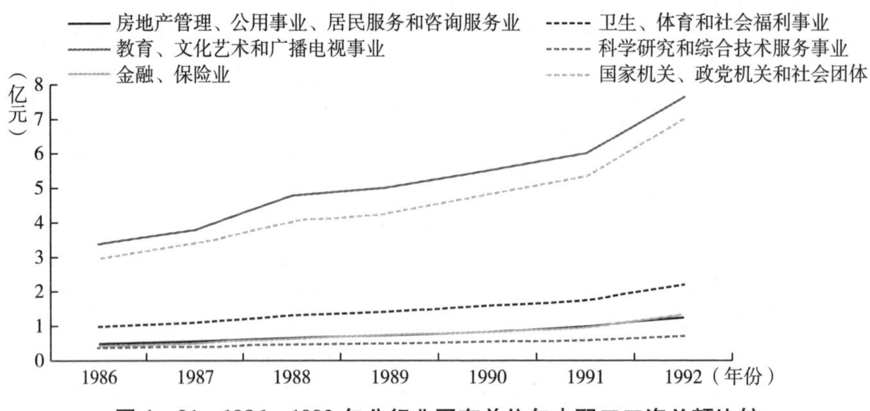

图4－31　1986～1992年分行业国有单位年末职工工资总额比较

3. 国有企业职工平均工资

1986年至1992年，内蒙古自治区各行业国有企业职工平均工资增长趋势基本一致，总的来看，1986年到1991年持续上升，1991年到1992年有所下降（见图4－32、图4－33）。

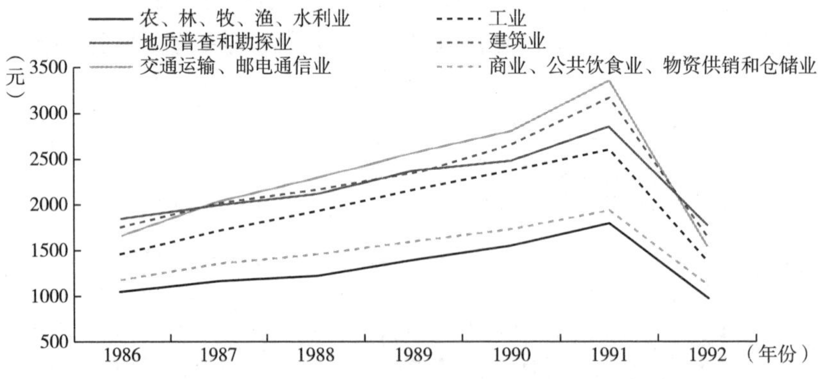

图4－32　1986～1992年分行业国有单位年末职工平均工资比较

数据来源：1986～1991年数据来自相应年度《内蒙古统计年鉴》“全民所有制职工工资总额和平均工资”。1992年数据来自《内蒙古统计年鉴1993》“3－8国有单位职工工资总额和平均工资”。图4－33数据来源与此相同。

1986年至1992年，职工平均工资最高的行业为交通运输、邮电通信业，其次是建筑业，地质普查和勘探业，金融、保险业，工业，最高均超过2500元。排名靠后的是农、林、牧、渔、水利业，商业、饮食业、物资供销和仓储业，房地产管理、公用事业、居民服务和咨询服务业，最高约2000元。

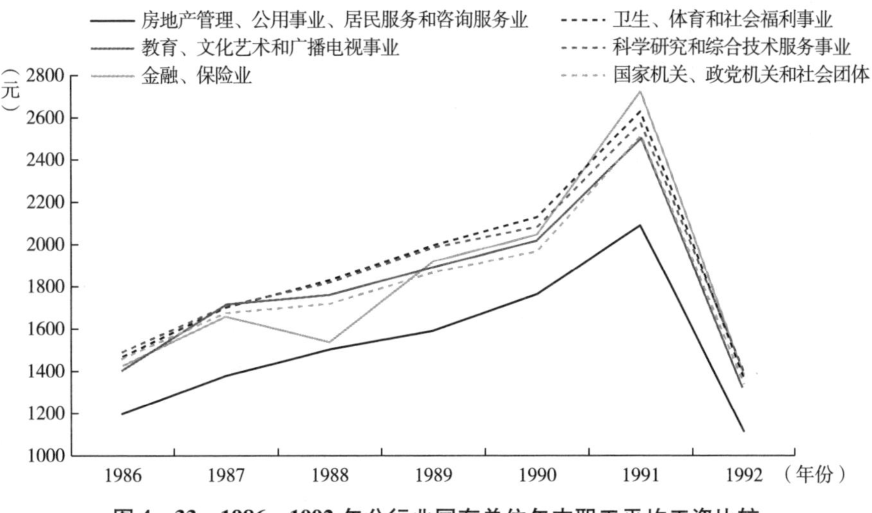

图 4－33　1986～1992 年分行业国有单位年末职工平均工资比较

如果将 1986 年到 1992 年内蒙古自治区国有单位职工平均工资按照高低排列，由高到低分别是：交通运输、邮电通信业，建筑业，地质普查和勘探业；工业，金融、保险业，卫生、体育和社会福利事业，科学研究和综合技术服务事业，国家机关、政党机关和社会团体，教育、文化艺术和广播电视事业；商业、公共饮食业、物资供销和仓储业，农、林、牧、渔、水利业，房地产管理、公用事业、居民服务和咨询服务业。

4. **国有企业职工平均工资增长情况**

1986 年到 1992 年，除金融、保险业职工平均工资增长波动幅度较大外，其他各行业国有单位职工平均工资增长率 1987 年到 1991 年期间保持在 0%～20%范围浮动，但 1992 年各行业国有单位职工平均工资较上一年均大幅度减少，工资增长率变为负数（见图 4－34、图 4－35）。

（二）1993～2002 年各行业国有企业职工工资分配情况

1. **国有企业就业人数**

1993 年至 2002 年，内蒙古各行业国有企业就业人数整体呈现下降趋势。其中，1993 年至 1997 年，制造业、采掘业与批发和零售贸易、餐饮业国有企业就业人数多于其他行业，但是 1997 年之后就业人数持续减少，尤其是制造业就业人数减少速度最快。2002 年，制造业人数由近 70 万人减少到不足 8 万人。建筑业，农、林、牧、渔业，交通运输、仓储及邮电通信业，批发和零售

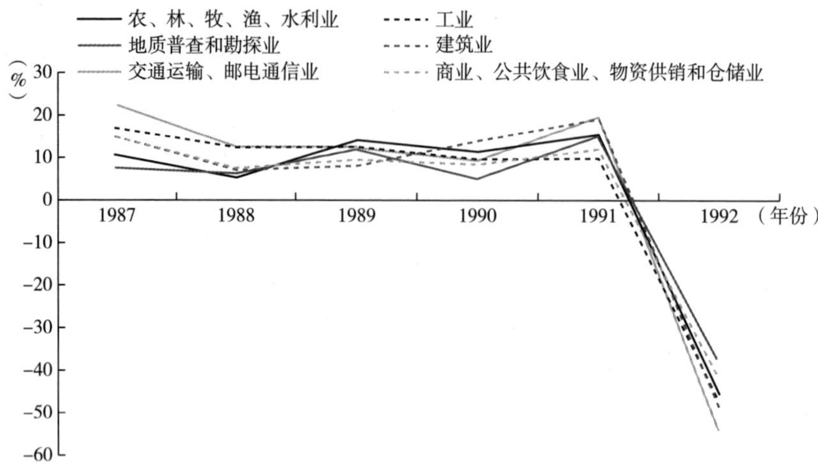

图4－34　1987～1992年分行业国有单位年末职工平均工资增长率

数据来源：1986～1991年数据来自相应年度《内蒙古统计年鉴》“全民所有制职工工资总额和平均工资”。1992年数据来自《内蒙古统计年鉴1993》“3－8 国有单位职工工资总额和平均工资”。作者整理计算。图4－35数据来源与此相同。

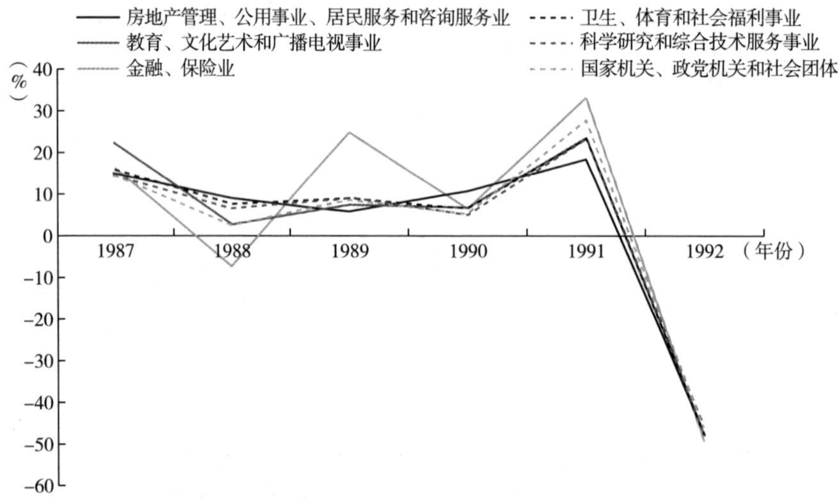

图4－35　1987～1992年分行业国有企业职工平均工资增长率

贸易、餐饮业等行业就业人数也不断减少。同期，电力、煤气及水的生产和供应业，地质勘查业、水利管理业，金融、保险业，房地产业，社会服务业，卫生、体育和社会福利业，科学研究和综合技术服务业等行业人数稳定。此外，教育、文化艺术及广播电影电视业就业人数则呈现上升趋势（见图4－36、图4－37、图4－38）。

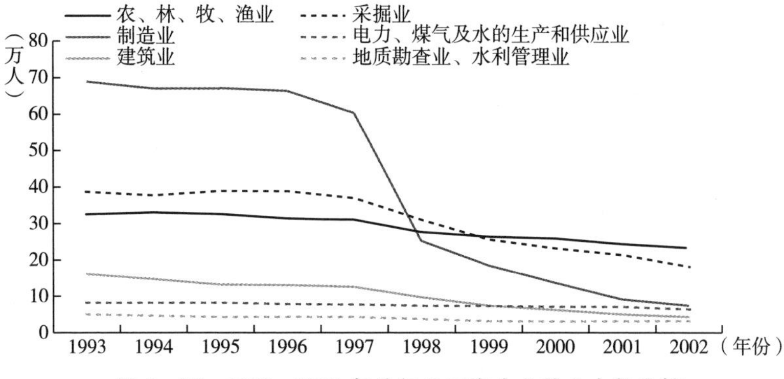

图 4－36　1993～2002 年分行业国有企业就业人数比较

数据来源：1993 年数据来自《内蒙古统计年鉴 1994》“3－3 国有单位职工人数”。1994～1997 年数据来自相应年度《内蒙古统计年鉴》“国有单位数和职工人数”。1998～1999 年数据来自相应年度《内蒙古统计年鉴》“国有单位数和在岗职工人数”。2000～2002 年数据来自相应年度《内蒙古统计年鉴》“国有单位年末从业人员和劳动报酬”。图 4－37、图 4－38 数据来源与此相同。

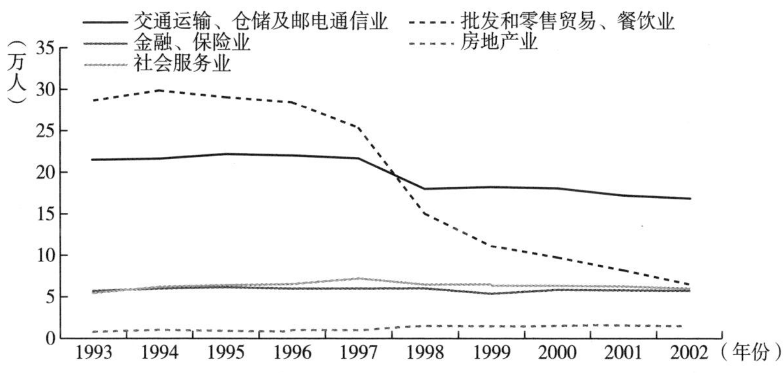

图 4－37　1993～2002 年分行业国有企业就业人数比较

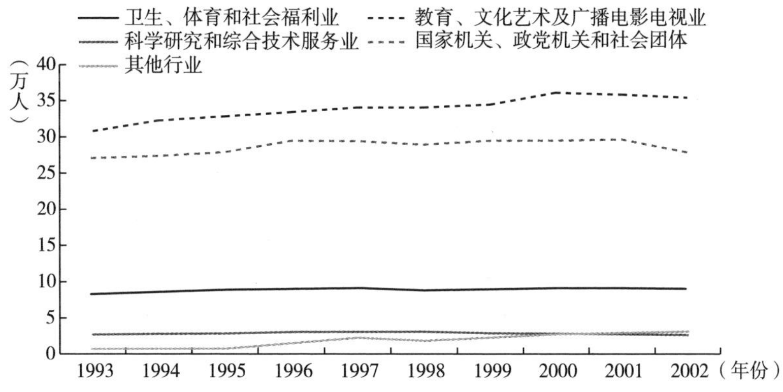

图 4－38　1993～2002 年分行业国有单位就业人数比较

2. 国有企业职工工资总额

1993年到2002年，除制造业、采掘业、建筑业以及批发和零售贸易、餐饮业国有企业的职工工资总额1997年后呈现下降趋势外，其余行业国有企业职工工资总额整体呈现上升趋势。尤其是教育、文化艺术及广播电影电视业的工资总额高，增长速度快（见图4－39、图4－40、图4－41）。

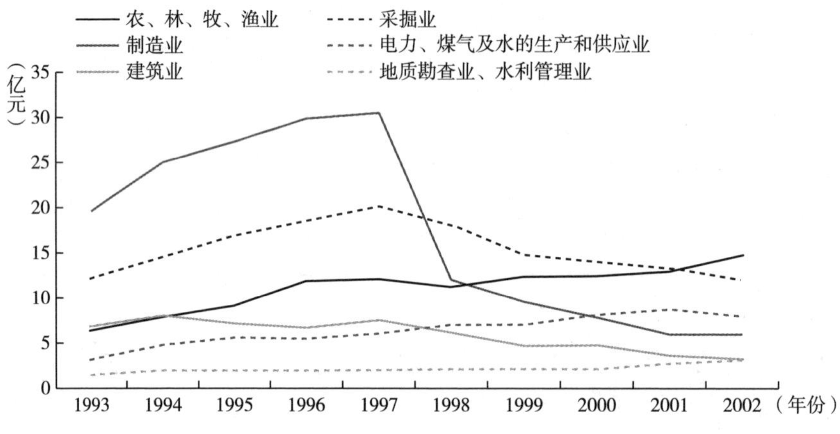

图4－39　1993～2002年分行业国有企业职工工资总额比较

数据来源：1993～1999年数据来自相应年度《内蒙古统计年鉴》“国有单位职工工资总额和平均工资”。2000～2002年数据来自相应年度《内蒙古统计年鉴》“国有单位年末从业人员和劳动报酬”。图4－40、图4－41数据来源与此相同。

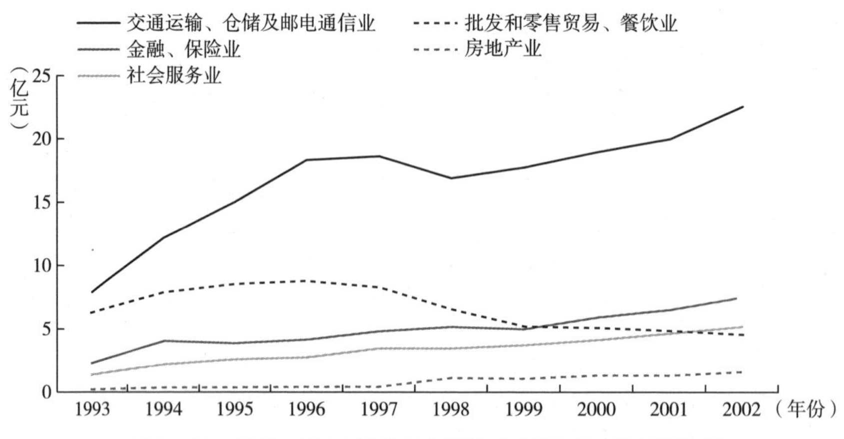

图4－40　1993～2002年分行业国有企业职工工资总额比较

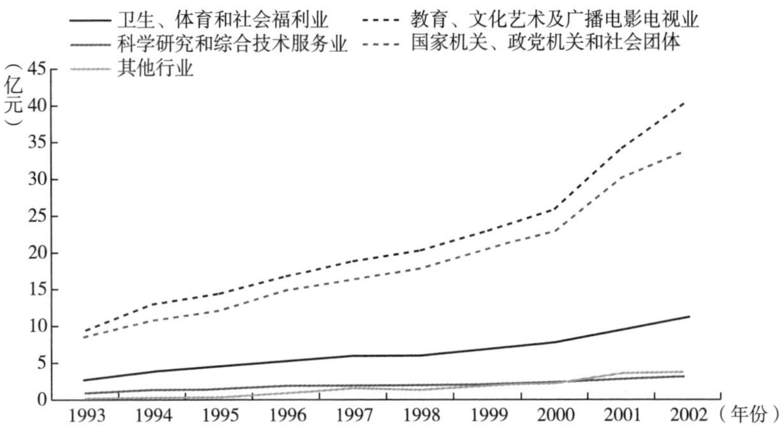

图 4－41　1993～2002 年分行业国有企业职工工资总额比较

3. 国有企业职工平均工资

1993 年到 2002 年，内蒙古自治区各个行业国有企业职工平均工资均呈现上升趋势。1993 年，各行业职工平均工资为 2000～4000 元，1993 年后各行业职工平均工资差距逐步拉大。

2002 年，国有企业职工平均工资最高的是交通运输、仓储及邮电通信业，达到 14000 元，最低的是农、林、牧、渔业，约 6000 元（见图 4－42、图 4－43、图 4－44）。

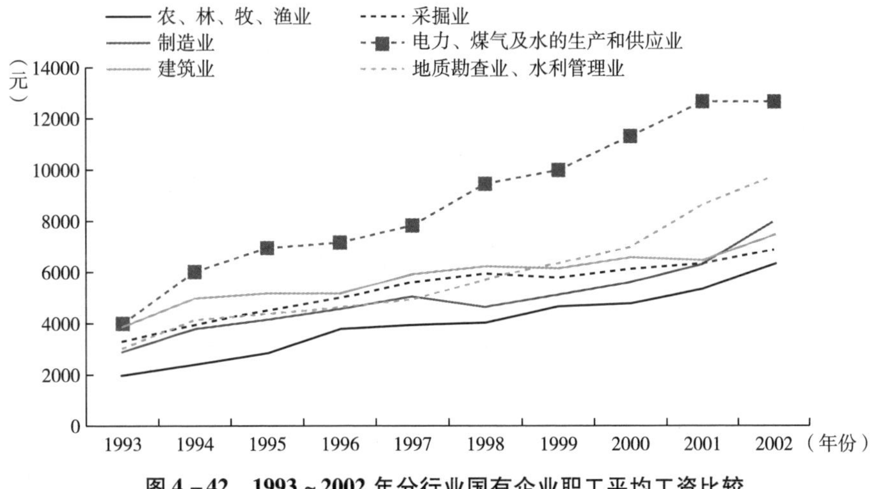

图 4－42　1993～2002 年分行业国有企业职工平均工资比较

数据来源：1993～1999 年数据来自相应年度《内蒙古统计年鉴》"国有单位职工工资总额和平均工资"。2000～2002 年数据来自相应年度《内蒙古统计年鉴》"分行业职工平均工资"。图 4－43、图 4－44 数据来源与此相同。

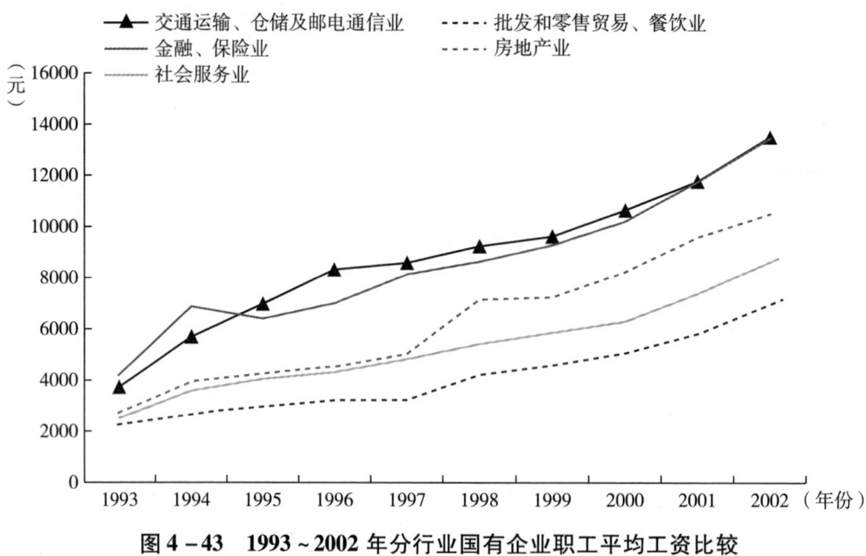

图 4－43　1993～2002 年分行业国有企业职工平均工资比较

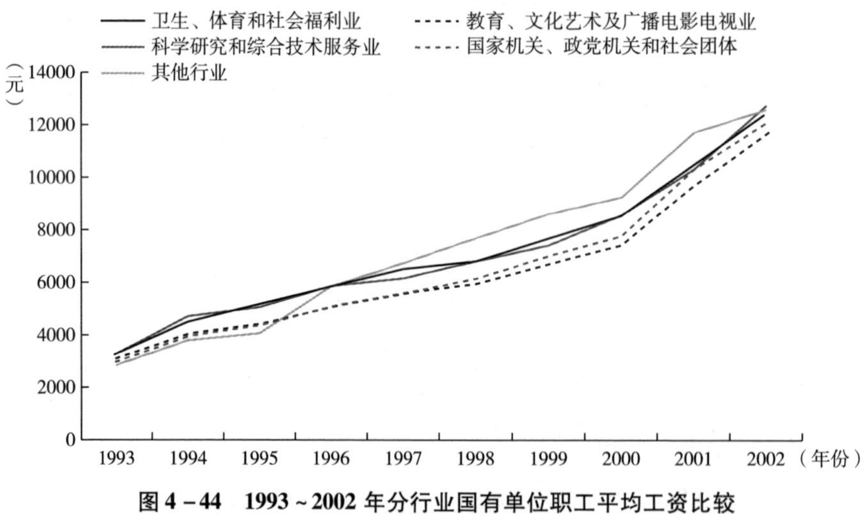

图 4－44　1993～2002 年分行业国有单位职工平均工资比较

如果将 1993 年到 2002 年内蒙古自治区各行业国有企业职工平均工资按照高低排列，由高到低分别是：交通运输、仓储及邮电通信业，金融、保险业，电力、煤气及水的生产和供应业；其他行业，科学研究和综合技术服务业，卫生、体育和社会福利业，国家机关、政党机关和社会团体，教育、文化艺术及广播电影电视业，房地产业，地质勘查业、水利管理业；社会服务业，制造业，建筑业，采掘业，批发和零售贸易、餐饮业，农、林、牧、渔业。

4. 国有企业职工平均工资增长

1994 年到2002 年，内蒙古自治区各行业国有企业职工平均工资增长变化幅度较大，但职工平均工资的增长率波动幅度逐步降低（见图 4 －45、图 4 －46、图 4 －47）。

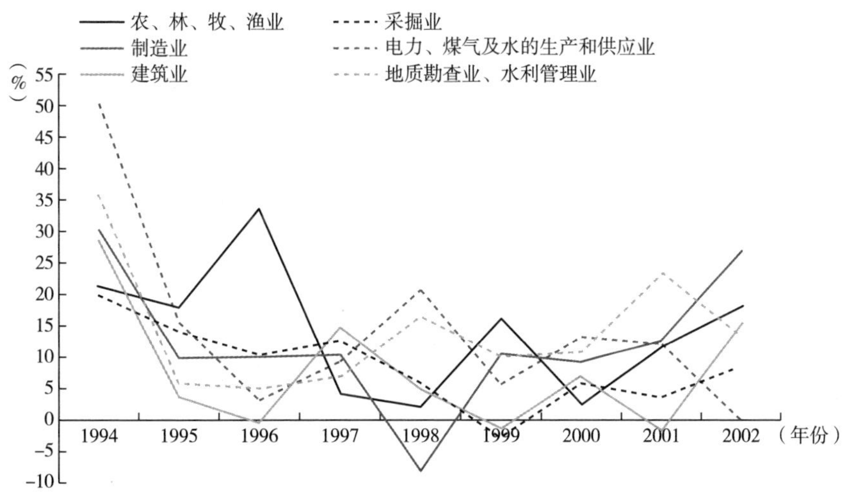

图 4 －45　1994 ~ 2002 年分行业国有企业职工平均工资增长率

数据来源：1993 ~ 1999 年数据来自相应年度《内蒙古统计年鉴》“国有单位职工工资总额和平均工资”。2000 ~ 2002 年数据来自相应年度《内蒙古统计年鉴》“分行业职工平均工资”。作者整理计算。图 4 －46、图 4 －47 数据来源与此相同。

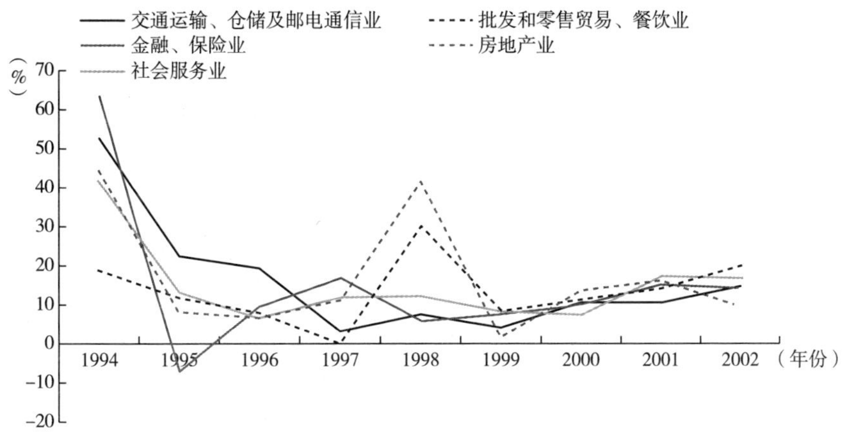

图 4 －46　1994 ~ 2002 年分行业国有企业职工平均工资增长率

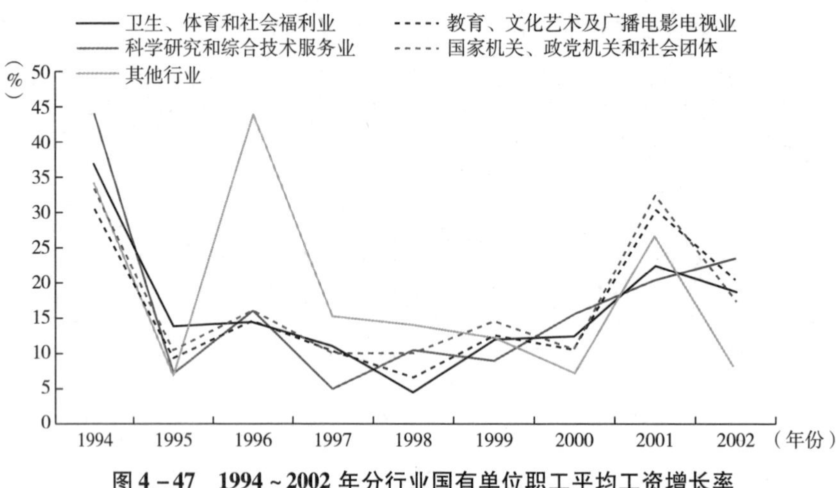

图 4 - 47　1994 ~ 2002 年分行业国有单位职工平均工资增长率

(三) 2003 ~ 2017 年各行业职工工资分配情况

1. 国有单位就业人数

2003 年到 2017 年，内蒙古自治区各行业国有企业年末就业人数呈现先下降再上升再下降的趋势。2006 年人数最少，为 160 万人左右，2012 年达到最高点，就业人数超过 175 万人（见图 4 - 48）。

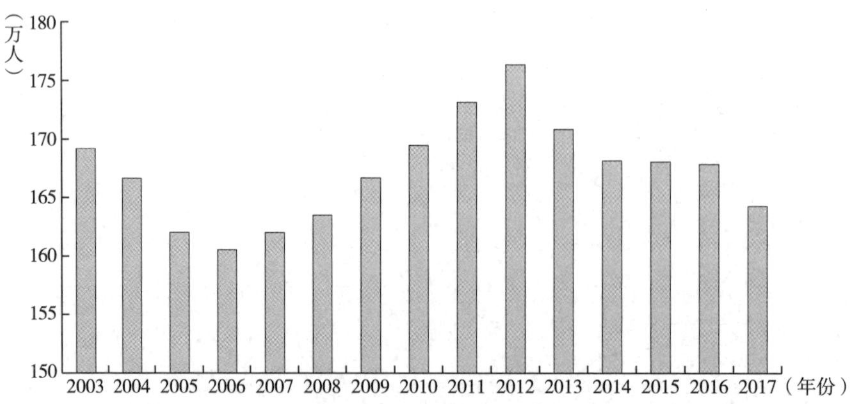

图 4 - 48　2003 ~ 2017 年内蒙古自治区国有企业年末就业人数

数据来源：2003 ~ 2017 年数据来自相应年度《内蒙古统计年鉴》“国有单位年末从业人员和劳动报酬”。

2003 年到 2017 年，农、林、牧、渔业，教育，公共管理、社会保障和社会组织就业人数较多，均在 20 万人以上。科学研究和技术服务业，卫生和社会工作，公共管理、社会保障和社会组织的就业人数呈上升趋势。农、林、牧、渔业，制造业，建筑业，批发和零售业，住宿和餐饮业，房地产业，租赁和商务服务业人数呈现减少趋势，采矿业，电力、热力、燃气及水生产和供应业，信息传输、软件和信息技术服务业就业人数在 2012 年达到最大值，随后开始减少。交通运输、仓储和邮政业，金融业，教育，水利、环境和公共设施管理业，文化、体育和娱乐业就业人数相对稳定（见图 4－49、图 4－50、图 4－51）。

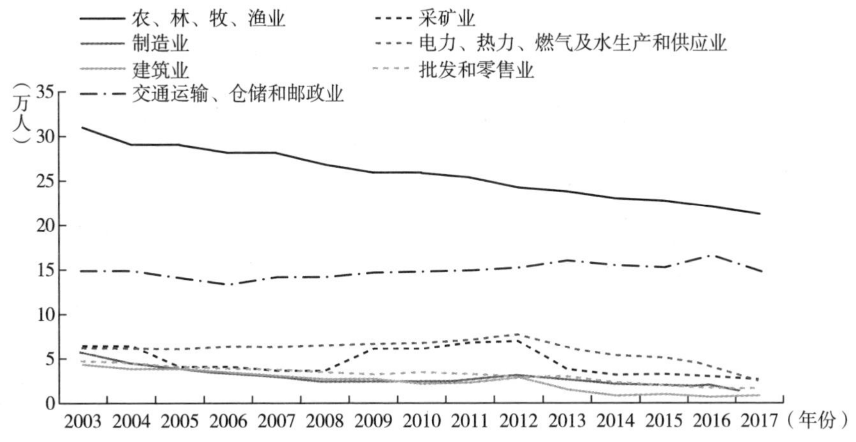

图 4－49　2003～2017 年分行业国有企业年末就业人数比较

数据来源：2003～2017 年数据来自相应年度《内蒙古统计年鉴》“国有单位年末从业人员和劳动报酬”。图 4－50、图 4－51 数据来源与此相同。

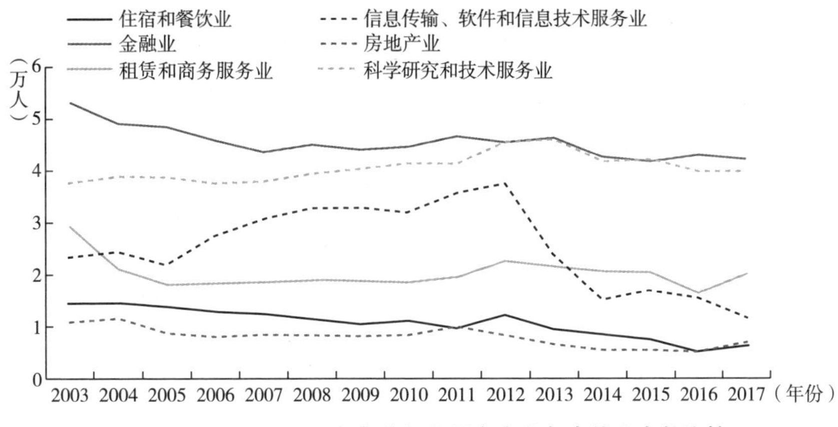

图 4－50　2003～2017 年分行业国有企业年末就业人数比较

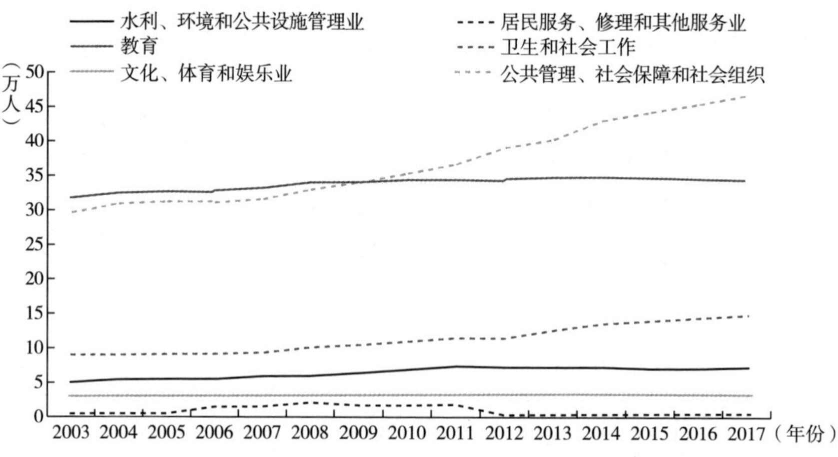

图 4－51　2003～2017 年分行业国有单位年末就业人数比较

2. 国有企业职工劳动报酬

2003 年到 2017 年，内蒙古自治区国有单位年末就业人员的劳动报酬不断上升，由 2003 年的 200 亿元上涨到 2017 年的近 1200 亿元，上涨了 5 倍（见图 4－52）。

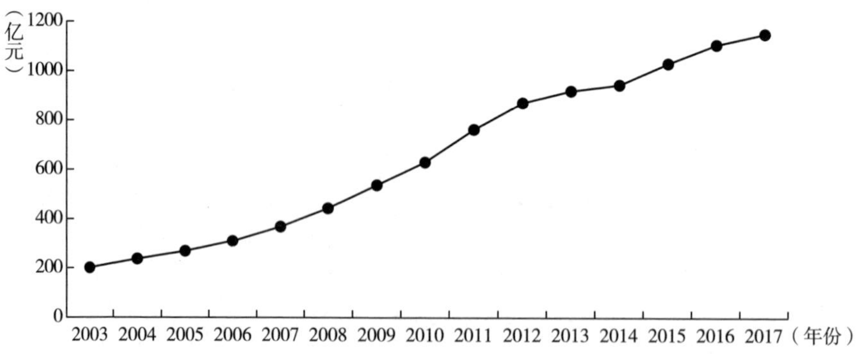

图 4－52　2003～2017 年内蒙古自治区国有单位就业人员劳动报酬

数据来源：2003～2017 年数据来自相应年度《内蒙古统计年鉴》“国有单位年末从业人员和劳动报酬”。

2003 年到 2017 年，采矿业，电力、热力、燃气及水生产和供应业，制造业，建筑业，信息传输、软件和信息技术服务业国有单位年末就业人员劳动报酬从 2012 年起呈下降趋势。交通运输、仓储和邮政业，农林牧渔业，批发和零售业，教育，卫生和社会工作，公共管理、社会保障和社会组织国有单位年末就业人员劳动报酬稳步上升。水利、环境和公共设施管理业，居民服务、修理和其他服务业，文化、体育和娱乐业国有单位职工工资报酬涨幅不大。金融业，科学研究和技术服务业，租赁和商务服务业，房地产业从2013年到2014年工资总额有所下降，其余年份呈现上升趋势（见图4－53、图4－54、图4－55）。

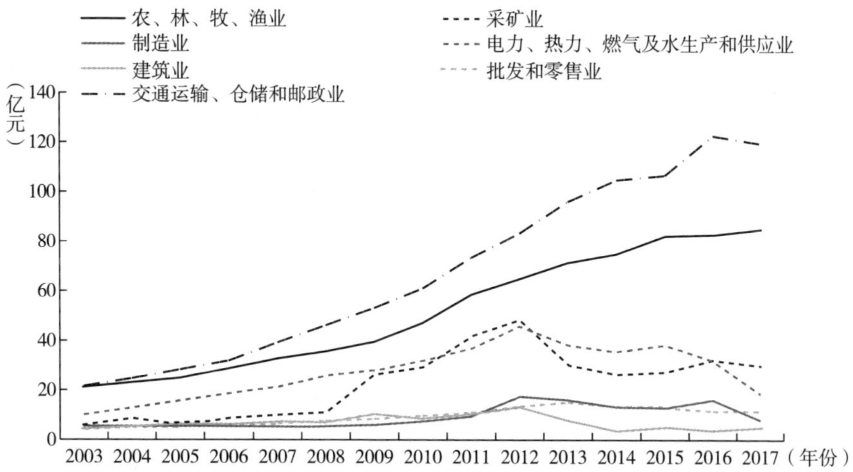

图4－53　2003～2017年分行业国有企业年末就业人员劳动报酬

数据来源：2003～2017年数据来自相应年度《内蒙古统计年鉴》“国有单位年末从业人员和劳动报酬”。图4－54、图4－55数据来源与此相同。

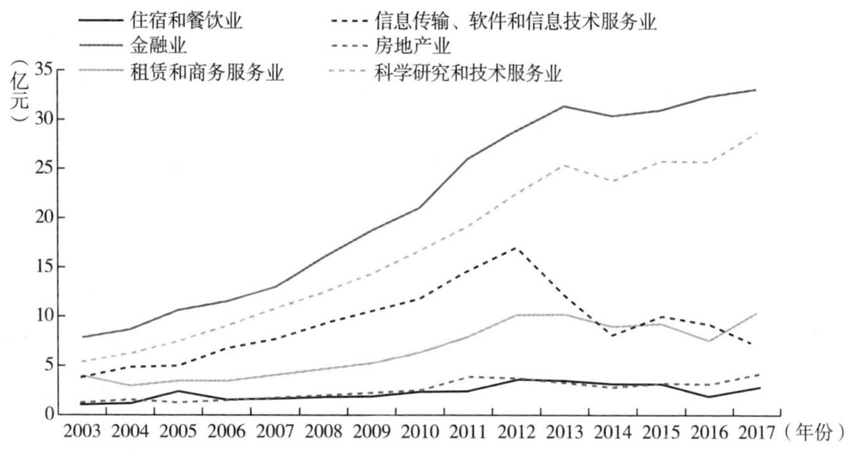

图4－54　2003～2017年分行业国有企业年末就业人员劳动报酬

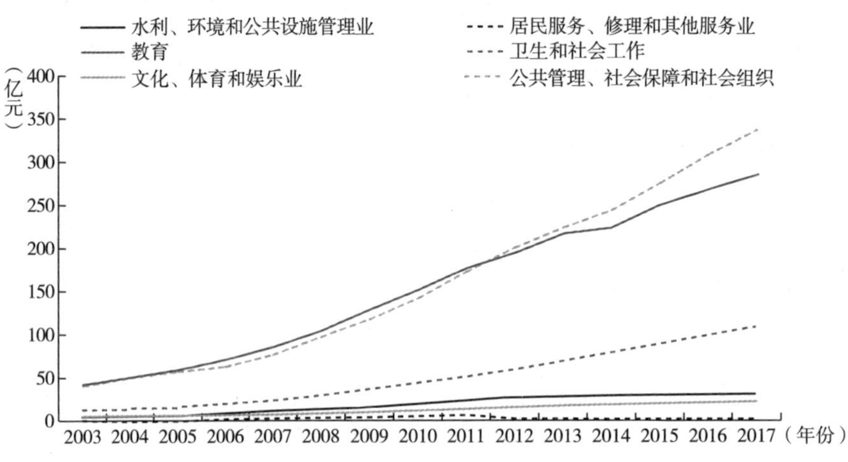

图 4－55　2003～2017 年分行业国有单位年末就业人员劳动报酬

3. 国有单位职工平均工资

2003 年到 2017 年，内蒙古自治区各盟市国有单位职工平均工资处于稳步上升状态。2017 年约为 70000 元（见图 4－56）。

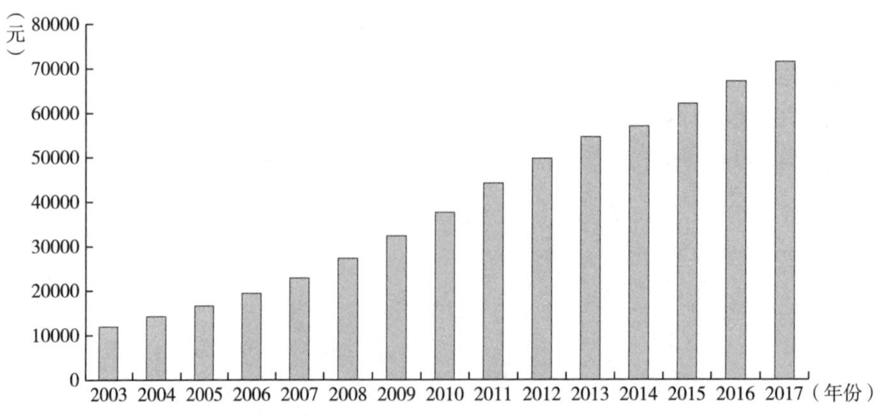

图 4－56　2003～2017 年内蒙古自治区各盟市国有单位职工平均工资

数据来源：2003～2017 年数据来自相应年度《内蒙古统计年鉴》“分行业职工平均工资”。

2003 年到 2017 年，相比其他行业，信息传输、软件和信息技术服务业，居民服务、修理和其他服务业职工平均工资波动较大。总体而言，各行业国有企业职工平均工资均呈上升趋势，不同行业之间的工资差距增大（见图 4－57、图 4－58、图 4－59）。

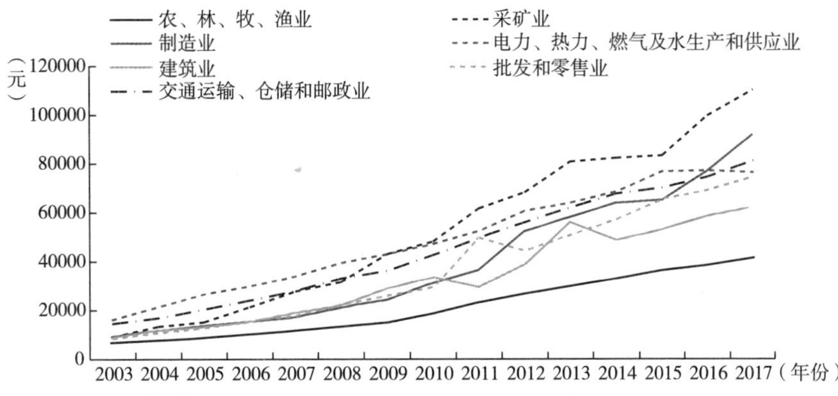

图 4－57　2003～2017 年分行业国有单位职工平均工资

数据来源：2003～2017 年数据来自相应年度《内蒙古统计年鉴》“分行业职工平均工资”。图 4－58、图 4－59 数据来源与此相同。

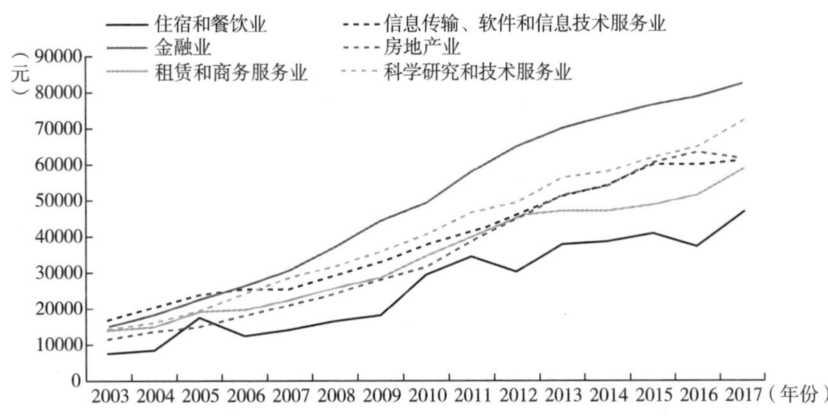

图 4－58　2003～2017 年分行业国有企业职工平均工资

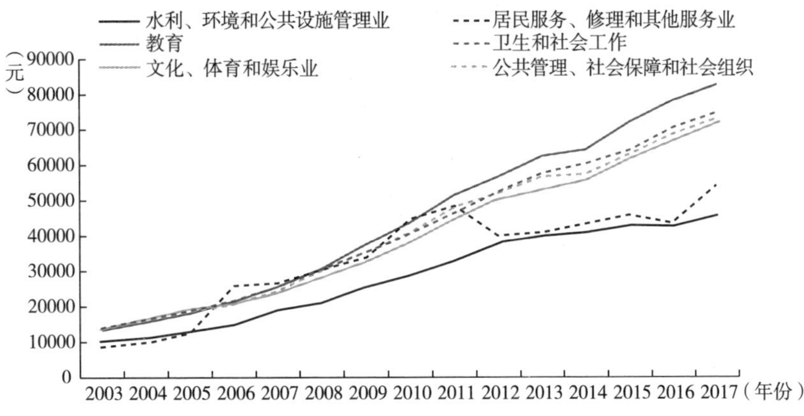

图 4－59　2003～2017 年分行业国有单位职工平均工资

如果将2003年到2017年内蒙古自治区国有单位职工平均工资按照高低排列，由高到低分别是：采矿业；制造业，交通运输、仓储和邮政业，金融业，教育，电力、热力、燃气及水生产和供应业，批发和零售业，科学研究和技术服务业，卫生和社会工作，公共管理、社会保障和社会组织，文化、体育和娱乐业；房地产业，信息传输、软件和信息技术服务业，建筑业，租赁和商务服务业，居民服务、修理和其他服务业，住宿和餐饮业，农、林、牧、渔业，水利、环境和公共设施管理业。

4. **国有单位职工平均工资增长**

2004年到2017年，内蒙古自治区国有单位职工平均工资增长率最低是2014年，约4%，最高是2008年，接近20%。平均工资增长率整体呈现下降趋势（见图4－60）。

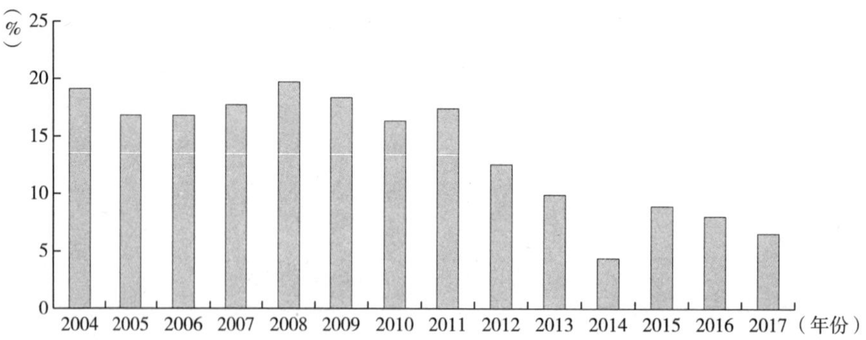

图4－60　2004～2017年内蒙古自治区国有单位职工平均工资增长率

数据来源：2003～2017年数据来自相应年度《内蒙古统计年鉴》“分行业职工平均工资”。作者整理计算。

2004年到2017年，建筑业，批发和零售业，交通运输、仓储和邮政业，住宿和餐饮业，信息传输、软件和信息技术服务业，居民服务、修理和其他服务业国有单位职工平均工资增长率波动幅度大，其余行业国有单位职工平均工资增长率比较稳定（见图4－61、图4－62、图4－63）。

5. **国有单位职工平均工资与全部职工平均工资比较**

2003年到2017年，内蒙古国有单位职工平均工资均高于全部职工平均工资，最高时高出了8%左右（见图4－64）。

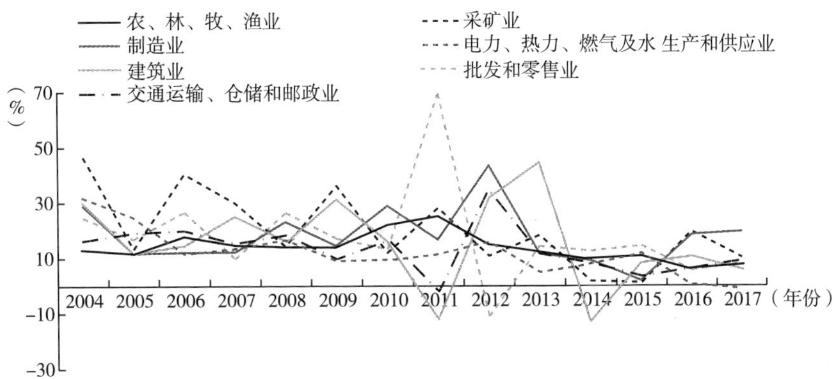

图 4－61　2004～2017 年分行业国有企业职工平均工资增长率

数据来源：2003～2017 年数据来自相应年度《内蒙古统计年鉴》“分行业职工平均工资”。图 4－62、图 4－63 数据来源同此。作者整理计算。

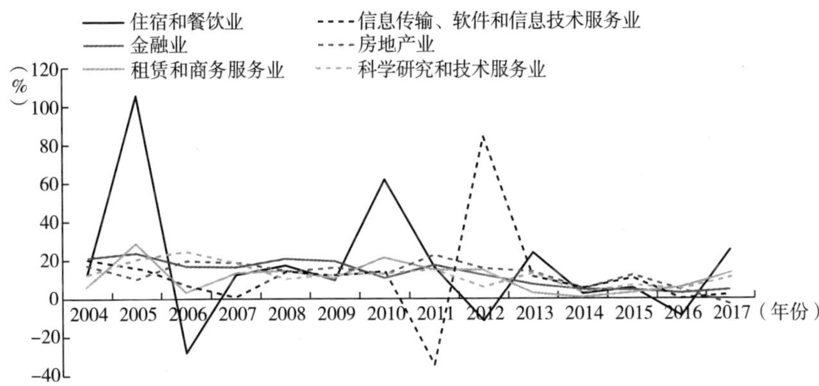

图 4－62　2004～2017 年分行业国有单位职工平均工资增长率

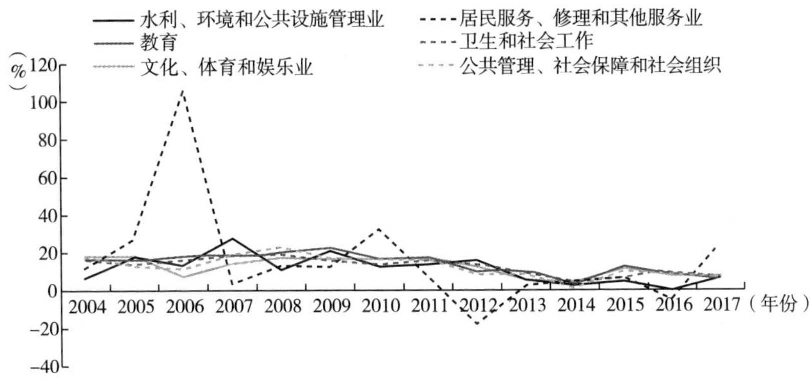

图 4－63　2004～2017 年分行业国有单位职工平均工资增长率

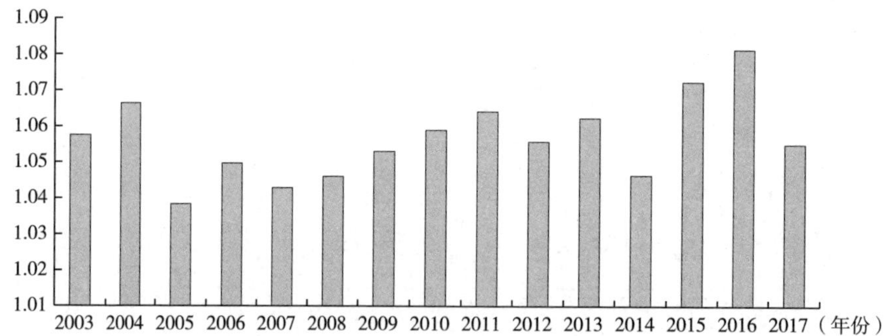

图 4-64　2003～2017 年内蒙古国有单位职工平均工资与全部职工平均工资之比

数据来源：2003～2017 年数据来自相应年度《内蒙古统计年鉴》"分行业职工平均工资"。作者整理计算。

其中，建筑业，批发和零售业，交通运输、仓储和邮政业，房地产业，租赁和商务服务业，科学研究和技术服务业，卫生和社会工作，居民服务、修理和其他服务业这 8 个行业的国有单位职工平均工资高于全部职工平均工资。

（四）不同行业国有单位职工平均工资差距分析

1986 年到 2017 年，内蒙古自治区各行业国有单位职工平均工资与全部职工平均工资之间的差距较大，从 1993 年到 2017 年，绝对差距基本都保持在 2 倍以上，2005 年达到最高，超过 3 倍，现如今仍旧保持在 2.5 倍以上（见图 4-65）。

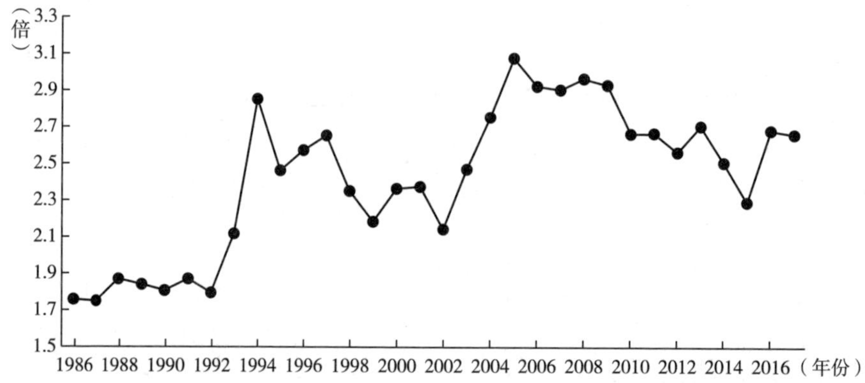

图 4-65　1986～2017 年内蒙古国有单位职工平均工资与全部职工平均工资的绝对差距

数据来源：1986～1991 年数据来自相应年度《内蒙古统计年鉴》"全民所有制职工工资总额和平均工资"。1992～1999 年数据来自相应年度《内蒙古统计年鉴》"国有单位职工工资总额和平均工资"。2000～2017 年数据来自相应年度《内蒙古统计年鉴》"分行业职工平均工资"。作者整理计算。

（五）不同行业职工工资分配的主要特点

总体而言，从1986年到2017年，内蒙古自治区不同行业国有单位职工工资分配呈现以下三方面主要特征。

一是不同行业国有单位就业人员数量总体呈下降趋势。与1986年相比，2017年国有单位就业人员减少了100多万人。从1987年到2017年，工业，农、林、牧、渔、水利业，制造业，采掘业等传统行业就业人数减少，教育，公共管理、社会保障和社会组织，科学研究和技术服务业，卫生和社会工作等新兴行业就业人数不断增加。

二是传统行业国有单位职工工资总额总体下降，但教育、科研等行业国有单位职工工资总额持续上升。采掘业、制造业、建筑业、批发和零售业等传统行业国有单位职工工资总额下降；教育，公共管理、社会保障和社会组织，科学研究和技术服务业等行业职工工资总额不断上升。

三是不同行业职工平均工资总体持续增长。1987年到2017年，除1991年、1992年下降之外，其余年份均呈现上升趋势。交通通信行业、资源供应行业的国有单位职工平均工资排名靠前，比较稳定；科、教、文、卫行业国有单位职工平均工资排序不断靠前；但是农、林、牧、渔业国有单位职工平均工资一直靠后，工资比较低（见表4－6）。除此之外，各行业国有单位职工平均工资的差距也不断拉大。

表4－6　内蒙古自治区各行业国有单位职工平均工资由高到低排序

年份	高	中	低
1986～1992	交通运输，邮电通信业，建筑业，地质普查和勘探业	工业，金融、保险业，卫生、体育和社会福利事业，科学研究和综合技术服务事业，国家机关、政党机关和社会团体，教育、文化艺术和广播电视事业	商业、公共饮食业、物资供销和仓储业，农、林、牧、渔、水利业，房地产管理、公用事业、居民服务和咨询服务业
1993～2002	交通运输、仓储及邮电通信业，金融、保险业，电力、煤气及水的生产和供应业	其他行业，科学研究和综合技术服务业，卫生、体育和社会福利业，国家机关、政党机关和社会团体，教育、文化艺术及广播电影电视业，房地产业，地质勘查业、水利管理业	社会服务业，制造业，建筑业，采掘业，批发和零售贸易、餐饮业，农、林、牧、渔业

续表

年份	高	中	低
2003～2017	采矿业	制造业，交通运输、仓储和邮政业，金融业，教育，电力、热力、燃气及水生产和供应业，批发和零售业，科学研究和技术服务业，卫生和社会工作，公共管理、社会保障和社会组织，文化、体育和娱乐业	房地产业，信息传输、软件和信息技术服务业，建筑业，租赁和商务服务业，居民服务、修理和其他服务业，住宿和餐饮业，农、林、牧、渔业，水利、环境和公共设施管理业

五　内蒙古国有企业工资分配的主要特点

改革开放以来，内蒙古自治区各盟市、不同行业之间国有单位工资分配格局有了明显的变化。无论是职工工资总额还是职工平均工资，都有了较大幅度的提高。概括而言，内蒙古自治区国有企业工资分配主要有以下四方面特点。

（一）国有单位工资总额占全部职工工资比重较高

改革开放以来，内蒙古自治区国有单位职工工资占全部职工工资比重较高；同时，国有单位职工平均工资显著高于全部职工平均工资。这一方面表明目前国有企业仍然是内蒙古国民经济发展的主要力量，但另一方面也表明内蒙古民营企业的发展还比较滞后。①

（二）以1998年为转折点，国有单位职工平均工资增速由低转高

1978年至1997年，内蒙古自治区GDP实际增速显著高于国有单位职工平均工资实际增速，GDP年均实际增速为10.2%，国有单位职工平均工资实际增速仅为2.7%。1998年至2017年，内蒙古自治区GDP年均实际增速为12.1%，国有单位职工平均工资实际增速为10.5%，二者的增长趋于一致，国有单位职工更好地分享到了经济增长的成果。

（三）盟市间工资水平存在一定差距

改革开放以来，内蒙古自治区的工资总额和平均工资均有所上升，但各盟

① 王晓琳：《关于收入分配结构失衡调整的思考——以内蒙古为例》，《商业时代》2014年第34期，第61～62页。

市的工资差距不断拉大，资源富集区和资源贫乏区对比明显。从 1987 年到 2017 年，呼和浩特市、包头市、鄂尔多斯市和阿拉善盟国有单位职工平均工资高，并且呈现稳健上涨趋势。相对而言，东部盟市国有单位职工工资总额普遍高于西部盟市。从 2001 年开始，锡林郭勒盟、乌海市职工平均工资也逐渐追赶上来。但总的来看，不同盟市之间职工工资水平仍存在一定差距。

（四）行业间工资收入差距显著

改革开放以来，内蒙古自治区各行业职工工资总额和平均工资均有提升，但行业最高工资与最低工资的差距不断拉大，同时，行业间国有单位职工平均工资的绝对差距比盟市间国有单位职工平均工资的绝对差距大。农、林、牧、渔业国有单位职工平均工资低，排名靠后。交通通信、金融等行业国有单位职工平均工资高。由于各行业的劳动生产率存在差异，工资增长速度必然存在一定差异，但是，行业间工资增速的差距应该在一定范围内，内蒙古自治区行业间工资的增长速度差距较大。[①] 因此，内蒙古自治区应高度重视行业收入差距问题，采取有效措施适度控制不同行业之间的工资收入差距。在初次分配领域，在进一步完善市场经济制度的基础上，建立机会均等、公平竞争的政策机制来实现起点公平和过程公平；在再分配领域，运用有效的财税政策，充分发挥税收、社会保障和转移支付在收入分配中的调节作用。[②]

① 厉李臻：《内蒙古职工工资水平的差异性研究》，硕士学位论文，内蒙古财经大学，2016。

② 郭晓玲：《内蒙古收入分配问题研究》，《北方经济》2011 年第 21 期，第 31 ~ 34 页。

第五章　内蒙古国有企业负责人薪酬制度改革及其成效

国有企业负责人薪酬制度改革是国有企业完善现代企业制度的重要组成部分，对促进企业持续健康发展具有十分重要的意义。2014 年 11 月 5 日，中共中央、国务院印发了《关于深化中央管理企业负责人薪酬制度改革的意见》，对深化国有企业负责人薪酬制度改革作出重大决策部署。国有企业负责人薪酬制度改革实施近 5 年来，内蒙古自治区深入贯彻落实党中央、国务院决策部署，自治区国有企业改革发展发生了较大变化，国有企业负责人薪酬制度改革取得了阶段性成效。

一　深化国有企业负责人薪酬制度改革实施基本情况

（一）成立组织领导机构，全面启动改革工作

2014 年底，内蒙古自治区本级和 12 个盟市全部成立了深化国有企业负责人薪酬制度改革工作领导小组（以下简称薪酬改革领导小组），自治区和盟市两级国有企业负责人薪酬制度改革工作全面启动。

（二）制定改革配套文件，确保改革措施到位

2015 年 7 月，内蒙古自治区党委、政府印发《关于深化自治区直属国有企业负责人薪酬制度改革的意见》，到 2016 年 6 月底，全区 12 个盟市全部印发《深化直属国有企业负责人薪酬制度改革的实施方案》。同时，自治区和各盟市先后制定印发了《直属国有企业负责人基本年薪基数认定暂行办法》、《直属国有企业负责人绩效年薪调节系数确定的指导意见》、《直属国有企业负责人薪酬监督检查办法》等配套文件，发布了 2015、2016、2017 年度直属国有企业负责人基本年薪基数，自治区本级分别为 6. 55 万元、7. 07 万元和 7. 5 万元。各盟市国有企业负责人基本年薪 2017 年度最低为 4. 1 万元，最高为 6. 8 万元，多数盟市在 4 万元至 5 万元之间。

（三）明确薪酬结构与水平，确保改革符合实际

自治区出台的改革文件明确，区直属国有企业负责人薪酬由基本年薪、绩效年薪、任期激励收入三部分构成；盟市出台的改革文件明确，盟市直属国有企业负责人薪酬由基本年薪、绩效年薪、任期激励收入三部分构成，对规模小、效益差、职工与负责人薪酬水平低，且未实行年薪制或任期考核制度的企业，可根据实际情况调整负责人薪酬结构，具体可按一部分（只发基本薪酬）、两部分（只发基本年薪和绩效年薪）和三部分（基本年薪、绩效年薪、任期激励收入）薪酬结构分别执行，且薪酬水平不得超过本地区直属国有企业负责人基本年薪基数的 2 倍、5 倍和 8 倍。这样做比较符合当地和企业实际，既可避免改革后企业负责人薪酬出现大幅度涨薪现象，也可合理规范企业负责人薪酬结构与水平结构。

（四）完成年度薪酬实施方案审核，做好信息公开披露

按照改革文件规定，企业负责人年度薪酬实施方案均需履行出资人职责机构（企业主管部门）审核后统一报送自治区和盟市薪酬改革领导小组办公室，经审核批复后进行清算和发放。企业主管部门在收到批复后的 20 个工作日内，在履行出资人职责机构（企业主管部门）和企业官网上向社会公开披露企业负责人薪酬信息，接受社会监督；未建立官网的企业，需将企业负责人薪酬信息在公司总部大厅显著位置张榜公示，并将公示的有关影像资料报本地区薪酬改革领导小组办公室备案。

目前，全区已完成了 2015 ~ 2017 年度薪酬实施方案（包括首个任期的任期激励收入）的批复、兑现和公示工作。据统计，2017 年度区直属企业负责人按基本年薪和绩效年薪两部分结构计算。企业负责人平均薪酬为 38.9 万元，较上年增加 6.08%；按基本年薪 + 绩效年薪 + 任期激励收入三部分结构计算，企业负责人平均薪酬为 50.57 万元。区直属企业主要负责人薪酬（含本年度任期激励收入）最高为 67.98 万元，最低为 35.45 万元。

（五）强化监督检查，严格规范薪酬和其他货币性收入、福利性待遇发放管理

2017 年 6 月，自治区薪酬改革领导小组办公室聘请 4 家会计师事务所对 26 家自治区直属国有企业负责人薪酬进行了专项审计，在审计过程中发现了一些问题：部分企业没有严格执行改革文件规定，存在预发部分绩效年薪和清

算不及时问题；存在发放不符合规定的货币性收入和福利性待遇问题；企业负责人薪酬财务管理制度不完善，多数企业未按照改革文件要求将其负责人薪酬在财务统计中单列科目、单独核算，没有设置明细账目；个别企业负责人身份不明晰，存在保留公务员、事业单位身份兼职取薪或者两头补差领取薪酬等问题。针对上述问题，自治区薪酬改革领导小组办公室以文件形式反馈给主管部门要求整改落实，确保改革政策的贯彻执行和准确落地。

二 内蒙古国有企业负责人薪酬制度改革实施总体效果评估

（一）国企经济效益增速显著提高

2010 ~2014 年，全区国有控股工业企业利润总额在 2011 年达到 856.3 亿元后持续下降，2012 年至 2015 年增速分别为 -16.3%、-30.2%、-57.0%、-76.6%，2015 年之后迅速回升，2016 年、2017 年利润总额增速分别达到 225.2%、205.3%。可以看出，改革后内蒙古自治区国有工业企业经济效益增长显著快于改革前（见图 5 -1）。

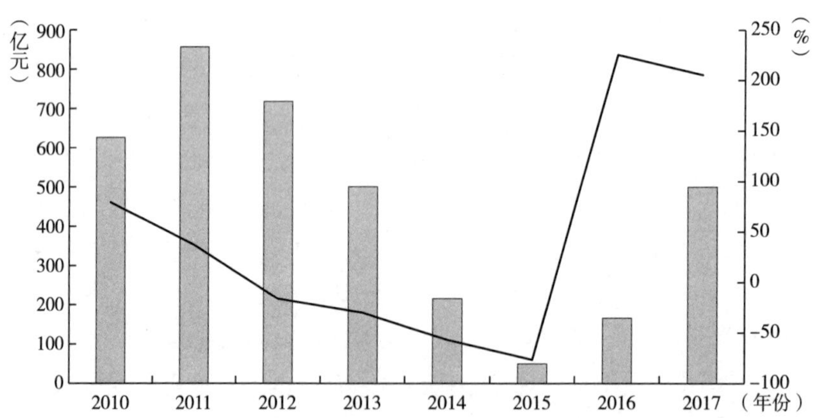

图 5 -1 2014 ~2017 年内蒙古自治区国有工业企业利润总额及增速

数据来源：2010 ~2017 年数据来自历年《中国统计年鉴》“各地区国有及国有控股工业企业主要指标”。

由于改革前后针对国有企业的其他主要改革政策措施保持相对稳定，因此，假设其他条件不变，单从薪酬制度改革后国有企业经济效益增速显著快于改革前，可以推论，内蒙古自治区国有企业负责人薪酬制度改革对促进内蒙古自治区国有企业经济效益较快增长发挥了积极正向作用。

（二）国有企业负责人薪酬制度改革重点任务初步完成

1. 国有企业负责人薪酬确定机制基本完善

一是国有企业负责人薪酬结构科学设定。改革前，国有企业负责人薪酬主要由基本年薪和绩效年薪两部分构成。改革后，国有企业负责人薪酬由基本年薪、绩效年薪、任期激励收入三部分构成，增加了任期激励收入。内蒙古自治区的实践表明，任期激励收入的增加，促使国有企业负责人更加重视企业长远发展，鼓励其更好地为促进企业持续健康发展提供长期服务，防止经营管理中的短期行为。

二是国有企业负责人薪酬确定办法进一步健全。改革前，国有企业负责人与企业职工收入之间缺乏可比性，企业负责人与职工之间、企业主要负责人与副职负责人之间的分配关系不尽合理。改革后，国有企业负责人基本年薪根据上年度国有企业在岗职工平均工资的一定倍数确定，企业主要负责人与副职负责人之间、不同岗位副职负责人之间的基本年薪也适度差异化。实践表明，薪酬制度改革增强了企业负责人与职工收入的可比性，初步起到了合理确定企业负责人与职工之间薪酬分配关系的作用。以非金融国有企业为例，内蒙古区属国有企业主要负责人基本年薪根据上年度区属国有企业在岗职工年平均工资的2倍确定，副职负责人按本企业主要负责人基本年薪的0.6~0.9确定。绩效年薪与企业负责人年度考核评价结果相联系，以基本年薪为基数，根据年度考核评价结果，结合绩效年薪调节系数确定。任期激励收入根据任期考核评价结果，在最高不超过企业负责人任期内年薪总水平（基本年薪与绩效年薪之和）的30%以内确定。依据上述薪酬确定办法，国有企业负责人薪酬水平原则上最高为在岗职工平均工资的10.4倍。

三是国有企业负责人考核评价办法进一步完善。改革前，对国有企业负责人更多注重考核生产经营业绩，主要关注经济效益考核，社会效益考评不够突出；改革后，坚持经济效益和社会效益相统一，对国有企业负责人履职情况进行全面综合考核评价，既注重考核生产经营业绩，也加强政治素质考评，突出社会责任担当，树立了正确的用人导向。

2. 国有企业负责人薪酬水平趋于合理

按照新的薪酬改革制度，国有企业负责人薪酬水平在综合考虑企业职工、国家机关和事业单位相关人员、城镇单位负责人等工资水平，以及参考一些国家国有企业高管薪酬相对水平的基础上确定。

3. 国有企业负责人薪酬支付和管理明确规范

针对改革前国有企业负责人薪酬支付和管理中关于支付周期、企业负责人失误处罚、兼职取酬、离职待遇确定等环节存在的问题，薪酬制度改革政策对薪酬支付和管理作出了明确规定：一是明确薪酬支付周期。基本年薪按月支付，绩效年薪按考核年度一次性兑现，任期激励收入可实行延期支付办法。二是明确实行追索扣回制度。对任期内出现重大失误，给企业造成重大损失的，根据企业负责人承担的责任追索扣回部分或全部已发绩效年薪和任期激励收入。三是禁止企业负责人兼职取酬和在国家规定之外领取由地方政府或有关部门发放的奖励。四是对调离原岗位或退休的企业负责人薪酬发放作出明确规定。

4. 国有企业负责人福利性待遇初步统筹规范

针对改革前不同国有企业福利性待遇方面存在的管理政策不统一、不同企业福利性待遇项目和水平差距较大、部分企业负责人福利性收入偏高等问题，薪酬制度改革政策明确规定，国有企业负责人按照国家有关规定参加基本养老保险和基本医疗保险并建立企业年金、补充医疗保险和缴存住房公积金等，纳入统一薪酬体系统筹管理。同时，规定国有企业负责人不得在企业领取任何其他福利性货币收入。实践表明，薪酬制度改革政策有效遏制了国有企业负责人津贴、奖金等薪酬项目“五花八门”设置等现象发生。

5. 国有企业负责人薪酬监督管理体制进一步健全

针对改革前国有企业负责人薪酬监管体制不够健全、企业内外部监督还不到位等问题，薪酬制度改革政策明确要健全薪酬监督管理体制，加强对负责人薪酬管理工作的监管，进一步明确了全区人力资源社会保障部门与发展改革委、财政厅、国资委以及各薪酬审核部门之间的职责分工，对企业内部监督、社会公众监督、行政监督以及违反规定的责任等作出了规定。其中，明确建立健全薪酬信息公开制度，将企业负责人薪酬水平、福利性收入等薪酬信息向社会披露，接受社会公众监督。

（三）国有企业负责人薪酬制度改革取得阶段性成效

2015 年以来，内蒙古自治区国有企业认真贯彻落实中共中央、国务院《关于深化中央管理企业负责人薪酬制度改革的意见》、内蒙古自治区《关于深化自治区直属国有企业负责人薪酬制度改革的意见》及相关配套政策，国有企业负责人薪酬制度改革的政策要求基本得到了有效落地。总的来看，国有企业负责人薪酬制度改革有效规范了国有企业收入分配秩序，基本实现了薪酬水平适当、结构合理、管理规范、监督有效的目标，对促进国有企业健康持续发展发挥了积极作用。

1. 统一规范的负责人薪酬制度基本建立，薪酬制度的导向作用更加突出

改革后，充分体现经营业绩和承担的政治责任、社会责任，统一规范的国有企业负责人薪酬制度基本建立，薪酬制度的导向作用更加突出，主要表现在以下两个方面。

一是突出体现国有企业负责人的经营业绩和承担的政治责任、社会责任。改革后的薪酬制度要求在加强经营业绩考核的同时，加强履行政治责任、社会责任等情况的综合考核评价，充分体现以德为先、全面担当，充分体现国有企业负责人薪酬制度改革的效益导向和责任导向。从调研结果来看，绝大多数国有企业负责人感觉改革方向更坚定、责任更重大、使命更光荣。

二是国有企业负责人薪酬制度基本实现统一规范。中央企业与省属国有企业之间、不同行业国有企业之间，负责人的薪酬结构基本统一，基本年薪、绩效年薪、任期激励收入的薪酬确定办法基本统一，薪酬支付和管理规则基本一致，福利性待遇管理趋于一致，国有企业负责人之间的分配秩序进一步统一规范，薪酬制度对国有企业负责人的激励约束导向更加明确、更加突出。

2. 负责人激励机制更为合理，薪酬制度的激励作用更加明显

改革后的薪酬制度对企业负责人的激励作用更加明显，主要表现在三个方面。

其一，企业负责人通过团结带领企业广大干部职工立足于企业实际、着眼于企业战略，干事创业、开拓进取，在取得相应业绩成果的前提下，基本能够获得自己期望的相应报酬，积极性和主动性得到了进一步激发与提升。

其二，将企业负责人个人薪酬的确定及增长与企业效益的目标达成相挂钩，有效促进了个人目标与企业目标的统一，负责人有更多的成就感和获得感。

其三，对企业负责人积极性的激发与调动，有利于促进其发挥“头雁”效应，整个企业组织的凝聚力和战斗力得到进一步提升。

3. 国有企业收入分配格局更为优化，薪酬制度的调节作用更加有效

薪酬制度改革后，国有企业收入分配格局更为优化，对企业负责人的激励作用也更加明显，主要表现在以下四个方面。

一是不合理的偏高、过高收入得到调整。薪酬制度改革政策实施，对改革前存在的部分负责人不合理的偏高、过高收入进行了调整，有效抑制了国有企业负责人薪酬的过快增长。

二是企业负责人与普通职工之间的收入差距更为合理。改革前，内蒙古自治区区直属企业负责人平均薪酬与企业在岗职工平均工资差距约为 6 倍至 9 倍；改革后，2017 年区直属企业负责人平均薪酬约为 51 万元，与在岗职工平均工资差距缩小为 5 倍至 7 倍。

三是不同行业企业负责人之间的薪酬差距显著缩小。改革前，金融企业负责人薪酬水平显著高于非金融企业；改革后，金融企业负责人与非金融企业负责人之间的收入差距显著缩小，有力促进了社会公平正义。

四是不同选任方式负责人之间的薪酬水平得到有效调节。改革后，国有企业负责人薪酬进行分类分级管理，施行差异化薪酬分配，组织任命企业负责人薪酬分配予以严格规范，市场化选聘的职业经理人实行市场化薪酬分配机制。不同选任方式负责人的合理薪酬差异实现了有效调节。

4. 负责人福利待遇管理更加规范，薪酬制度的规范作用更加强化

改革后的薪酬制度，使得薪酬分配秩序初步规范，薪酬制度的规范作用更加强化，主要表现在以下两个方面。

一是促进企业负责人薪酬结构更加规范有序，有效杜绝了五花八门的津贴、奖金等薪酬项目设置的乱象发生。对不同上级部门、不同地方政府、不同行业领域设置的名目繁多的薪酬项目进行了整合，有效防止了“政出多门”问题的发生，使薪酬结构设置更加清晰、项目设置更加规范。

二是对负责人的福利性待遇、薪酬发放与清算、兼职取酬、退休待遇等进行了明确统一规范，并明确了监督检查、信息公开、报批报备的方法及对违规列支、超额发放的处理措施。

三　国有企业负责人薪酬制度改革中出现的主要问题

（一）部分负责人业绩考核不够严格规范

建立完善综合考核评价制度、改进经营业绩考核是薪酬制度改革的重点任务之一。改革后，多数国有企业监管部门建立健全国有企业负责人综合考核制度，加强履行政治责任、社会责任等情况的综合考核，改进经营业绩考核，规范考核程序，严格考核管理。但是，实践中也出现了部分国有企业考核工作不够严格规范的情况，主要表现在以下两个方面。

一是部分企业考核目标设置挑战性不足，考核不够严格，导致负责人薪酬不合理过快增长。

二是考核重公平、轻激励，对业绩优秀负责人的激励力度明显不足。实践中，部分国有企业监管部门在考核中客观上更多强调公平性，不同企业之间、企业内部不同业绩负责人之间绩效考核系数没有拉开档次，没有根据企业经营难度、经营成效、业绩贡献拉开薪酬差距，难以充分调动国有企业负责人的积极性、主动性和创造性。

（二）业绩优秀负责人薪酬水平的市场竞争力有待提高

1. 业绩优秀负责人薪酬水平的市场竞争力不足

整体而言，目前国有企业负责人薪酬上限与可比劳动力市场价位的中位数基本持平，这种薪酬水平与业绩水平处于可比劳动力市场中位水平及以下的企业负责人薪酬激励力度基本匹配，但对少数业绩优秀特别是处于国际国内行业领先水平的国有企业负责人的薪酬激励力度显著不足。

党的十九大报告提出，要深化国有企业改革，发展混合所有制经济，培育具有全球竞争力的世界一流企业。建设具有全球竞争力的世界一流企业，不仅需要企业产品或服务世界一流，需要管理水平世界一流，也需要包括薪酬激励在内的激励约束机制世界一流。薪酬激励约束机制世界一流，客观上既需要建立健全市场化的薪酬分配机制，也需要薪酬水平具有较强市场竞争力。

2. 对改革前薪酬水平较高的负责人的薪酬激励力度不够

2015 年薪酬制度改革实施后，部分国有企业负责人不合理的偏高、过高收入得以规范调整，与改革之前相比，部分国有企业负责人薪酬水平下降幅度较大。近年来，部分国有企业负责人所在企业经济效益水平显著提升，但企业负责人的薪酬水平尚未达到改革之前的薪酬水平，这种情况客观上造成对部分改革前薪酬水平较高的国有企业负责人的薪酬激励力度不够强。

此外，从实施情况来看，国有企业特别是金融企业不同层级负责人“薪酬倒挂”现象也相对普遍。

（三）负责人差异化薪酬分配机制有待强化

对国有企业领导人员实行与选任方式相匹配、与企业功能性质相适应、与经营业绩相挂钩的差异化薪酬分配办法是薪酬制度改革的重要内容。薪酬制度改革政策实施近 5 年来，部分国有企业改革发展步伐较快，取得了较好的社会效益和经济效益。但按照薪酬制度改革政策，国有企业负责人薪酬面临所在区域国有企业在岗职工平均工资 10.4 倍的薪酬上限约束。对少数业绩优秀企业，无论经济效益、社会效益再好，客观上企业负责人的最终薪酬增长只能依靠基本年薪基数调整而增长，薪酬激励力度显著不足。同时，部分企业经济效益增长较慢甚至负增长，但其负责人基本年薪随在岗职工平均工资增长而刚性增长，导致业绩较差企业负责人年薪增长与企业经济效益增长不匹配。总的来看，国有企业负责人差异化薪酬分配机制有待强化。

（四）负责人薪酬中长期激励机制尚未建立

按照薪酬制度改革政策要求，国有企业组织任命负责人薪酬结构由基本年薪、绩效年薪、任期激励收入三部分构成，目前薪酬制度设计中未涉及股权激励、分红激励等中长期激励机制。试点推行企业职业经理人制度的国有企业虽然可以实行中长期激励机制，但尚处于探索实施阶段，而且由于实施范围较小，中长期激励机制的激励约束作用尚未充分体现。

（五）负责人薪酬支付环节有待改进优化

目前，国有企业负责人薪酬支付兑现相对滞后：一是多数企业负责人仅有基本年薪按月发放，少数负责人平时预发绩效年薪但预发比例相对较低，由于负责人年度考核时间较晚，部分薪酬审核部门未根据企业经营业绩情况及时兑现薪酬激励。二是上年度国有企业在岗职工平均工资数据发布滞后，导致对负责人基本年薪的动态调整不够及时。三是负责人任期考核时间跨度大，且任期激励收入按照政策要求不能预发，客观上造成任期激励收入的兑现滞后。四是有的薪酬审核部门薪酬考核兑现不及时。少数部门未按规定时限开展负责人业绩考核和薪酬兑现工作，薪酬审核兑现进度过于迟缓，直接影响了企业负责人的切身利益和工作积极性。

四　国有企业负责人薪酬制度改革优化完善的政策建议

（一）加强薪酬制度改革政策的宣传引导

全面、正确解读和认识薪酬制度改革政策，对贯彻落实改革政策至关重要。鉴于目前仍有部分国有企业负责人及职工对现行薪酬制度改革政策内容不尽熟悉甚至对政策有误读，建议进一步加强薪酬制度改革政策宣传引导，具体做法包括以下两个方面。

一是结合国有企业内外部培训工作，组织国有企业负责人及职工进一步深入学习研读政策，使负责人和普通职工更全面、准确地理解相关政策，进一步增强政策执行的主动性、积极性。

二是建议尽快对《关于深化中央管理企业负责人薪酬制度改革的意见》及相关配套政策进行解密处理，并以政策解密为契机，制定宣传方案，组织主流媒体、新媒体结合近 5 年政策实施成效进行广泛正面宣传，通过政策公开，加强对改革政策的解读和认识。

（二）加快推进市场化薪酬激励和用人机制建设

加快推进国有企业市场化薪酬激励和用人机制建设，可以从以下四个方面来进行。

一是进一步加大国有企业负责人选聘市场化改革力度，尽快开展中央企业职业经理人薪酬改革试点，加快推进国有企业职业经理人机制建设；进一步培育和弘扬企业家精神，推进企业家队伍建设，强化企业家后备人才培养与激励。

二是制定出台国有企业组织任命负责人职务晋升相关制度，加大对综合考核评价、经营业绩考核表现优秀的企业负责人的职务晋升激励力度。

三是严格规范国有企业负责人绩效考核，强化企业负责人薪酬与业绩联动机制。科学设置考核指标，合理确定考核目标，采取定量分析与定性分析相结合、横向与纵向对比相补充的考核办法，规范考核程序，严格考核管理，细化落实国有企业负责人薪酬增长与绩效考核结果相匹配的政策要求。

四是充分发挥国有企业党委（党组）的领导核心作用，切实落实和维护董事会依法行使重大决策、选人用人、薪酬分配等权力，保障企业经理层经营自主权和市场化选人用人、薪酬分配等权力，加快形成有效制衡的企业法人治理结构。

（三）适度提升“关键少数”业绩优秀国有企业负责人的薪酬水平竞争力

建议根据国有企业经济效益、社会效益、企业高管行业平均薪酬水平、市场竞争程度、区域经济社会发展程度及社会平均工资水平等因素，适度提升综合考核评价、经营业绩考核优秀的“关键少数”国有企业负责人的薪酬水平在可比市场、行业、区域中的竞争能力，适度加大对“关键少数”业绩优秀国有企业负责人的激励强度。

（四）试行绩效调节系数、考核评价系数总量控制和动态调整机制

建议试行国有企业绩效调节系数、年度考核评价系数总量控制和动态调整机制，具体做法如下。

一是对同一国资监管部门及其所属国有企业，以所监管企业的企业数量及年度考核评价系数最高值、绩效年薪调节系数最高值为上限，监管部门可在不超过其全部监管企业数量与年度考核评价系数上限乘积、全部监管企业数量与绩效年薪调节系数上限乘积的总量范围内，通过改进完善相关绩效考核制度设计，适度拉开监管企业负责人之间的年度考核评价系数、绩效年薪调节系数差距，即：适度提高“关键少数”业绩优秀负责人年度考核评价系数、绩效年薪调节系数的上限范围，同时适度降低业绩考核最低或较低等级负责人的年度考核评价系数、绩效年薪调节系数。

二是在绩效调节系数、年度考核评价系数总量控制和适度拉开系数差距的基础上，根据国有企业整体规模、经济效益增长情况，建立国有企业整体经济效益与系数联动的动态调整机制，适时（比如每个任期结束后可统筹动态调整一次）提高绩效年薪调节系数、考核评价系数的上限标准，合理拉开不同管理规模难度及责任、不同经营业绩贡献、不同区域经济发展水平、不同市场竞争程度的国有企业负责人薪酬差距。

（五）择机实施国有企业负责人中长期激励机制

建议择机实施国有企业负责人中长期激励机制，具体做法如下。

一是对任职时间较长（比如任期满 6 年或两个任期）且业绩突出的国有企业负责人，适度提高其任期激励收入占比（如可将现行任期激励收入占比 30% 的上限提高至 40% 甚至更高）。

二是建议对考核业绩特别优秀的极少数国有企业负责人（薪酬审核部门可对不超过一定比例的业绩优秀企业负责人，比如 1% 的企业负责人），按照 2018 年 10 月 9 日全国国有企业改革座谈会关于“统筹用好员工持股、上市公司持股计划、科技型企业股权分红等中长期激励措施，充分调动企业内部各层级干部职工积极性”等改革要求，试点放开目前分红激励、股权激励等中长期激励政策限制，允许在制度试点先行和监管部门严格核准基础上实施分红激励或股权激励等中长期激励机制。同时，加大业绩优秀的国有企业负责人的职

业晋升通道和机会，进一步激发和调动企业负责人的积极性和创造性。

三是加快建立国有企业职业经理人制度。根据 2018 年 10 月全国国有企业改革座谈会关于“推行经理层任期制和契约化管理”要求，按照“市场化选聘、契约化管理、差异化薪酬、市场化退出”原则，加快推进国有企业职业经理人制度建设。

（六）改进优化国有企业负责人薪酬支付

建议采取措施改进优化国有企业负责人薪酬支付管理，具体做法如下。

一是对基本年薪水平较低的国有企业负责人全面实施预发绩效年薪，同时加快企业负责人考核及绩效年薪兑现工作。实践中，可以优先考虑对基本年薪低于一定标准（比如低于同期全国城镇非私营单位在岗职工平均工资的 3 倍或本企业在岗职工平均工资的 2 倍），或者对上年度综合考核评价胜任、经营业绩考核优秀（即考核等级为 A 级或相当考核等级）的国有企业负责人，允许实施绩效年薪预发制度，并可适度提高其月度或季度绩效年薪预发数（或预发比例）。

二是对连续两个年度综合考核评价胜任、经营业绩考核优秀（即考核等级为 A 级或相当考核等级）的国有企业负责人，可试行对其实施预发一定比例任期激励收入。

通过改进优化支付方式，可以起到在企业负责人年度薪酬及任期激励收入总额不变的情况下，既能够增加“关键少数”业绩优秀企业负责人按月或按季度发放的薪酬额度，又适度降低绩效年薪集中发放可能带来的不合理过高税负，从而提高国有企业负责人薪酬满意度和获得感。

第六章 内蒙古国有企业工资决定机制改革及其主要内容

2018 年 12 月 23 日，内蒙古自治区政府印发《关于改革国有工资决定机制的实施意见》。这是内蒙古自治区党委、政府从改革发展大局出发，对改革国有企业工资决定机制作出的重大决策部署。

一 改革国有企业工资决定机制的重要意义

国有企业在国民经济中占据着十分重要的地位，随着我国社会主义市场经济的快速发展，国有企业在保证国民经济持续健康发展、推动技术创新、增加就业机会和维护社会稳定等各个方面发挥着越来越重要的作用。内蒙古自治区的国有企业为推动全区经济社会发展作出了重要贡献，是自治区全面建成小康社会的重要力量。

深入贯彻落实《关于改革国有企业工资决定机制的实施意见》，加快建立健全既符合企业一般规律又体现国有企业特点的工资分配机制，具有十分重大的意义。第一，这是完善社会主义市场经济体制的必然要求。在国有企业工资分配中更好地遵循市场经济规律和企业发展规律，推动形成与社会主义市场经济相适应的工资分配机制，有利于充分发挥市场在资源配置中的决定性作用，创新和完善政府宏观指导调控，更好地发挥政府作用。第二，这是完善中国特色现代企业制度的内在要求。坚持政企分开、政资分开、所有权和经营权分离，进一步确立国有企业的市场主体地位，依法落实企业工资分配自主权，发挥公司法人治理结构的有效制衡作用，有利于激发企业内生动力和提高企业市场竞争力，促进企业持续健康发展。第三，这是深化收入分配制度改革的重要任务。在国有企业工资分配中坚持按劳分配原则，完善按劳动要素贡献分配的体制机制，规范工资收入分配秩序，实现劳动报酬增长与劳动生产率提高同步，有利于兼顾效率和公平，促进收入分配格局合理有序，维护社会公平正义。

二　国有企业工资决定机制改革的总体要求和主要任务

（一）改革的总体要求

改革国有企业工资决定机制要全面贯彻党的十九大精神，以习近平新时代中国特色社会主义思想为指导，坚持以人民为中心的发展思想，牢固树立和贯彻落实新发展理念，按照深化国有企业改革、完善国有资产管理体制和坚持按劳分配原则、完善按要素分配体制机制的要求，以增强国有企业活力、提升国有企业效率为中心，建立健全与劳动力市场基本适应、与国有企业经济效益和劳动生产率挂钩的工资决定和正常增长机制，完善国有企业工资分配监管体制，充分调动国有企业职工的积极性、主动性和创造性，进一步激发国有企业创造力和提高市场竞争力，推动国有资本做强做优做大，促进收入分配更合理、更有序。通过改革，完善既有激励又有约束，既讲效率又讲公平，既符合企业一般规律又符合国有企业特点的分配机制。

改革的具体要求有四个方面：一是改革要符合建立现代企业制度的方向。坚持所有权和经营权相分离，进一步确立国有企业的市场主体地位，发挥企业党委（党组）的领导作用，依法落实企业分配自主权，发挥企业内部治理机制的作用，建立与中国特色现代国有企业制度相适应的工资分配制度。二是改革要突出工资分配的市场化。充分发挥市场在国有企业工资分配中的决定性作用，遵循社会主义市场经济的价值规律和竞争规律，健全职工工资与经济效益同向联动、能增能减的机制，实现职工工资水平与劳动力市场价位相适应、与增强企业市场竞争力相匹配，形成灵活高效的市场化分配机制。三是改革要兼顾效率与公平，体现社会公平正义。强化政府对国有企业工资分配的宏观指导和调控作用，处理好不同行业、不同企业和企业内部不同职工之间的工资分配关系，调节过高收入，规范收入秩序，促进收入分配更合理、更有序。四是改革要坚持分类分级管理。根据国有企业的功能性质定位、行业特点和法人治理结构完善程度，实行工资总额的分类管理；按照国有企业国有资产产权隶属关系，健全工资分配分级监管体制，落实政府职能部门和履行出资人职责机构（企业主管部门）的分级监管责任。

（二）改革的四大重点任务

第一，改革工资总额决定机制。这是改革的核心任务。一是改革工资总额确定办法。《关于改革国有企业工资决定机制的实施意见》改革了过去国有企业工资总额增长同经济效益单一指标挂钩的办法，要求统筹考虑国家和内蒙古自治区工资收入分配宏观政策要求、企业发展战略和薪酬策略、生产经营目标和经济效益、劳动生产率、人工成本投入产出率、职工工资水平等一揽子因素，结合政府职能部门发布的工资指导线，合理确定工资总额。二是完善工资与效益联动机制。《关于改革国有企业工资决定机制的实施意见》提出确定国有企业工资总额要统筹考虑一揽子因素，并不意味着弱化企业经济效益在确定工资总额中的作用。国有企业的企业属性，决定了必须以创造经济效益、提升市场竞争力为主要目标，经济效益始终是决定工资分配的核心因素。为此，《关于改革国有企业工资决定机制的实施意见》坚持效益导向，进一步完善了工资与效益联动机制，使经济效益好、劳动生产率高的企业工资可以相应多增；反之，则工资相对少增、不增甚至下降，真正实现工资总额与经济效益同向联动、能增能减，切实扭转部分企业工资与效益增长不匹配的状况，确保工资水平与企业效益相适应。三是建立市场对标机制。《关于改革国有企业工资决定机制的实施意见》提出，确定国有企业工资总额时，要加强企业人工成本投入产出率和职工工资水平与市场的对标，人工成本投入产出率高的、工资水平合理的企业，其工资可以相对多增；反之，则工资相对少增，从而使职工工资水平与劳动力市场竞争力更相匹配，解决目前国有企业工资分配中一定程度存在的职工工资该高不高、该低不低问题。四是明确工资总额限定增长条件。《关于改革国有企业工资决定机制的实施意见》明确指出：国有企业未实现国有资产保值增值的，工资总额不得增长，或者适度下降；企业按照工资与效益联动机制确定工资总额，原则上增人不增工资总额、减人不减工资总额。五是明确工资总额增长或下降对应原则。《关于改革国有企业工资决定机制的实施意见》明确，企业经济效益出现大幅波动，导致企业按工资效益联动机制确定的工资总额增长或下降幅度过大的，经履行出资人职责机构认定，可适当采取限定增长或下降的措施进行调控，同时应体现对等原则。

第二，改革工资总额管理方式。这是改革的重要内容。一是全面实行工资总额预算管理。《关于改革国有企业工资决定机制的实施意见》明确，工资总额预算方案由企业按照改革文件要求自主编制，报履行出资人职责机构备案或核准后执行。二是规范工资总额预算方案编制。《关于改革国有企业工资决定机制的实施意见》明确，年度工资总额预算方案编制范围应与上年度财务决算合并报表范围相一致，包括企业（集团）本级和所属各级全资、控股子企业的工资总额预算方案编制。三是合理确定工资总额预算基数。《关于改革国有企业工资决定机制的实施意见》明确，工资总额预算管理指标由工资总额预算基数和经济效益预算基数构成。其中，工资总额预算基数的确定，对已实行工资总额预算管理的企业，以履行出资人职责机构清算确定的上年度工资总额为基数。对未实行工资总额预算管理的企业，主要基于与实际情况相匹配的考虑，初始工资总额预算基数原则上以上年度企业实发工资总额为基数，上年度实发工资总额低于前三年平均数的，也可以前三年实发工资总额的平均数为基数。对新设立企业或由事业单位转为企业的，可按照同级同类国有企业职工平均工资和实有职工人数确定工资总额预算基数。经济效益预算基数的确定，原则上以上年度财务决算反映的经济效益等指标完成值为基数，改革第一年也可统筹考虑企业前三年平均数据。企业人工成本投入产出率一般应与本行业对标，对缺少行业对标主体的，应选取同功能、性质的企业或具有可比性的竞争类行业对标。四是合理确定工资总额预算管理周期。《关于改革国有企业工资决定机制的实施意见》明确，国有企业工资总额预算一般按年度进行管理，经履行出资人职责机构同意，工资总额预算也可按周期进行管理，周期最长不超过三年，周期内年均工资总额增长幅度不得超过同期经济效益增长幅度，同时应符合工资效益联动要求。五是强化工资总额预算执行与清算。《关于改革国有企业工资决定机制的实施意见》明确，国有企业应严格执行经备案或核准的工资总额预算方案。执行过程中，因企业外部环境或自身生产经营等情况发生重大变化，需要调整工资总额预算方案的，应按规定程序及时进行调整。其中，工资总额预算实行年度管理的，工资总额预算方案最多调整一次；实行周期管理的，原则上最多调整两次。明确履行出资人职责机构应对所监管企业工资总额预算执行结果进行清算，同时将清算情况报同级人力资源社会保障部门，由人力资源社会保障部门汇总报同级人民政府。

第三，完善企业内部工资分配管理。这是改革的配套措施。《关于改革国有企业工资决定机制的实施意见》在坚持落实国有企业内部薪酬分配法定权利的基础上，要求企业建立健全内部工资总额管理办法，指导所属企业科学编制工资总额预算方案，逐级落实执行责任，强调企业集团总部职工平均工资增长幅度原则上应低于本企业全部职工工资增长幅度。同时，对深化内部分配制度改革提出了指导意见，要求企业建立健全以岗位工资为主的基本工资制度，以岗位价值为依据，以业绩为导向，参照劳动力市场工资价位，并结合企业经济效益，通过工资集体协商等形式合理确定不同岗位的工资水平，使工资分配向关键岗位、生产一线岗位和紧缺急需的高层次、高技能人才倾斜，合理拉开工资分配差距，调整不合理过高收入；要加强全员绩效考核，使职工工资收入与个人工作业绩和实际贡献紧密挂钩，切实做到考核科学合理、分配公平公正、工资能增能减，企业非核心岗位职工工资水平应逐步与劳动力市场工资价位接轨。此外，《关于改革国有企业工资决定机制的实施意见》对规范企业工资列支渠道、严格清理规范工资外收入也提出了原则要求，明确将所有工资性收入一律纳入工资总额管理，不得在工资总额之外以其他形式列支任何货币性支出。

第四，健全工资分配监管体制机制。这是改革的重要保障。《关于改革国有企业工资决定机制的实施意见》坚持增强国有企业工资分配活力与加强监管相统一，进一步理顺了政府职能部门和履行出资人职责机构的监管责任，对创新和加强工资分配的事前引导、事中监控和事后监督作出了系统规定。一是健全国有企业工资分配管理体制。人力资源社会保障部门应会同财政、国有资产监管、税务等部门，加强和改进对企业工资分配的宏观指导调控，认真落实履行出资人职责机构对企业工资分配的监管职责。二是完善国有企业工资分配内部监督机制。明确要强化企业内部监管，落实企业董事会、监事会对企业工资分配事项的决定权和监督责任，定期将工资收入分配情况向职工公开，接受职工监督；要强化社会监督，履行出资人职责机构和国有企业每年定期将企业上年工资总额和职工平均工资水平等相关信息通过机构、企业网站分别向社会披露。三是组织开展国有企业工资内外监督检查。人力资源社会保障部门应会同财政、国有资产监管等部门定期对国有企业执行国家和自治区工资收入分配政策情况进行监督检查，及时查处违规发放工资、滥发工资外收入等行为，并明确了对违规行为的处理措施。

（三）国有企业工资决定机制实行分类改革

内蒙古自治区国有企业行业分布广泛，企业之间功能性质定位、行业特点差异较大，企业改革进展也不平衡，对国有企业工资总额实行分类管理，是这次改革的突出特点。

一是对企业工资增长实行分类调控。《关于改革国有企业工资决定机制的实施意见》明确，企业经济效益增长的，当年工资总额增长幅度可在不超过企业经济效益增长幅度范围内确定，且工资总额增加值不得超过预算工资总额进入成本后的企业同期利润总额增加值。其中，当年企业劳动生产率未提高、上年企业人工成本投入产出率低于全国行业平均水平或者竞争类企业上年职工平均工资超过全国城镇单位就业人员平均工资3倍及以上的，当年工资总额增长幅度应低于企业同期经济效益增长幅度，且不得超过自治区人力资源和社会保障厅发布的工资指导线；非竞争类企业上年职工平均工资超过全国城镇单位就业人员平均工资2.5倍及以上的，当年工资总额增长幅度应低于企业同期经济效益增长幅度，且不得超过自治区人力资源和社会保障厅规定的工资增长调控目标。企业经济效益下降的，除受政策调整等非经营性因素影响外，当年工资总额原则上相应下降。其中，当年企业劳动生产率未下降、上年人工成本投入产出率优于全国行业平均水平30%以上或者上年职工平均工资未达到全国城镇单位就业人员平均工资70%的，当年工资总额可适当少降。

二是对工效联动指标实行分类设置。《关于改革国有企业工资决定机制的实施意见》要求，根据企业功能性质定位、行业特点，按照商业竞争类、特定功能类、公益类、金融类、文化类等不同功能类别，分类科学设置联动指标，使国有企业经营业绩考核更加符合企业实际，鼓励企业进一步聚焦主责主业，搞好经营管理，引领企业自觉履行经济责任、政治责任和社会责任。企业工效联动指标的设置主要根据企业功能性质定位、行业特点等因素确定，主要选取反映企业生产经营特点和体现职工劳动直接贡献的业绩考核指标，原则上设置2至4个，最多设置5个，其中经济效益指标是核心指标。工资与效益联动采取权重法计算，具体指标的选取、权重设置以及计算方法由履行出资人职责机构确定。商业竞争类企业经济效益指标主要选取利润总额、净利润等指标；劳动生产率指标主要选取人均利润、人均增加值等指标；人工成本投入产出率指标选取人工成本利润率指标。特定功能类企业经济效益指标主要选取利润总额、营业收入、任务完成率等指标；劳动生产率指标主要选取人均增加值、人均工作量等指标；人工成本投入产出率指标主要选取人工成本利润率、人事费用率等指标。公益类企业经济效益指标主要选取营业收入、总资产周转率、成本控制率等指标；劳动生产率指标主要选取人均营业收入、人均主营业务工作量等指标；人工成本投入产出率指标主要选取人事费用率、人工成本利润率等指标。商业性金融类企业指标主要选取反映经济效益、资产质量和偿付能力的指标。开发性或政策性金融类企业主要选取体现服务国家战略、完成自治区重大决策任务和风险控制的指标，兼顾反映经济效益指标；劳动生产率指标主要选取人均利润、人均营业收入、任务完成率等指标；人工成本投入产出率指标选取人工成本利润率指标。文化类企业应把社会效益放在首位，同时选取社会效益和经济效益指标。社会效益指标主要选取文化任务完成率等体现文化企业社会贡献的文化创作生产和服务、受众反应、社会影响等指标，经济效益指标主要选取营业收入、利润总额等指标；劳动生产率指标主要选取人均营业收入、人均利润等指标；人工成本投入产出率指标主要选取人事费用率、人工成本利润率等指标。

三是对工资总额预算实行分类管理。《关于改革国有企业工资决定机制的实施意见》改革了监管部门单一的审核制管理办法，根据国有企业功能性质定位、行业特点和法人治理结构完善程度，分别实行工资总额预算备案制或核准制。市场竞争越充分、法人治理结构越完善、内控机制越健全的企业，拥有的工资分配自主权越充分，使改革更好地体现了建立中国特色现代国有企业制度的要求，有利于倒逼国有企业加快改革步伐、提升公司治理水平。

三　内蒙古自治区国有企业工资决定机制改革的主要创新

（一）合理细化企业工资总额增长或下降幅度确定原则

一是企业工资总额增长幅度确定原则。企业经济效益增长的，当年工资总额增长幅度可在不超过企业经济效益增长幅度范围内确定，且工资总额增加值原则上不得超过预算工资总额进入成本后的企业同期利润总额增加值。其中，当年企业劳动生产率未提高、上年企业人工成本投入产出率低于全国行业平均水平或者竞争类企业上年职工平均工资超过全国城镇单位就业人员平均工资3倍及以上的，当年工资总额增长幅度应低于企业同期经济效益增长幅度，且不得超过自治区人力资源和社会保障厅发布的工资指导线；非竞争类企业上年职工平均工资超过全国城镇单位就业人员平均工资2.5倍及以上的，当年工资总额增长幅度应低于企业同期经济效益增长幅度，且不得超过自治区人力资源和社会保障厅规定的工资增长调控目标。

二是企业工资总额下降幅度确定原则。企业经济效益下降的，除受政策调整等非经营性因素影响外，当年工资总额原则上相应下降。其中，当年企业劳动生产率未下降、上年人工成本投入产出率优于全国行业平均水平30%以上或者上年职工平均工资未达到全国城镇单位就业人员平均工资70%的，当年工资总额可适当少降。

三是企业工资总额增长或下降幅度对应原则。企业经济效益出现大幅波动，导致按工资效益联动机制确定的工资总额增长或下降幅度过大的，经履行出资人职责机构认定，可适当采取限定增长或下降的措施进行调控，同时体现对应原则。

（二）明确界定企业工资总额、经济效益预算基数确定方法

为便于企业实施操作，《关于改革国有企业工资决定机制的实施意见》明确细化了企业工资总额编制中至关重要的工资总额预算基数、经济效益预算基数的合理确定方法。

其一，关于合理确定工资总额预算基数。《关于改革国有企业工资决定机制的实施意见》明确，工资总额预算管理指标由工资总额预算基数和经济效益预算基数构成。已实行工资总额预算管理的企业，工资总额预算基数以履行出资人职责机构清算确定的上年度工资总额为基数。未实行工资总额预算管理的企业，初始工资总额预算基数原则上以上年度企业实发工资总额为基数；改革第一年，上年度实发工资总额低于前三年平均数的，可以前三年实发工资总额的平均数为基数，以后年度的工资总额预算基数以履行出资人职责机构清算确定的工资总额为基数。新设立企业以及由事业单位转为企业的，可按照同级同类国有企业职工平均工资和实有职工人数合理确定工资总额预算基数。

其二，关于合理确定经济效益预算基数。《关于改革国有企业工资决定机制的实施意见》明确，经济效益预算基数原则上以上年度财务决算反映的经济效益等指标完成值为基数，根据企业实际情况，经履行出资人职责机构同意，改革第一年也可统筹考虑企业前三年平均数据。企业人工成本投入产出率一般应与本行业对标，对缺少行业对标主体的，应选取同功能、性质的企业或具有可比性的竞争类行业对标。

四 国有企业工资决定机制改革的配套政策与贯彻落实

（一）改革适用范围

国有企业工资决定机制改革适用范围包括：内蒙古自治区各级政府代表国家出资的国有独资、国有控股企业和凭借或利用国家权力和信用支持的金融类企业；各有关部门、人民团体、事业单位所管理的其他国有独资及国有控股企业；各有关部门或机构作为实际控制人的企业。

（二）改革的配套政策措施

自治区本级履行出资人职责机构要在 2019 年 4 月底前制定印发所监管企

业的具体改革实施办法，2019 年 1 月 1 日实施。各盟市履行出资人职责机构要在 2019 年 6 月底前制定印发所监管企业的具体改革实施办法，2020 年 1 月 1 日起实施。各旗县（市区）履行出资人职责机构要在 2019 年 8 月底前制定印发所监管企业的具体改革实施办法，2020 年 1 月 1 日起实施。各级人力资源社会保障部门要会同财政部门做好履行出资人职责机构制定的改革实施办法的审核工作；国有企业要根据《关于改革国有企业工资决定机制的实施意见》和履行出资人职责机构出台的具体改革实施办法，结合本企业实际，制定工资总额预算管理制度。其中，自治区本级管理的国有企业在 2019 年 5 月底前报履行出资人职责机构审核同意后，于 2019 年 1 月 1 日起实施。各盟市、旗县（市区）本级管理的国有企业在 2019 年 10 月底前报履行出资人职责机构审核同意后，于 2020 年 1 月 1 日起实施。全区国有企业应在每年 6 月底前向履行出资人职责机构备案或申请核准工资总额预算方案。履行出资人职责机构应在每年 8 月底前对所监管企业上年度工资总额预算执行结果进行清算，并将企业上年度工资总额预算执行情况报同级人力资源社会保障部门，由人力资源社会保障部门汇总报同级人民政府。同时，在本机构和企业官方网站向社会披露企业上年度实发职工工资总额、职工平均工资水平及增长或下降幅度等信息，接受社会公众监督。

内蒙古自治区人力资源和社会保障厅会同有关部门履行对国有企业工资分配的宏观调控和信息发布等职责，引导企业合理确定职工工资水平；会同相关部门制定国有企业工资总额执行结果备案办法、工资收入监督检查办法和工资分配信息披露办法等，完善工资指导线制度，定期制定和发布工资指导线、非竞争类国有企业工资增长调控目标，建立企业薪酬调查和信息发布制度。各盟市人力资源社会保障部门要定期发布劳动力市场工资价位和行业人工成本信息。

（三）改革的实施时间

《关于改革国有企业工资决定机制的实施意见》自 2019 年 1 月 1 日起实行。内蒙古自治区现行国有企业工资管理规定，凡与本意见不一致的，按本意见执行。

第七章　内蒙古采矿业和制造业人工成本分析

内蒙古自治区是我国资源大省，采矿业和制造业一直以来是内蒙古自治区国民经济发展的基础性产业，对内蒙古自治区实现工业化和居民生活实现小康具有举足轻重的地位。本章首先介绍内蒙古自治区采矿业和制造业发展现状，然后估算内蒙古自治区采矿业和制造业人工成本，最后对采矿业和制造业人工成本进行简要分析。

一　内蒙古自治区采矿业和制造业发展现状

2016 年，内蒙古自治区全区实现地区生产总值 18632.6 亿元，按可比价格计算，比上年增长 7.2%。其中，第一产业增加值 1628.7 亿元，增长 3.0%；第二产业增加值 9078.9 亿元，增长 6.9%；第三产业增加值 7925.1 亿元，增长 8.3%；三次产业比例为 8.8：48.7：42.5。第一、二、三产业对生产总值增长的贡献率分别为 3.8%、49.0% 和 47.2%。在全区经济社会发展中，工业经济和农牧经济占据重要角色。其中，从主要工业产品产量看，2016 年全区原煤产量达 84558.9 万吨，比上年下降 7.0%；焦炭产量 2816.7 万吨，下降 7.4%；天然气产量 299.2 亿立方米，增长 3.2%；发电量达到 3949.8 亿千瓦小时，增长 0.5%，其中，风力发电量 464.2 亿千瓦小时，增长 13.8%；钢材产量 2016.8 万吨，增长 6.3%；铝材产量 272.9 万吨，增长 48.4%。2016 年全区规模以上工业企业实现主营业务收入 19797.9 亿元，比上年增长 7.3%；实现利润 1242.1 亿元，增长 31.0%。规模以上工业企业产品销售率 96.4%，产成品库存额 585.4 亿元，下降 9.2%。采矿、制造、建筑等行业经营状况好转，企业效益逐步提升。①

① 参见《内蒙古统计年鉴 2017》。

（一）内蒙古自治区采矿业发展现状

按照国家统计局2011年行业分类标准的界定，采矿业是指对固体（如煤和矿物）、液体（如原油）或气体（如天然气）等自然产生的矿物的采掘。包括地下或地上采掘、矿井的运行，以及一般在矿址及附近从事的，旨在加工原材料的所有辅助性工作，例如碾磨、选矿和处理，均属采矿活动；还包括使原料得以销售所需的准备工作；不包括水的蓄集、净化和分配，以及地质勘查、建筑工程活动。包括煤炭开采和洗选业、石油和天然气开采业、黑色金属采选业、有色金属采选业、非金属采选业、开采辅助活动及其他采矿业等。

根据内蒙古自治区统计局的公开数据，2017年上半年，内蒙古自治区工业利润保持较快增长，主要原因是煤炭、钢材和原油等产品价格快速上涨。虽然煤炭、钢铁和石油开采等行业利润增长较快，但仍属于恢复性增长。前四个月，煤炭开采和洗选业实现利润267.4亿元，同比增长2.3倍，拉动规模以上工业企业利润增速提高69.8个百分点；化学原料和化学制品制造业实现利润28.7亿元，同比增长21.1倍，拉动规模以上工业企业利润增速提高10.9个百分点；有色金属矿采选业实现利润24.4亿元，同比增长1.6倍，拉动规模以上工业企业利润增速提高6个百分点；黑色金属矿采选业实现利润14亿元，同比增长3倍，拉动规模以上工业企业利润增速提高4.2个百分点。

2016~2017年，内蒙古自治区采矿业从业人员工资增长较快（见表7-1）。16个行业中有13个行业的平均工资同比增加，其中采矿业增速为13.3%，与上年同期-3.1%的增速相比，上升了16.4个百分点。

表7-1 2006~2015年内蒙古自治区采矿业企业主要经营情况

年份	固定资产投资额（万元）	规模以上工业企业总产值（万元）	规模以上工业企业年末职工（万人）	规模以上工业企业人均产值（万元/人）	全部在岗职工平均工资（元）	规模以上企业利润总额（万元）	规模以上企业主营业务收入（万元）	规模以上企业主营业务成本（万元）
2006	4264066	7789455	22.47	34.67	21577	1578082	8026875	4765958
2007	5942058	11709021	23.21	50.45	27334	2472532	11941075	7083421
2008	9483073	19651885	28.36	69.29	32246	4731828	20192792	11962939
2009	9959114	24571977	30.66	80.14	37291	5124684	24782096	15819540
2010	10119710	34875234	35.66	97.80	42364	7747772	35866251	22696125

续表

年份	固定资产投资额（万元）	规模以上工业企业总产值（万元）	规模以上工业企业年末职工（万人）	规模以上工业企业人均产值（万元/人）	全部在岗职工平均工资（元）	规模以上企业利润总额（万元）	规模以上企业主营业务收入（万元）	规模以上企业主营业务成本（万元）
2011	10099436	49692544	36.02	137.96	51780	10454833	50795244	33652956
2012	12565076	57034329	38.48	148.22	59874	10969339	59121523	41119879
2013	16246352	59584420	36.63	162.67	70301	9398022	59779755	42834422
2014	10000338	56133392	32.68	171.77	69061	7042274	55558684	41751091
2015	10087628	51854559	30.59	169.51	69216	4958704	50928220	39558569

注：1. 固定资产投资额为按建设性质分的城镇单位固定资产投资。2. 规模以上工业企业总产值是指全部年营业收入在2000万元及以上的法人工业企业以货币表现的在一定时期内生产的已出售或可供出售工业产品总量。3. 规模以上工业企业人均产值 = 规模以上工业企业总产值/规模以上工业企业年末职工。4. 全部在岗职工平均工资是城镇非私营单位在岗职工工资，其中，在岗职工是指在本单位工作并由单位支付工资的人员，以及有工作岗位，但由于学习、病伤产假等原因暂未工作，仍由单位支付工资的人员。

数据来源：根据相关年份《内蒙古统计年鉴》数据整理。

（二）内蒙古自治区制造业发展现状

制造业对内蒙古自治区经济发展起着十分关键的作用，内蒙古制造业每年在直接创造国民生产总值、为国家提供财政收入、吸纳就业、科技创新以及对外出口创汇方面都有突出贡献。近年来，以化工、冶金、高端制造等为代表的内蒙古制造业持续高速发展，成为内蒙古自治区经济持续快速发展的主要拉动力量。

根据内蒙古统计局披露的数据，2017 年 1 ~5 月份，自治区六大支柱产业（包括能源工业、冶金建材工业、农畜加工工业、化学工业、装备制造和高新技术）利润全部同比增长。黑色金属冶炼和压延加工业实现利润 9.9 亿元，同比增加利润 22.9 亿元，拉动规模以上工业利润增速提高 9.1 个百分点；石油加工、炼焦和核燃料加工业实现利润 6.7 亿元，同比增加利润 19.2 亿元，拉动规模以上工业利润增速提高 7.6 个百分点。

制造业行业人员工资近年来增长较为迅速。2017 年一季度，内蒙古自治区从业人员平均工资为 12572 元，比上年同期增加 881 元，增长 7.5%，增速为近三年来最高。制造业、建筑业从业人员平均工资增速均在 7% 以上，从而拉动了全区从业人员整体工资提高。制造业、电力、文化娱乐业和居民服务业等行业的平均工资增速均高于全区平均水平。分行业看，平均工资最高的行业仍是电力行业，为18019元，其次为采矿业，为15545元。2006～2015年

内蒙古自治区制造业企业主要经营情况如表7－2所示。

表7－2　2006～2015年内蒙古自治区制造业企业主要经营情况

年份	固定资产投资额（万元）	规模以上工业企业总产值（万元）	规模以上工业企业年末职工（万人）	规模以上工业企业人均产值（万元/人）	全部在岗职工平均工资（元）	规模以上企业利润总额（万元）	规模以上企业主营业务收入（万元）	规模以上企业主营业务成本（万元）
2006	7971585	27559095	59.35	46.43	15683	1328040	26627610	22329922
2007	9402423	38031484	60.97	62.38	19148	2894330	37776061	29929390
2008	11755038	55229499	66.17	83.47	22423	2568205	53651217	45139691
2009	16263966	69127498	68.41	101.05	25650	3182498	67231318	57443001
2010	19262472	82246715	76.7	107.23	30100	6682242	82002969	68321485
2011	28500930	102982347	74.99	137.33	36420	7406113	100207606	83544338
2012	40163236	106385535	77.98	136.43	41708	6053433	102402677	85709687
2013	46958931	120749660	76.83	157.16	45572	7186548	118731752	99392794
2014	31633441	119979486	77.64	154.53	48816	4623272	117162217	99620930
2015	37098062	116406692	71.49	162.83	50937	3478309	111087370	94098188

注：1. 固定资产投资额为按建设性质分的城镇单位固定资产投资。2. 规模以上工业企业总产值是指全部年营业收入在2000万元及以上的法人工业企业以货币表现的在一定时期内生产的已出售或可供出售工业产品总量。3. 规模以上工业企业人均产值＝规模以上工业企业总产值/规模以上工业企业年末职工。4. 全部在岗职工平均工资是城镇非私营单位在岗职工工资，其中，在岗职工是指在本单位工作并由单位支付工资的人员，以及有工作岗位，但由于学习、病伤产假等原因暂未工作，仍由单位支付工资的人员。

数据来源：根据相关年份《内蒙古统计年鉴》数据整理。

二　内蒙古自治区采矿业和制造业人工成本分析

（一）采矿业人工成本估算及分析

根据《内蒙古统计年鉴2016》的数据，我们估算了2015年采矿业全行业人工成本及各项构成的情况。2015年，内蒙古自治区采矿业人工成本总额约为188亿元。其中，从业人员劳动报酬约为121.6亿元，约占人工成本总额的64.5%。社会保险费用约为36.5亿元，约占人工成本总额的19.3%。职工福

利费用约为17亿元，约占人工成本总额的9%。职工教育费用约为3亿元，约占人工成本总额的1.6%。劳动保护费用约为1.8亿元，约占人工成本总额的0.96%。住房费用约为6.1亿元，约占人工成本总额的3.2%。其他人工成本约为2.4亿元，约占人工成本总额的1.3%。

结合采矿业生产经营情况，得到2015年采矿业人工成本指标如下：

人工成本利润率为2.63%。

人事费用率约为3.7%。

劳动分配率（占总产值的）约为3.6%。

人工成本占比约为4.77%。

人均人工成本为10.73万元。

2006~2015年内蒙古自治区采矿业人工成本总额及构成情况如表7-3所示。

表7-3　2006~2015年内蒙古采矿业人工成本总额及构成情况

年份	人工成本总额（万元）	年末职工（人）	在岗职工平均工资（元）	工资总额（万元）	社会保险费用（万元）	职工福利费用（万元）	职工教育费用（万元）	劳动保护费用（万元）	住房费用（万元）	其他人工成本（万元）
2006	570119	170468	21577	367819	110346	51495	9195	5517	18391	7356
2007	732771	172955	27334	472755	141827	66186	11819	7091	23638	9455
2008	861763	172417	32246	555976	166793	77837	13899	8340	27799	11120
2009	1028714	177975	37291	663687	199106	92916	16592	9955	33184	13274
2010	1205562	183595	42364	777782	233335	108889	19445	11667	38889	15556
2011	1606649	200183	51780	1036548	310964	145117	25914	15548	51827	20731
2012	1952741	210414	59874	1259833	377950	176377	31496	18897	62992	25197
2013	2254137	206865	70301	1454282	436284	203599	36357	21814	72714	29086
2014	2133355	199296	69061	1376358	412907	192690	34409	20645	68818	27527
2015	1885187	175718	69216	1216250	364875	170275	30406	18244	60812	24325

注：1. 职工工资总额，估算方法为职工人数*平均工资。2. 社会保险费用：以工资总额为基数，企业缴纳养老保险比例为20%，医疗保险比例为6%，失业保险比例为2%，工伤保险比例1%，生育保险比例1%，合计缴费比例为30%。3. 职工福利费用：根据《企业所得税实施条例》第40条规定：企业发生的职工福利费用支出，不超过工资薪金总额14%的部分，准予扣除。4. 职工教育费用：根据财税〔2006〕88号文件规定，对企业当年提取并实际使用的职工教育经费，在不超过计税工资总额2.5%以内的部分，可在企业所得税前扣除。5. 劳动保护费用：按工资总额的1.5%核算。6. 住房费用按《住房公积金管理条例》规定单位最低缴费比例5%估算。7. 其他人工成本含工会经费，工会经费按《中华人民共和国工会法》，凡建立工会组织的，按全部职工工资总额的2%计提。

数据来源：根据相关年份《内蒙古统计年鉴》数据整理。

（二）制造业人工成本估算及分析

根据《内蒙古统计年鉴2016》数据，内蒙古自治区2015年制造业人工成本总额约为361亿元。其中，从业人员劳动报酬约为233亿元，社会保险费用约为69.9亿元，职工福利费用约为32.6亿元，职工教育费用约为5.8亿元，劳动保护费用约为3.5亿元，住房费用约为11.6亿元，其他人工成本约为4.7亿元。

结合制造业生产经营情况，得到2015年制造业人工成本指标如下：

人工成本利润率为0.96%。

人事费用率约为3.25%。

劳动分配率（占总产值的）约为3.1%。

人工成本占比约为3.84%。

人均人工成本为7.87万元。

2006~2015年内蒙古制造业人工成本总额及构成情况如表7-4所示。

表7-4　2006~2015年内蒙古制造业人工成本总额及构成情况

年份	人工成本总额（万元）	年末职工（人）	在岗职工平均工资（元）	工资总额（万元）	社会保险费用（万元）	职工福利费用（万元）	职工教育费用（万元）	劳动保护费用（万元）	住房费用（万元）	其他人工成本（万元）
2006	1027250	422586	15683	662742	198822	92784	16569	9941	33137	13255
2007	1236331	416562	19148	797633	239290	111669	19941	11964	39882	15953
2008	1354709	389781	22423	874006	262202	122361	21850	13110	43700	17480
2009	1484183	373309	25650	957538	287261	134055	23938	14363	47877	19151
2010	1727420	370254	30100	1114465	334339	156025	27862	16717	55723	22289
2011	2240297	396857	36420	1445353	433606	202349	36134	21680	72268	28907
2012	2710859	419330	41708	1748942	524682	244852	43724	26234	87447	34979
2013	3280491	464418	45572	2116446	634934	296302	52911	31747	105822	42329
2014	3431293	453486	48816	2213737	664121	309923	55343	33206	110687	44275
2015	3609615	457189	50937	2328784	698635	326030	58220	34932	116439	46576

注：1. 社会保险费用：以工资总额为基数，企业缴纳养老保险比例为20%，医疗保险比例为6%，失业保险比例为2%，工伤保险比例1%，生育保险比例1%，合计缴费比例为30%。2. 职工福利费用：根据《企业所得税实施条例》第40条规定：企业发生的职工福利费支出，不超过工资薪金总额14%的部分，准予扣除。3. 职工教育费用：根据财税〔2006〕88号文件规定，对企业当年提取并实际使用的职工教育经费，在不超过计税工资总额2.5%以内的部分，可在企业所得税前扣除。4. 劳动保护费用：按工资总额的1.5%核算。5. 住房费用按《住房公积金管理条例》规定单位最低缴费比例5%估算。6. 其他人工成本含工会经费，工会经费按《中华人民共和国工会法》，凡建立工会组织的，按全部职工工资总额的2%计提。

数据来源：根据相关年份《内蒙古统计年鉴》数据整理。

上述数据中，采矿业和制造业劳动报酬总额数据来自内蒙古自治区统计局，其口径为城镇单位就业人员工资总额。其他人工成本分项数据，是以劳动报酬总额为基数，按照国家针对企业的社会保险、福利、教育培训经费、劳动保护费用、住房和工会经费等有关法律政策规定的比例估算得到。

严格来讲，按照经验比例估算数据是不准确的，理想的做法是对人工成本各项构成原始数据进行加总。但是，从内蒙古自治区官方公开数据看，除劳动报酬外其他分项数据无法得到，因此只能通过估算获得。

需要说明的是，估算存在两种偏离实际的可能：一是由于除劳动报酬外的其他各项比例均为法定最低标准，有的企业在实际执行过程中可能会高于这些比例，因此存在低估的倾向。二是有些企业未能严格遵守国家法律，因此也可能存在高估。

三　人工成本变动原因分析：以制造业为例

近年来，内蒙古制造业企业人工成本呈现较快增长，其原因来自以下方面：一是制造业企业人工成本各项构成（主要是工资总额和社会保险）出现较快增长；二是行业升级发展和地区生活成本上升的推动；三是自治区政府出台的就业、工资和劳动保障政策等方面的影响。

（一）劳动报酬的变化

在人工成本各项构成中，比重最高的是工资总额，根据内蒙古自治区统计局公开数据，2006～2015年内蒙古自治区制造业工资总额年均增速为13.4%。

工资总额增长有两种可能，一种可能是在制造业用工规模平稳的前提下，制造业平均工资出现大幅提高，另外一种可能是制造业就业人数和平均工资都出现了增加，近年来的数据表明，制造业工资总额的增加是第一种情况造成的。考察2006年至2015年内蒙古自治区制造业就业人数发现，制造业就业人数呈现先下降后上升的趋势，2010年出现拐点[①]，2010年至2013年呈现较快增长，2013年以来就业规模趋于稳定，城乡就业总人数保持在45万人左右（见图7－1）。近年来制造业平均工资增长较快是造成制造业工资总额上升的主要原因。

① 主要原因是当时国有企业改革大背景下，大批制造业企业进行“主辅分离”和“减员增效”，大量企业职工下岗，制造业就业人数出现大幅下降。

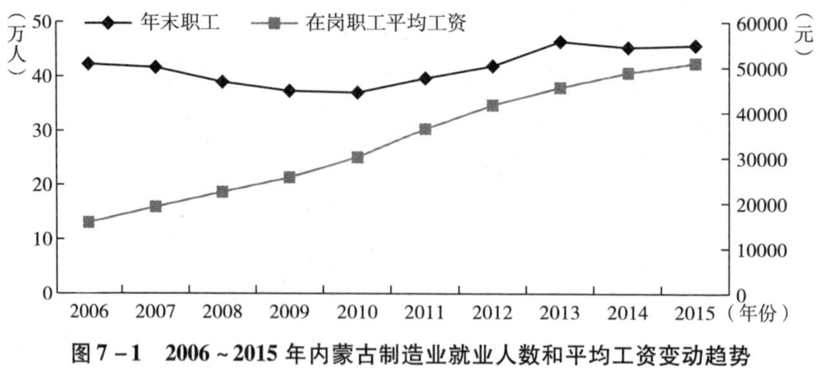

图7－1　2006～2015年内蒙古制造业就业人数和平均工资变动趋势

（二）社保费用的变化

人工成本构成另一项比重较高的是社会保险费用。近年来，随着内蒙古社会保障体系的建立和完善，尤其是2011年《社会保险法》实施后，制造业用人单位需缴付的社会保险也逐步成为人工成本的重要组成部分。以呼和浩特为例，2017年需单位缴付的“五险一金”比例达到社保缴费总额的30%左右。其中，全区企业职工基本养老保险执行统一的缴费比例，参保单位缴费比例为20%；失业保险中单位缴费费率为0.5%；基本医疗保险缴费费率为8%，其中单位缴费费率为6%；工伤保险单位按0.6%～2%缴费；生育保险方面，单位缴费费率为0.7%。而且，社保缴费基数与当地社会平均工资挂钩，在不降低缴付比例的情况下，社会平均工资水平的提高增加了用人单位用于社保的人工成本。在呼和浩特等地调研时，制造业企业普遍反映社保费用已经成为企业人工成本上涨的主要原因。

（三）行业因素的变化

制造业人工成本为何出现较快增长？主要有以下四个方面的原因：一是制造业企业所在地区的劳动力供求关系发生了转变，如内蒙古自治区部分地区具备一定技能素质的劳动力供不应求，带动了制造业行业总体工资水平的上升；二是制造业企业转型升级对劳动力技能素质要求提高，随着先进设备和技术的引进，更多高学历和高技能工人进入制造业，带动了工资增长；三是产业工人维权意识提高，工会组织程度更高，一些地区开始出现通过停工等方式要求提高工资待遇的案例；四是近年来政府出台了一系列收入分配政策，如调整最低工资标准等，在逐步缩小收入分配差距的大背景下，普通工薪劳动者享受到收入分配改革的红利。

（四）地区因素的变化

地区生活成本（主要是住房、食品等物价）上升是推动地区人工成本上升的重要原因，这些地区的生活成本增加决定了工资增长。物价水平的持续上升，消费水平的提高，导致了生活成本增加，从而引致劳动者要求与此相一致的劳动收入。当劳动所得不能弥补经济活动成本时，如外出衣食住行成本、离家不从事农业耕作的机会成本等，劳动者宁愿减少相应的经济活动，以此减少生活成本支出。

（五）政策因素的变化

政府劳动力市场政策是影响制造业企业人工成本变化的重要因素，以《最低工资规定》为例，国家要求企业支付的工资标准不低于当地最低工资标准，对很多劳动密集型制造业有着较强的约束。因为内蒙古制造业企业的显著特点是技术水平相对不高，资本和劳动力相对密集，这一产业特点决定了制造业中有相当比例的从业劳动者来自农村，而且其从事的多为一线生产操作岗位，在整个制造业中属于低收入群体。根据调研的情况看，自治区制造业企业大量雇佣农民工，有的按最低工资支付基础工资，有的将计件工资标准定为最低工资。因此，最低工资标准一旦提高，会在一定程度增加这些企业的人工成本。

第八章　企业工资收入分配模型测算的研究与决策

本章对于工资调整指数对内蒙古城镇居民收入分配和内蒙古城镇居民消费的影响进行了定量实证研究，从效率分配和公平原则的角度，证明了工资调整指数有助于收入不公平问题的解决，同时工资调整指数方案有助于优化城镇居民的消费结构，刺激消费和投资需求，促进经济的增长。本章结合内蒙古的实际状况，测定内蒙古的工资调整理论目标值，确定工资调整的理论上限，同时依据经济理论和实证研究设计分行业的内蒙古自治区工资指数化调整模型，并设计了高、中、低三种不同的调整方案。

一　企业工资指数化调整模型的研究方法

（一）理论分析与实证研究相结合

依据当前国家政策，采用理论分析方法测定出内蒙古工资调整的目标值，探讨影响工资增长的决定性因素，为内蒙古企业工资调整的指数化研究奠定基础。运用大量的实证研究，找出工资增长与有关决定性影响因素的关系，确定研究模型，制定内蒙古工资指数化调整方案，并对其调整后对内蒙古经济与收入分配的影响作详细分析。

（二）定性分析与定量分析相结合

依据大量来自内蒙古统计局的统计数据以及搜集到的相关数据，从定量分析入手，采用计量经济学回归分析方法，建立内蒙古工资指数化调整的数学模型，并对该指数对内蒙古自治区居民的消费和收入分配情况的影响作实证研究，得出定性结论。

二　内蒙古工资调整模型与实证分析

（一）内蒙古工资调整指数建立的依据

结合国内外工资的调整方法，对内蒙古工资调整指数设定了三个指标，分别是：劳动生产率、经济增长和物价指数。以下对工资和它们的关系作分别讨论。

1. 工资增长与劳动生产率增长的关系

工人参与社会生产，获取应得的工资。当投入资本不变，劳动生产率提高时，同样多的工人生产的总产出会相应增加，由于劳动占总产出的收入份额不变，因此工人获得的工资就应该增加，分享劳动生产率提高的成果。那么工资应该如何随着劳动生产率的提高而提高？工资的增长率和劳动生产率的增长率之间存在什么样的关系呢？在通常情况下，为了满足社会经济建设和社会公共消费的需要，工资的增长速度应当慢于劳动生产率增长的速度。如果工资的增长速度超过劳动生产率的增长速度，就意味着每个劳动者平均所得工资增加了，但每个劳动者平均所创造的国民收入并没有相应增加，其结果必然是提高了工资在国民收入中的比重，从而减少了国家财政收入，影响市场稳定。以下通过经济模型来进行分析证明。

索罗模型有规模报酬不变、边际效用递减和技术进步外生的假设，其生产函数表示为：

$$Y(t) = F(K(t), A(t), L(t)) \tag{8.1}$$

其中 Y 表示总产出，K 表示资本存量，L 表示劳动力数量，A 表示技术水平。假设 L 的增长速率为 n，A 的增长速率为 g。

定义 $y = \frac{Y}{AL}, k = \frac{K}{AL}, f(k) = F(k, L)$，则有

$$y = f(k) \tag{8.2}$$

$$Y = ALf(k) = ALf(\frac{K}{AL}) \tag{8.3}$$

根据生产要素分配理论，工资 ω 等于劳动的边际产品，则

$$\omega = \frac{\partial Y}{\partial L} = A[f(k) - kf(k)] \tag{8.4}$$

两边取对数求导得到工资的增长率：

$$\frac{\dot{\omega}}{\omega}=\frac{\dot{A}}{A}+\frac{[f(k)-\dot{k}f'(k)]}{[f(k)-kf'(k)]}=g+\frac{-kf''(k)\dot{k}}{f(k)-kf'(k)} \tag{8.5}$$

在平衡增长路径上，$\dot{k}=0,\frac{\dot{\omega}}{\omega}=g$

由于$K=AL*k,\frac{\dot{K}}{K}=\frac{\dot{A}}{A}+\frac{\dot{L}}{L}+\frac{\dot{k}}{k}$，平衡增长路径上$\dot{k}=0$，所以$K$以速度$n+g$增长，规模不变的假设意味着产出$Y$也以该速度增长。

劳动生产率为Y/L，其增长率为：

$$(Y/L)=\frac{\dot{Y}}{Y}-\frac{\dot{L}}{L}=n+g-n=g \tag{8.6}$$

所以经济均衡时，工资的增长率和劳动生产率的增长率是相等的，都仅取决于技术进步的因素。

从通货膨胀的角度来分析，假设就业工人总数用N表示，g表示劳动生产率的增长率，w表示工资的增长率，则$N*g$可以看作社会产品的总供给，$N*w$为工资总额，是社会总需求的一部分。当经济均衡时，社会处于充分就业状态，如果$w>g$，则$N*w>N*g$，那么社会总需求将大于总供给，形成需求拉动型通货膨胀。

综合以上分析，工资的增长率不能高于劳动生产率的增长率，在经济达到均衡状态时，工资和劳动生产率以共同的速率增长。

表8－1描述了1990～2010年内蒙古自治区全员劳动生产率和平均工资的增长情况。从表8－1中的数据来看，内蒙古工资的增长和劳动生产率的增长基本上保持了合理的关系。只是在20世纪90年代末与21世纪初几年间表现异常，工资增长率高于劳动生产率的增长。这是由于此阶段内蒙古劳动生产率增长缓慢，进行了大幅度的工资调整而造成的。

把实际工资w和劳动生产率L取对数后作工资滞后动态计量分析，得到回归方程：

$$\ln w_{(t)}=3.36+0.72\ln L_{(t-1)}+0.92AR(1)$$
$$(7.98)\quad(18.62) \tag{8.7}$$
$$R^2=0.98\quad F=187.63\quad DW=2.13$$

方程（8.7）的各项统计指标通过了t检验和F检验，拟合优度较高。该方程表明：劳动生产率每提高1%，工资就随之增长0.72%。

表 8-1 1990~2010 年内蒙古全员劳动生产率和平均工资基本情况

年份	全员劳动生产率（元）	全员劳动生产率增长率（%）	平均工资（元）	平均工资增长率（%）
1990	3453.50	—	1846.00	—
1991	3735.20	8.16	2012.00	8.99
1992	4320.50	15.67	2339.00	16.25
1993	5334.30	23.46	2796.00	19.54
1994	6725.90	26.09	3675.00	31.44
1995	8325.90	23.79	4134.00	12.49
1996	9846.90	18.27	4716.00	14.08
1997	10982.60	11.53	5124.00	8.65
1998	12020.70	9.45	5792.00	13.04
1999	13053.00	8.59	6347.00	9.58
2000	14498.10	11.07	6974.00	9.88
2001	16062.00	10.79	8250.00	18.30
2002	17823.10	10.96	9683.00	17.37
2003	23760.30	33.31	11279.00	16.48
2004	29637.20	24.73	13324.00	18.13
2005	31508.70	6.31	15985.00	19.97
2006	47034.30	49.27	18469.00	15.54
2007	59391.40	26.27	21884.00	18.49
2008	77007.10	29.66	26114.00	19.33
2009	85253.90	10.71	30699.00	17.56
2010	98522.80	15.56	35507.00	15.66

2. 工资增长与经济增长的关系

经济增长是社会物质财富不断增加的过程，是商品和劳务的持续增长或按人口平均的产出实际增长，可以用国民生产总值（GNP）、国内生产总值（GDP）、国民收入（NI）等总量指标及相应的人均指标来描述。对于工资与经济增长的关系研究，本章选用 GDP 和工资总额这两个指标，为克服异常因素的影响，对这两个指标均进行三步移动平均处理。

由经济增长模型的生产函数（8.1）知，产出取决于资本、劳动的投入量和技术进步，这也就决定了工资作为劳动的收入所得和经济增长具有密不可分的内在联系。经济高速增长的收入效应使工资水平不断提高，工人工资的增加又会带来消费水平的提高和储蓄率的提升，一方面消费需求的增加会拉动经济的进一步增长，另一方面，储蓄率的提升会带动投资率的增加，企业扩大生产规模，就业率上升，从而也促进经济的增长。图 8 –1 对工资增长与经济增长的关系进行了直观的描述。

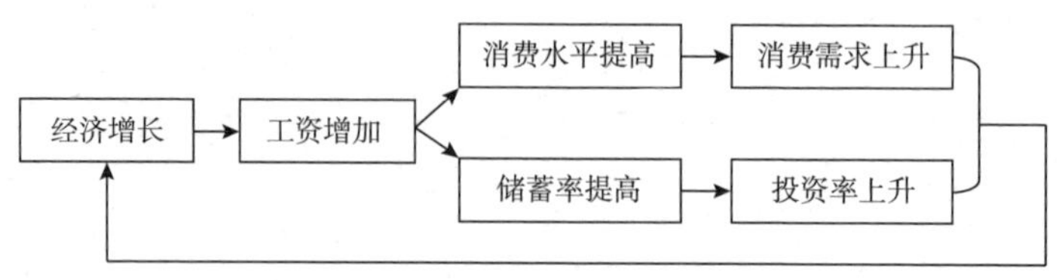

图 8 –1　工资增长与经济增长的关系

工资的增长应该跟上经济增长的步伐，使工人能够分享经济增长的成果。在索罗经济增长模型中，

$$\frac{\dot{Y}(t)}{Y(t)} = \alpha_K(t)\frac{\dot{K}(t)}{K(t)} + \alpha_L(t)\frac{\dot{L}(t)}{L(t)} + R(t) \tag{8.8}$$

经济（产出 Y）的增长来源于资本（K）、劳动力（L）的增长和除此之外的一切有影响的因素，即索罗剩余 $R(t)$ ，一般被解释为技术进步。式（8.8）中 $\alpha_L(t)$ 是产出关于劳动的弹性，也就是工资总额占总产出（可用 GDP 表示）的比重。因此，作为劳动力的工人必然具有分享经济增长成果的权利，对于经济增长成果的分享就体现在工资的增长上。

但工资的增长又必然慢于经济的增长，如果工资的增长快于经济的增长，就意味着把还没有生产出来的产品拿来分配。下面从经济学的角度进行分析证明。

假设生产函数为柯布 – 道格拉斯生产函数

$$Y = AK^{\alpha}L^{1-\alpha} \tag{8.9}$$

其中，Y 表示产出，A 表示技术进步，K 表示资本投入，L 表示劳动力的投入，α 和 $1-\alpha$ 分别表示资本和劳动的产出份额。

工资可表示为：

$$\omega = \frac{\partial Y}{\partial L} = A[f(k) - kf(k)] \tag{8.10}$$

工资的增长率为：

$$\frac{\dot{\omega}}{\omega} = \frac{\dot{A}}{A} + \alpha\frac{\dot{K}}{K} - \alpha\frac{\dot{L}}{L} \tag{8.11}$$

由上述公式推导出产出的增长率为：

$$\frac{\dot{Y}}{Y} = \frac{\dot{A}}{A} + \alpha \frac{\dot{K}}{K} + (1 - \alpha) \frac{\dot{L}}{L} \tag{8.12}$$

比较（8.11）式和（8.12）式，可知

$$\frac{\dot{\omega}}{\omega} = \frac{\dot{Y}}{Y} - \frac{\dot{L}}{L} \tag{8.13}$$

（8.13）式表示工资的增长率等于产出的增长率减去劳动力的增长率，由于劳动力的增长率是大于零的，所以一般情况下，工资的增长率要小于产出的增长率。

根据《内蒙古统计年鉴》的相关数据，笔者整理了1990～2010年内蒙古GDP和职工工资总额及其增长情况（见表8－2）。

表8－2　1990～2010年内蒙古自治区GDP和职工工资总额基本情况

年份	GDP（亿元）	GDP增长率（%）	职工工资总额（万元）	工资总额增长率（%）
1990	662156	—	319.31	—
1991	755609	14.11	359.66	12.64
1992	897992	18.84	421.68	17.24
1993	1090634	21.45	537.81	27.54
1994	1410664	29.34	695.06	29.24
1995	1561199	10.67	857.06	23.31
1996	1758549	12.64	1023.09	19.37
1997	1853641	5.41	1153.51	12.75
1998	1747030	－5.75	1262.54	9.45
1999	1779688	1.87	1379.31	9.25
2000	1859617	4.49	1539.12	11.59
2001	2105277	13.21	1713.81	11.35
2002	2374765	12.80	1940.94	13.25
2003	2723285	14.68	2388.38	23.05
2004	3230903	18.64	3041.07	27.33
2005	3877342	20.01	3905.03	28.41
2006	4469480	15.27	4944.25	26.61
2007	5365887	20.06	6423.18	29.91
2008	6384902	18.99	8496.20	32.27
2009	7535111	18.01	9740.25	14.64
2010	8798003	16.76	11672.00	19.83

从表 8 - 2 中的数据来看，内蒙古的工资增长基本上满足低于经济增长的原则，但工资的基数过低，工资总额占 GDP 的比重一直处于较低的状态。根据表中数据作工资总额 W 和 GDP 的回归分析，得方程：

$$W = 967.52 + 0.13GDP + 0.81AR(1)$$
$$(6.29) \quad (21.07) \qquad (8.14)$$
$$R^2 = 0.99 \quad F = 1279.35 \quad DW = 1.84$$

方程（8.14）的各项统计指标通过了 t 检验和 F 检验，拟合优度较高。该方程表明：内蒙古 GDP 每增加 1 亿元，工资总额就随之增长 0.13 万元。

3. **工资与居民日常消费的关系**

居民日常消费水平的高低取决于他们获得的货币工资所能购买的生活资料和服务的数量，也就是实际工资。因此实际工资的高低决定着消费水平的高低，居民生活水平的提高也依赖于实际工资的涨幅。

工资及工资性收入在城镇居民可支配收入中占有重要地位。城镇居民的总收入由工薪收入、经营净收入、财产性收入、转移性收入构成。据统计，工薪收入一直是我国城镇居民总收入的主要来源，基本保持在 68% 以上的高比例。

表 8 - 3 整理了 1990 ~ 2010 年内蒙古城镇居民平均工资和消费支出情况。

利用表 8 - 3 的数据，对内蒙古职工平均实际工资 w 和城镇居民人均消费支出 C 作回归数据分析。选用计量模型为：

$$C_{(t)} = 729.64 + 0.46w_{(t-1)} + 0.76AR(1)$$
$$(7.54) \quad (30.11) \qquad (8.15)$$
$$R^2 = 0.99 \quad F = 455.32 \quad DW = 2.07$$

方程（8.15）的各项统计指标通过了 t 检验和 F 检验，拟合优度较高。该方程表明：职工实际工资每增加 1 元，实际消费支出随之增长 0.46 元。

表 8 - 3　1990 ~ 2010 年内蒙古城镇居民平均工资和消费支出情况

年份	平均货币工资（元）	人均消费支出（元）	消费价格指数（%）	平均实际工资（元）	实际人均消费支出（元）
1990	1846.00	982.00	102.30	1804.50	959.92
1991	2012.00	1136.00	104.60	1923.52	1086.04
1992	2339.00	1253.00	107.40	2177.84	1166.67
1993	2796.00	1585.00	114.10	2450.48	1389.13

续表

年份	平均货币工资（元）	人均消费支出（元）	消费价格指数（%）	平均实际工资（元）	实际人均消费支出（元）
1994	3675.00	2111.00	122.90	2990.24	1717.66
1995	4134.00	2482.00	117.50	3518.30	2112.34
1996	4716.00	2767.00	107.60	4382.90	2571.56
1997	5124.00	3032.00	104.50	4903.35	2901.44
1998	5792.00	3106.00	99.30	5832.83	3127.90
1999	6347.00	3469.00	99.80	6359.72	3475.95
2000	6974.00	3928.00	101.30	6884.50	3877.59
2001	8250.00	4196.00	100.60	8200.80	4170.97
2002	9683.00	4860.00	102.30	9465.30	4750.73
2003	11279.00	5419.00	102.20	11036.20	5302.35
2004	13324.00	6219.00	102.90	12948.49	6043.73
2005	15985.00	6929.00	102.40	15610.35	6766.60
2006	18469.00	7667.00	101.50	18196.06	7553.69
2007	21884.00	9282.00	104.60	20921.61	8873.80
2008	26114.00	10829.00	105.40	24776.09	10274.19
2009	30699.00	12370.00	99.70	30791.37	12407.22
2010	35507.00	13995.00	103.20	34406.01	13561.05

谈到工资和消费水平的关系，就必然离不开消费价格指数。在货币收入既定的条件下，实际消费水平与价格水平成反比；而在价格水平既定的条件下，实际消费水平与货币收入成正比。所以，在既定的消费水平条件下，货币收入水平与价格水平也应是既定的，即货币收入与价格水平也应保持某一特定比例。当物价水平上升时，为了维持原有的消费水平，就必须根据物价水平的上升幅度，按一定比例提高货币工资，以保证实际工资不受影响。

（二）运用工资调整指数模型对内蒙古各行业进行计量分析

1. 建立模型

根据前面的理论分析，确定工资调整指数模型的基本原则是：货币工资的增长率等于实际工资的增长率加上消费价格指数的上涨率，以保证工资的增长跟上物价的增长；实际工资的增长率由本行业的劳动生产率和经济增长值共同决定，使工人既能分享到劳动生产力提高的成果，又能分享到全体社会经济增长的成果。

实际工资增长幅度同劳动生产率和经济增长幅度之间的关系采用线性回归模型的计量方法来确定。因为选用的是变化率之间的关系，为了使时间序列数据更具有平稳性，所以采用对数回归模型进行分析。由于工资是工人对社会产出按劳资份额进行分配的劳动所得，故工资的增长相对于劳动生产率和经济增长具有滞后性。本章选用国内生产总值作为衡量经济增长的指标，实际工资增长幅度与劳动生产率和经济增长幅度之间的动态回归模型为：

$$\ln RW_{(t)} = \alpha_0 + \alpha_1 \ln L_{(t-1)} + \alpha_2 \ln GDP_{(t-1)} + \mu_t \tag{8.16}$$

其中：

t 表示年份；

$RW_{(t)}$ 表示 t 年的行业平均实际工资，单位为元；

$L_{(t-1)}$ 表示 $t-1$ 年的行业全员劳动生产率，单位为元/人·年；

$GDP_{(t-1)}$ 表示 $t-1$ 年的国内生产总值，单位为亿元；

μ_t 表示随机误差项。

α_1 和 α_2 确定后，实际工资增长幅度和劳动生产率、GDP 增长幅度之间的关系系数也就确定了，假如 rw 表示实际工资的增长率，lab 表示劳动生产率的增长率，g 表示 GDP 的增长率，则：

$$rw = \alpha_1 lab + \alpha_2 g \tag{8.17}$$

如果用 w 表示货币工资的增长率，r 表示消费价格指数的增长率，则：

$$w = rw + \pi \tag{8.18}$$

$$w = \alpha_1 lab + \alpha_2 g + \pi \tag{8.19}$$

为了避免极端情况对于结果的影响，设计调整系数 β 和 γ，在劳动生产率、经济增长率和消费价格指数过高时进行调整。

β 是对劳动生产率和经济增长率的调节系数：

当 $lab(g) \leqslant 0$ 时，$\beta = 0$；

当 $0 < lab(g) \leqslant 10\%$ 时，$\beta = 1.0$；

当 $10\% < lab(g) \leqslant 15\%$ 时，$\beta = 0.8$；

当 $15\% < lab(g) \leqslant 20\%$ 时，$\beta = 0.6$；

当 $lab(g) > 20\%$ 时，$\beta = 0.4$。

γ 是对消费价格指数的调节系数：

当 $\pi \leqslant 0$ 时，$\gamma = 0$；

当 $0 < \pi \leqslant 3\%$ 时，$\gamma = 1.0$；

当 $3\% < \pi \leqslant 5\%$ 时，$\gamma = 0.8$；

当 $5\% < \pi \leqslant 10\%$ 时，$\gamma = 0.6$；

当 $\pi > 10\%$ 时，$\gamma = 0.4$。

工资调整指数模型的最终形式为：

$$w = \alpha_1 * \beta * lab + \alpha_2 * \beta * g + \gamma * \pi \tag{8.20}$$

2. 样本数据的选择

1979 年至20 世纪90 年代初，中国的经济体制不断地向市场经济过渡，这段时期是经济制度变化较大的时期，因此在通过计量分析对未来进行预测时，应尽可能避免使用制度转换初期的样本年份。20 世纪 90 年代以后，我国工资制度才进入市场经济时代，于是，在样本数据的选择上，我们选取了 1990 ~ 2010 年的数据（这些年的数据接近目前市场化程度）作回归分析，以减小误差。

此外，国民经济行业分类国家标准于 1984 年首次发布，分别于 1994 年和 2002 年进行修订，2011 年第三次修订。2003 年以前，《中国统计年鉴》把中国行业分成 15 大类，2003 年对行业分类进行了调整，新增了部分行业，也合并和拆分了部分行业，把我国行业划分成 19 类。2011 年，又进一步调整为 20 个行业。由于行业划分的变化，致使有些行业工资的统计数据不同，统计口径没有变化的行业分别是：农、林、牧、渔业，采掘业，电力、燃气及水的生产和供应业，建筑业，交通运输、仓储和邮政业，金融业，房地产业，居民服务和其他服务业，批发和零售业。

所以，内蒙古工资调整指数模型根据理论和实证的分析，选择了劳动生产率、经济增长率和消费价格指数这三个指标作为模型变量，根据这三个指标数据的实际可查性，把行业选择限定在农、林、牧、渔业，建筑业，交通运输、仓储和邮政业，金融业，房地产业，居民服务和其他服务业，批发和零售业这 7 个行业，作为工资调整指数模型的应用行业。所选行业中，农、林、牧、渔业属于不完全竞争性行业，其工资水平基本上一直处于所有行业的最低层，增长速度缓慢；金融业属于垄断性行业，工资水平高，增长速度快；建筑业、批发和零售业属于完全竞争性行业。所选择的 7 个行业各具代表性，能够真实反映内蒙古职工工资的现状和未来增长趋势。

内蒙古工资调整指数模型应用于所选择的行业，使各类行业按照公平和效率原则合理地增长工资，使各行业职工都能分享到经济和劳动增长的成果，逐步提高其工资水平和消费水平，缩小内蒙古现在行业工资的不合理差距，工资增长确定化、科学化、透明化、持续化，在提升职工生活质量的同时，促进经济的和谐发展。

3. 计量结果的分析

（1）建筑业的计量分析

利用统计年鉴中 1990～2010 年的数据，对内蒙古建筑业 GDP、城镇居民消费价格指数、劳动生产率和职工平均货币工资进行整理，计算出建筑业的职工平均实际工资及计量模型中所需各参数的对数值，得到表 8－4。

表 8－4　1990～2010 年内蒙古建筑业基本情况

年份	平均货币工资（元）	GDP（亿元）	消费价格指数（%）	劳动生产率（元/人·年）	实际平均工资（元）	ln*L*	ln*GDP*	ln*RW*
1990	2065.00	319.31	102.30	4197.49	2018.57	8.34	5.77	7.61
1991	2413.00	359.66	104.60	5649.87	2306.88	8.64	5.89	7.74
1992	2894.00	421.68	107.40	7547.62	2694.60	8.93	6.04	7.90
1993	3544.00	537.81	114.10	9286.72	3106.05	9.14	6.29	8.04
1994	4333.00	695.06	122.90	10739.40	3525.63	9.28	6.54	8.17
1995	4651.00	857.06	117.50	11551.68	3958.30	9.35	6.75	8.28
1996	4940.00	1023.09	107.60	12878.74	4591.08	9.46	6.93	8.43
1997	5299.00	1153.51	104.50	15133.29	5070.81	9.62	7.05	8.53
1998	5760.00	1262.54	99.30	18651.57	5800.60	9.83	7.14	8.67
1999	5719.00	1379.31	99.80	20499.88	5730.46	9.93	7.23	8.65
2000	6022.00	1539.12	101.30	21626.37	5944.72	9.98	7.34	8.69
2001	6313.00	1713.81	100.60	27705.31	6275.35	10.23	7.45	8.74
2002	7201.00	1940.94	102.30	111702.85	7039.10	11.62	7.57	8.86
2003	8297.00	2388.38	102.20	154073.42	8118.40	11.95	7.78	9.00
2004	9677.00	3041.07	102.90	195499.07	9404.28	12.18	8.02	9.15
2005	11574.00	3905.03	102.40	231995.41	11302.73	12.35	8.27	9.33
2006	13311.00	4944.25	101.50	245891.25	13114.29	12.41	8.51	9.48
2007	15452.00	6423.18	104.60	266494.99	14772.47	12.49	8.77	9.60

续表

年份	平均货币工资（元）	GDP（亿元）	消费价格指数（%）	劳动生产率（元/人·年）	实际平均工资（元）	lnL	lnGDP	lnRW
2008	17730.00	8496.20	105.40	377826.28	16821.63	12.84	9.05	9.73
2009	23288.00	9740.25	99.70	456124.10	23358.07	13.03	9.18	10.06
2010	24935.00	11672.00	103.20	558874.64	24161.82	13.23	9.36	10.09

利用 EViews 软件，按照多变量回归模型对表 8－4 中的数据进行计量分析，得到如下结果：

$$\ln \hat{RW}_{(t)} = -2.36 + 0.41\ln L_{(t-1)} + 0.54\ln GDP_{(t-1)} + 0.72AR(l)$$
$$(-1.76) \quad (3.90) \qquad (8.56)$$
$$R^2 = 0.99 \quad F = 833.25 \quad DW = 2.17$$

从回归结果来看，此计量模型通过了 t 检验、F 检验、拟合优度检验、自相关检验和异方差检验，说明该计量模型是可以接受的。工资调整指数模型要参考的是劳动生产率和 GDP 前面的系数值。劳动生产率前面的 0.41 表示建筑业的劳动生产率变化 1%，会带来建筑业的平均实际工资变化 0.41%；GDP 前面的 0.54 表示 GDP 变化 1%，会使建筑业的平均实际工资变化 0.54%。为了让工人能够分享到劳动生产率提高和经济增长的成果，工人的实际工资增长应该跟上劳动生产率和经济的增长，劳动生产率每提高 1%，实际工资就应随之增长 0.41%，GDP 增长 1%，实际工资就应该随之增长 0.54%。所以实际工资调整指数设计为：

$$rw = 0.41lab + 0.54g$$

其中 lab 为劳动生产率的增长率，g 为 GDP 的增长率。由于 $0.41 + 0.54 = 0.95 < 1$，所以实际工资的增长率不会超过劳动生产率增长率和经济增长率中的较高者，基本符合前面所讨论的增长原则。为补偿物价上涨带来的损失，建筑业工人的货币工资增长率为：

$0.41lab_{(t-1)} + 0.54g_{(t-1)} + \pi_{(t)}$，其中 π 为消费价格上涨率。

（2）交通运输、仓储和邮政业的计量分析

利用统计年鉴中 1990～2010 年的数据，笔者对内蒙古交通运输、仓储和邮政业 GDP、城镇居民消费价格指数、劳动生产率和职工平均货币工资进行整理，计算出交通运输、仓储和邮政业的职工平均实际工资及计量模型中所需各参数的对数值，得到表 8－5。

表 8－5　1990～2010 年内蒙古交通运输、仓储和邮政业基本情况

年份	平均货币工资（元）	GDP（亿元）	消费价格指数（%）	劳动生产率（元/人·年）	实际平均工资（元）	lnL	lnGDP	lnRW
1990	2375.00	319.31	102.30	6924.88	2321.60	8.84	5.77	7.75
1991	2660.00	359.66	104.60	8701.30	2543.02	9.07	5.89	7.84
1992	3173.00	421.68	107.40	10250.78	2954.38	9.24	6.04	7.99
1993	3464.00	537.81	114.10	12216.39	3035.93	9.41	6.29	8.02
1994	5288.00	695.06	122.90	13928.33	4302.69	9.54	6.54	8.37
1995	6653.00	857.06	117.50	18179.48	5662.13	9.81	6.75	8.64
1996	7970.00	1023.09	107.60	22969.30	7407.06	10.04	6.93	8.91
1997	8215.00	1153.51	104.50	28015.06	7861.24	10.24	7.05	8.97
1998	8846.00	1262.54	99.30	26680.21	8908.36	10.19	7.14	9.09
1999	9296.00	1379.31	99.80	30938.76	9314.63	10.34	7.23	9.14
2000	10239.00	1539.12	101.30	36562.50	10107.60	10.51	7.34	9.22
2001	11264.00	1713.81	100.60	56000.00	11196.82	10.93	7.45	9.32
2002	12932.00	1940.94	102.30	138606.00	12641.25	11.84	7.57	9.44
2003	13604.00	2388.38	102.20	184888.71	13311.15	12.13	7.78	9.50
2004	15917.00	3041.07	102.90	224285.57	15468.42	12.32	8.02	9.65
2005	19124.00	3905.03	102.40	273776.98	18675.78	12.52	8.27	9.83
2006	22688.00	4944.25	101.50	342009.89	22352.71	12.74	8.51	10.01
2007	26330.00	6423.18	104.60	396702.67	25172.08	12.89	8.77	10.13
2008	31320.00	8496.20	105.40	506246.69	29715.37	13.13	9.05	10.30
2009	34606.00	9740.25	99.70	545583.15	34710.13	13.21	9.18	10.45
2010	40516.00	11672.00	103.20	631318.42	39259.69	13.36	9.36	10.58

用 EViews 软件，按照多变量回归模型对表 8－5 中的数据进行计量分析，得到如下结果：

$$\ln \hat{RW}_{(t)} = 6.09 + 0.01 \ln L_{(t-1)} + 0.83 \ln GDP_{(t-1)} + 0.90 AR(1) - 0.46 AR(2)$$

$$(14.14) \quad (1.96) \quad (6.23)$$

$$R^2 = 0.99 \quad F = 511.99 \quad DW = 1.88$$

从回归结果来看，此计量模型通过了 t 检验、F 检验、拟合优度检验、自相关检验和异方差检验，说明该计量模型是可以接受的。工资调整指数模型要参考的是劳动生产率和 GDP 前面的系数值。劳动生产率前面的 0.01 表示交通

运输、仓储和邮政业的劳动生产率变化1%，会带来交通运输、仓储和邮政业的平均实际工资变化0.01%；GDP前面的0.83表示GDP变化1%，会使交通运输、仓储和邮政业的平均实际工资变化0.83%。为了让工人能够分享到劳动生产率提高和经济增长的成果，工人的实际工资增长应该跟上劳动生产率和经济的增长，劳动生产率每提高1%，实际工资就应随之增长0.01%，GDP增长1%，实际工资就应该随之增长0.83%。所以实际工资调整指数设计为：

$$rw = 0.01lab + 0.83g$$

其中 lab 为劳动生产率的增长率，g 为GDP的增长率。由于 $0.01 + 0.83 = 0.84 < 1$，所以实际工资的增长率不会超过劳动生产率增长率和经济增长率中的较高者，基本符合前面所讨论的增长原则。为补偿物价上涨带来的损失，交通运输、仓储和邮政业工人的货币工资增长率为：

$0.01lab_{(t-1)} + 0.83g_{(t-1)} + \pi_{(t)}$，其中 π 为消费价格上涨率。

（3）批发和零售业的计量分析

利用统计年鉴中1990～2010年的数据，笔者对内蒙古批发和零售业GDP、城镇居民消费价格指数、劳动生产率和职工平均货币工资进行整理，计算出批发和零售业的职工平均实际工资及计量模型中所需各参数的对数值，得到表8-6。

表8-6　1990～2010年内蒙古批发和零售业基本情况

年份	平均货币工资（元）	GDP（亿元）	消费价格指数（%）	劳动生产率（元/人·年）	实际平均工资（元）	$\ln L$	$\ln GDP$	$\ln RW$
1990	1408.00	319.31	102.30	1065.26	1376.34	6.97	5.77	7.23
1991	1555.00	359.66	104.60	949.49	1486.62	6.86	5.89	7.30
1992	1738.00	421.68	107.40	1057.10	1618.25	6.96	6.04	7.39
1993	2010.00	537.81	114.10	1908.36	1761.61	7.55	6.29	7.47
1994	2440.00	695.06	122.90	5976.36	1985.35	8.70	6.54	7.59
1995	2787.00	857.06	117.50	8858.78	2371.91	9.09	6.75	7.77
1996	3204.00	1023.09	107.60	9984.56	2977.70	9.21	6.93	8.00
1997	3095.00	1153.51	104.50	10941.48	2961.72	9.30	7.05	7.99
1998	3977.00	1262.54	99.30	11012.39	4005.04	9.31	7.14	8.30
1999	4261.00	1379.31	99.80	12066.84	4269.54	9.40	7.23	8.36

续表

年份	平均货币工资（元）	GDP（亿元）	消费价格指数（%）	劳动生产率（元/人·年）	实际平均工资（元）	lnL	lnGDP	lnRW
2000	4824.00	1539.12	101.30	13083.33	4762.09	9.48	7.34	8.47
2001	5328.00	1713.81	100.60	12774.14	5296.22	9.46	7.45	8.57
2002	6272.00	1940.94	102.30	159043.34	6130.99	11.98	7.57	8.72
2003	7867.00	2388.38	102.20	216582.41	7697.65	12.29	7.78	8.95
2004	9609.00	3041.07	102.90	260027.87	9338.19	12.47	8.02	9.14
2005	11596.00	3905.03	102.40	465980.35	11324.22	13.05	8.27	9.33
2006	13616.00	4944.25	101.50	540215.59	13414.78	13.20	8.51	9.50
2007	15027.00	6423.18	104.60	644020.17	14366.16	13.38	8.77	9.57
2008	18563.00	8496.20	105.40	810816.40	17611.95	13.61	9.05	9.78
2009	21658.00	9740.25	99.70	1400464.84	21723.17	14.15	9.18	9.99
2010	24562.00	11672.00	103.20	1571144.80	23800.39	14.27	9.36	10.08

利用 EViews 软件，按照多变量回归模型对表 8－6 中的数据进行计量分析，得到如下结果：

$$\ln R\hat{W}_{(t)} = 2.66 + 0.06\ln L_{(t-1)} + 0.72\ln \mathrm{GDP}_{(t-1)} + 0.65AR(1)$$

$$(5.66) \quad (1.61) \qquad (7.53)$$

$$R^2 = 0.99 \quad F = 731.36 \quad DW = 2.16$$

从回归结果来看，此计量模型通过了 t 检验、F 检验、拟合优度检验、自相关检验和异方差检验，说明该计量模型是可靠的。工资调整指数模型要参考的是劳动生产率和 GDP 前面的系数值。劳动生产率前面的 0.06 表示批发和零售业的劳动生产率变化 1%，会带来批发和零售业的平均实际工资变化 0.06%；GDP 前面的 0.72 表示 GDP 变化 1%，会使批发和零售业的平均实际工资变化 0.72%。为了让工人能够分享到劳动生产率提高和经济增长的成果，工人的实际工资增长应该跟上劳动生产率和经济的增长，劳动生产率每提高 1%，实际工资就应随之增长 0.06%，GDP 增长 1%，实际工资就应该随之增长 0.72%。所以实际工资调整指数设计为：

$$rw = 0.06lab + 0.72g$$

其中 lab 为劳动生产率的增长率，g 为 GDP 的增长率。由于 $0.06 + 0.72 = 0.78 < 1$，所以实际工资的增长率不会超过劳动生产率增长率和经济增长率中

的较高者，基本符合前面所讨论的增长原则。为补偿物价上涨带来的损失，批发和零售业工人的货币工资增长率为：

$0.06lab_{(t-1)} + 0.72g_{(t-1)} + \pi_{(t)}$，其中 π 为消费价格上涨率。

（4）金融业的计量分析

利用统计年鉴中 1990～2010 年的数据，笔者对内蒙古金融业 GDP、城镇居民消费价格指数、劳动生产率和职工平均货币工资进行整理，计算出金融业的职工平均实际工资及计量模型中所需各参数的对数值，得到表 8－7。

表 8－7　1990～2010 年内蒙古金融业基本情况

年份	平均货币工资（元）	GDP（亿元）	消费价格指数（%）	劳动生产率（元/人·年）	实际平均工资（元）	ln$L$	lnGDP	lnRW
1990	1788.00	319.31	102.30	31777.70	1747.80	10.37	5.77	7.47
1991	1938.00	359.66	104.60	29451.61	1852.77	10.29	5.89	7.52
1992	2552.00	421.68	107.40	33323.08	2376.16	10.41	6.04	7.77
1993	3919.00	537.81	114.10	38428.95	3434.71	10.56	6.29	8.14
1994	6515.00	695.06	122.90	46800.04	5301.06	10.75	6.54	8.58
1995	6191.00	857.06	117.50	25936.25	5268.94	10.16	6.75	8.57
1996	6653.00	1023.09	107.60	26265.25	6183.09	10.18	6.93	8.73
1997	7642.00	1153.51	104.50	26641.19	7312.92	10.19	7.05	8.90
1998	8091.00	1262.54	99.30	30943.54	8148.04	10.34	7.14	9.01
1999	8750.00	1379.31	99.80	30350.65	8767.54	10.32	7.23	9.08
2000	9519.00	1539.12	101.30	31115.38	9396.84	10.35	7.34	9.15
2001	10938.00	1713.81	100.60	32987.01	10872.76	10.40	7.45	9.29
2002	12741.00	1940.94	102.30	38111.87	12454.55	10.55	7.57	9.43
2003	14060.00	2388.38	102.20	40137.25	13757.34	10.60	7.78	9.53
2004	17228.00	3041.07	102.90	44687.76	16742.47	10.71	8.02	9.73
2005	20812.00	3905.03	102.40	95744.53	20324.22	11.47	8.27	9.92
2006	24889.00	4944.25	101.50	147031.72	24521.18	11.90	8.51	10.11
2007	30214.00	6423.18	104.60	185238.45	28885.28	12.13	8.77	10.27
2008	37404.00	8496.20	105.40	211547.97	35487.67	12.26	9.05	10.48
2009	43496.00	9740.25	99.70	335106.14	43626.88	12.72	9.18	10.68
2010	48340.00	11672.00	103.20	383170.75	46841.09	12.86	9.36	10.75

利用 EViews 软件，按照多变量回归模型对表 8 - 7 中的数据进行计量分析，得到如下结果：

$$\ln \hat{RW}_{(t)} = 3.42 - 0.12\ln L_{(t-1)} + 0.97\ln GDP_{(t-1)}$$
$$(8.45) \quad (-2.05) \quad (21.43)$$
$$R^2 = 0.99 \quad F = 610.57 \quad DW = 0.87$$

从回归结果来看，此计量模型通过了 t 检验、F 检验、拟合优度检验、自相关检验和异方差检验，说明该计量模型是可靠的。工资调整指数模型要参考的是劳动生产率和 GDP 前面的系数值。劳动生产率前面的 -0.12 表示金融业的劳动生产率变化 1%，会带来金融业的平均实际工资变化 -0.12%，和前面的回归结果不同，劳动生产率前面的系数值为负数，并且 GDP 前面的系数为正值，这说明金融业的职工工资和劳动生产率联系不够密切，工资增长速度与本行业劳动生产率的提高速度严重不符，表明过多地分享了全社会的经济增长成果，变相地挤占了其他行业职工工资的增长份额。这种现象是垄断行业颇具代表性的现象。GDP 前面的 0.97 表示 GDP 变化 1%，会使金融业的平均实际工资变化 0.97%。为了让工人能够享受到劳动生产率提高和经济增长带来的福利效应，工人的实际工资增长应该跟上劳动生产率和经济的增长，劳动生产率每提高 1%，实际工资就应随之降低 0.12%，GDP 增长 1%，实际工资就应该随之增长 0.97%。

同时由于金融业也是经济周期性行业，所以对其行业工资的增长弹性系数进行调整，将其实际工资调整指数设为：

$$rw = 1.0g$$

为补偿物价上涨带来的损失，金融业工人的货币工资增长率为：

$1.0g + \pi_{(t)}$，其中 π 为消费价格上涨率。

（5）房地产业的计量分析

利用统计年鉴中 1990 ~ 2010 年的数据，笔者对内蒙古房地产业 GDP、城镇居民消费价格指数的劳动生产率和职工平均货币工资进行整理，计算出房地产业的职工平均实际工资及计量模型中所需各参数的对数值，得到表 8 - 8。

表 8 - 8　1990 ~ 2010 年内蒙古房地产业基本情况

年份	平均货币工资（元）	GDP（亿元）	消费价格指数（%）	劳动生产率（元/人·年）	实际平均工资（元）	lnL	lnGDP	lnRW
1990	1488.00	319.31	102.30	3104.48	1454.55	8.04	5.77	7.28

续表

年份	平均货币工资（元）	GDP（亿元）	消费价格指数（%）	劳动生产率（元/人·年）	实际平均工资（元）	lnL	lnGDP	lnRW
1991	1691.00	359.66	104.60	2925.93	1616.63	7.98	5.89	7.39
1992	2022.00	421.68	107.40	3368.85	1882.68	8.12	6.04	7.54
1993	2758.00	537.81	114.10	61159.18	2417.18	11.02	6.29	7.79
1994	3917.00	695.06	122.90	70900.18	3187.14	11.17	6.54	8.07
1995	4219.00	857.06	117.50	95059.08	3590.64	11.46	6.75	8.19
1996	4486.00	1023.09	107.60	81888.41	4169.14	11.31	6.93	8.34
1997	5122.00	1153.51	104.50	70435.78	4901.44	11.16	7.05	8.50
1998	7068.00	1262.54	99.30	58983.15	7117.82	10.99	7.14	8.87
1999	7139.00	1379.31	99.80	92187.50	7153.31	11.43	7.23	8.88
2000	8012.00	1539.12	101.30	103705.88	7909.18	11.55	7.34	8.98
2001	9245.00	1713.81	100.60	123647.06	9189.86	11.73	7.45	9.13
2002	9955.00	1940.94	102.30	131369.61	9731.18	11.79	7.57	9.18
2003	10858.00	2388.38	102.20	171507.23	10624.27	12.05	7.78	9.27
2004	12438.00	3041.07	102.90	175478.49	12087.46	12.08	8.02	9.40
2005	13397.00	3905.03	102.40	714534.88	13083.01	13.48	8.27	9.48
2006	15197.00	4944.25	101.50	886312.59	14972.41	13.69	8.51	9.61
2007	18075.00	6423.18	104.60	1041801.55	17280.11	13.86	8.77	9.76
2008	20651.00	8496.20	105.40	1126209.68	19592.98	13.93	9.05	9.88
2009	23455.00	9740.25	99.70	1987037.29	23525.58	14.50	9.18	10.07
2010	26517.00	11672.00	103.20	2012822.18	25694.77	14.52	9.36	10.15

用 EViews 软件，按照多变量回归模型对表 8－8 中的数据进行计量分析，得到如下结果：

$$\ln R\hat{W}_{(t)} = 6.45 + 0.24\ln L_{(t-1)} + 1.41\ln GDP_{(t-1)} + 0.69AR(1) - 0.2AR(2)$$

$$(3.76) \quad (8.13) \quad (2.24)$$

$$R^2 = 0.99 \quad F = 353.85 \quad DW = 2.20$$

从回归结果来看，此计量模型通过了 t 检验、F 检验、拟合优度检验、自相关检验和异方差检验，说明该计量模型是可靠的。工资调整指数模型要参考的是劳动生产率和 GDP 前面的系数值。劳动生产率前面的 0.24 表示房地产业的劳动生产率变化 1%，会带来房地产业的平均实际工资变化 0.24%；GDP 前面的1.41表示GDP变化1%，会使房地产业的平均实际工资变化1.41%。该行业的实际工资调整指数为：

$$rw = 0.24lab + 1.41g$$

其中 lab 为劳动生产率的增长率，g 为GDP的增长率。由于0.24 +1.41 = 1.35，大于1，容易使得工资的增长率高于这两个指标的最大值，造成工资增长过快。从表8 -8可以看出，房地产业的劳动生产率较高，而其增长速度却很低，所以实际工资的增长率会超过劳动生产率增长率和经济增长率中的较高者，不符合前面所讨论的增长原则，将其调整为

$$rw = 1.0g_{(t-1)}$$

此外，为补偿物价上涨带来的损失，房地产业工人的货币工资增长率为：$1.0g_{(t-1)} + \pi_{(t)}$，其中 π 为消费价格上涨率。

(6) 居民服务和其他服务业的计量分析

利用统计年鉴中1993～2010年的数据（1990～1992年数据缺失），对内蒙古居民服务和其他服务业的GDP、城镇居民消费价格指数、劳动生产率和职工平均货币工资进行整理，计算出居民服务和其他服务业的职工平均实际工资及计量模型中所需各参数的对数值，得到表8 -9。

用EViews软件，按照多变量回归模型对表8 -9中的数据进行计量分析，得到如下结果：

$$\ln\hat{RW}_{(t)} = 1.40 + 0.09\ln L_{(t-1)} + 0.82\ln GDP_{(t-1)}$$
$$(5.65) \quad (3.50) \quad (18.02)$$
$$R^2 = 0.99 \quad F = 550.53 \quad DW = 2.07$$

表8 -9　1990～2010年内蒙古居民服务和其他服务业基本情况

年份	平均货币工资（元）	GDP（亿元）	消费价格指数（%）	劳动生产率（元/人·年）	实际平均工资（元）	lnL	lnGDP	lnRW
1990	—	319.31	102.30	—	—	—	5.77	—
1991	—	359.66	104.60	—	—	—	5.89	—
1992	—	421.68	107.40	—	—	—	6.04	—
1993	2181.00	537.81	114.10	6893.30	1911.48	8.84	6.29	7.56
1994	3333.00	695.06	122.90	9596.79	2711.96	9.17	6.54	7.91
1995	3798.00	857.06	117.50	8310.82	3232.34	9.03	6.75	8.08

续表

年份	平均货币工资（元）	GDP（亿元）	消费价格指数（%）	劳动生产率（元/人·年）	实际平均工资（元）	lnL	lnGDP	lnRW
1996	4157.00	1023.09	107.60	8974.19	3863.38	9.10	6.93	8.26
1997	4643.00	1153.51	104.50	13241.82	4443.06	9.49	7.05	8.40
1998	5147.00	1262.54	99.30	12538.54	5183.28	9.44	7.14	8.55
1999	5668.00	1379.31	99.80	13418.27	5679.36	9.50	7.23	8.64
2000	6126.00	1539.12	101.30	14948.10	6047.38	9.61	7.34	8.71
2001	7077.00	1713.81	100.60	17335.66	7034.79	9.76	7.45	8.86
2002	8047.00	1940.94	102.30	69741.44	7866.08	11.15	7.57	8.97
2003	7257.00	2388.38	102.20	697949.44	7100.78	13.46	7.78	8.87
2004	8347.00	3041.07	102.90	837175.14	8111.76	13.64	8.02	9.00
2005	10239.00	3905.03	102.40	1044124.94	9999.02	13.86	8.27	9.21
2006	21612.00	4944.25	101.50	759933.31	21292.61	13.54	8.51	9.97
2007	22933.00	6423.18	104.60	829735.23	21924.47	13.63	8.77	10.00
2008	27970.00	8496.20	105.40	670705.77	26537.00	13.42	9.05	10.19
2009	31047.00	9740.25	99.70	618223.21	31140.42	13.33	9.18	10.35
2010	41137.00	11672.00	103.20	858521.43	39861.43	13.66	9.36	10.59

从回归结果来看，此计量模型通过了 t 检验、F 检验、拟合优度检验、自相关检验和异方差检验，说明该计量模型是可靠的。工资调整指数模型要参考的是劳动生产率和 GDP 前面的系数值。劳动生产率前面的 0.09 表示批发和零售业的劳动生产率变化 1%，会带来居民服务和其他服务业的平均实际工资变化 0.09%；GDP 前面的 0.82 表示 GDP 变化 1%，会使居民服务和其他服务业的平均实际工资变化 0.82%。为了让工人能够分享到劳动生产率提高和经济增长的成果，工人的实际工资增长应该跟上劳动生产率和经济的增长，劳动生产率每提高 1%，实际工资就应随之增长 0.09%，GDP 增长 1%，实际工资就应该随之增长 0.82%。所以实际工资调整指数设计为：

$$rw = 0.09lab + 0.82g$$

其中 lab 为劳动生产率的增长率，g 为 GDP 的增长率。由于 $0.09 + 0.82 = 0.91 < 1$，所以实际工资的增长率不会超过劳动生产率增长率和经济增长率中的较高者，基本符合前面所讨论的增长原则。为补偿物价上涨带来的损失，居民服务和其他服务业工人的货币工资增长率为：

$0.09lab_{(t-1)}+0.82g_{(t-1)}+\pi_{(t)}$，其中 π 为消费价格上涨率。

（7）农、林、牧、渔业的计量分析

利用统计年鉴中 1990～2010 年的数据，对内蒙古农、林、牧、渔业 GDP、城镇居民消费价格指数、劳动生产率和职工平均货币工资进行整理，计算出农、林、牧、渔业的职工平均实际工资及计量模型中所需各参数的对数值，得到表 8－10。

表 8－10　1990～2010 年内蒙古农、林、牧、渔业基本情况

年份	平均货币工资（元）	GDP（亿元）	消费价格指数（%）	劳动生产率（元/人·年）	实际平均工资（元）	lnL	lnGDP	lnRW
1990	1364.00	319.31	102.30	2183.84	1333.33	7.69	5.77	7.20
1991	1554.00	359.66	104.60	2178.66	1485.66	7.69	5.89	7.30
1992	1783.00	421.68	107.40	2383.24	1660.15	7.78	6.04	7.41
1993	1973.00	537.81	114.10	2809.81	1729.18	7.94	6.29	7.46
1994	2406.00	695.06	122.90	3907.79	1957.69	8.27	6.54	7.58
1995	2831.00	857.06	117.50	4848.19	2409.36	8.49	6.75	7.79
1996	3766.00	1023.09	107.60	5720.84	3500.00	8.65	6.93	8.16
1997	3926.00	1153.51	104.50	5922.07	3756.94	8.69	7.05	8.23
1998	3998.00	1262.54	99.30	6195.42	4026.18	8.73	7.14	8.30
1999	4632.00	1379.31	99.80	6173.78	4641.28	8.73	7.23	8.44
2000	4729.00	1539.12	101.30	6335.56	4668.31	8.75	7.34	8.45
2001	5289.00	1713.81	100.60	6574.28	5257.46	8.79	7.45	8.57
2002	6211.00	1940.94	102.30	150435.02	6071.36	11.92	7.57	8.71
2003	6832.00	2388.38	102.20	130049.44	6684.93	11.78	7.78	8.81
2004	7677.00	3041.07	102.90	171093.45	7460.64	12.05	8.02	8.92
2005	8588.00	3905.03	102.40	196260.94	8386.72	12.19	8.27	9.03
2006	10151.00	4944.25	101.50	217637.33	10000.99	12.29	8.51	9.21
2007	11580.00	6423.18	104.60	262231.57	11070.75	12.48	8.77	9.31
2008	13192.00	8496.20	105.40	327982.26	12516.13	12.70	9.05	9.43
2009	15027.00	9740.25	99.70	347877.11	15072.22	12.76	9.18	9.62
2010	18305.00	11672.00	103.20	411133.42	17737.40	12.93	9.36	9.78

用 EViews 软件，按照多变量回归模型对表 8－10 中的数据进行计量分析，得到如下结果：

$$\ln\hat{RW}_{(t)} = 5.21 + 0.004\ln L_{(t-1)} + 0.67\ln GDP_{(t-1)} + 0.35AR(1)$$

$$(64.72)\quad(2.19)\qquad(18.46)$$

$$R^2 = 0.99\quad F = 2329.35\quad DW = 1.73$$

从回归结果来看，此计量模型通过了 t 检验、F 检验、拟合优度检验、自相关检验和异方差检验，说明该计量模型是可靠的。工资调整指数模型要参考的是劳动生产率和 GDP 前面的系数值。劳动生产率前面的 0.004 表示农、林、牧、渔业的劳动生产率变化 1%，会带来农、林、牧、渔业的平均实际工资变化 0.004%；GDP 前面的 0.67 表示 GDP 变化 1%，会使农、林、牧、渔业的平均实际工资变化 0.67%。为了让工人能够分享到劳动生产率提高和经济增长的成果，工人的实际工资增长应该跟上劳动生产率和经济的增长，劳动生产率每提高 1%，实际工资就应随之增长 0.004%，GDP 增长 1%，实际工资就应该随之增长 0.67%。所以实际工资调整指数设计为：

$$rw = 0.004lab + 0.67g$$

其中 lab 为劳动生产率的增长率，g 为 GDP 的增长率。由于 $0.004 + 0.67 = 0.674 < 1$，所以实际工资的增长率不会超过劳动生产率增长率和经济增长率中的较高者，基本符合前面所讨论的增长原则。为补偿物价上涨带来的损失，农、林、牧、渔业工人的货币工资增长率为：

$0.004lab_{(t-1)} + 0.67g_{(t-1)} + \pi_{(t)}$，其中 π 为消费价格上涨率。

（8）内蒙古总体工资调整的计量分析

利用统计年鉴中 1990～2010 年的数据，对内蒙古 GDP、城镇居民消费价格指数、劳动生产率和职工平均货币工资进行整理，计算出内蒙古职工平均实际工资及计量模型中所需各参数的对数值，得到表 8－11。

表 8－11　1990～2010 年内蒙古总体工资基本情况

年份	平均货币工资（元）	GDP（亿元）	消费价格指数（%）	劳动生产率（元/人·年）	实际平均工资（元）	lnL	lnGDP	lnRW
1990	1846.00	319.31	102.30	3453.50	1804.50	8.15	5.77	7.50
1991	2012.00	359.66	104.60	3735.20	1923.52	8.23	5.89	7.56
1992	2339.00	421.68	107.40	4320.50	2177.84	8.37	6.04	7.69
1993	2796.00	537.81	114.10	5334.30	2450.48	8.58	6.29	7.80
1994	3675.00	695.06	122.90	6725.90	2990.24	8.81	6.54	8.00
1995	4134.00	857.06	117.50	8325.90	3518.30	9.03	6.75	8.17

续表

年份	平均货币工资（元）	GDP（亿元）	消费价格指数（%）	劳动生产率（元/人·年）	实际平均工资（元）	$\ln L$	$\ln GDP$	$\ln RW$
1996	4716.00	1023.09	107.60	9846.90	4382.90	9.19	6.93	8.39
1997	5124.00	1153.51	104.50	10982.60	4903.35	9.30	7.05	8.50
1998	5792.00	1262.54	99.30	12020.70	5832.83	9.39	7.14	8.67
1999	6347.00	1379.31	99.80	13053.00	6359.72	9.48	7.23	8.76
2000	6974.00	1539.12	101.30	14498.10	6884.50	9.58	7.34	8.84
2001	8250.00	1713.81	100.60	16062.00	8200.80	9.68	7.45	9.01
2002	9683.00	1940.94	102.30	17823.10	9465.30	9.79	7.57	9.16
2003	11279.00	2388.38	102.20	23760.30	11036.20	10.08	7.78	9.31
2004	13324.00	3041.07	102.90	29637.20	12948.49	10.30	8.02	9.47
2005	15985.00	3905.03	102.40	31508.70	15610.35	10.36	8.27	9.66
2006	18469.00	4944.25	101.50	47034.30	18196.06	10.76	8.51	9.81
2007	21884.00	6423.18	104.60	59391.40	20921.61	10.99	8.77	9.95
2008	26114.00	8496.20	105.40	77007.10	24776.09	11.25	9.05	10.12
2009	30699.00	9740.25	99.70	85253.90	30791.37	11.35	9.18	10.33
2010	35507.00	11672.00	103.20	98522.80	34406.01	11.50	9.36	10.45

用 EViews 软件，按照多变量回归模型对表 8 - 11 中的数据进行计量分析，得到如下结果：

$$\ln \hat{RW}_{(t)} = 3.66 + 0.34\ln L_{(t-1)} + 0.42\ln GDP_{(t-1)} + 0.99AR(1)$$
$$(0.66) \quad (3.40) \quad (2.36)$$
$$R^2 = 0.99 \quad F = 4056.35 \quad DW = 2.64$$

从回归结果来看，此计量模型通过了 t 检验、F 检验、拟合优度检验、自相关检验和异方差检验，说明该计量模型是可靠的。工资调整指数模型要参考的是劳动生产率和 GDP 前面的系数值。劳动生产率前面的 0.34 表示劳动生产率变化 1%，会带来居民服务和其他服务业的平均实际工资变化 0.34%；GDP 前面的 0.42 表示 GDP 变化 1%，会使工人的平均实际工资变化 0.42%。为了让工人能够分享到劳动生产率提高和经济增长的成果，工人的实际工资增长应该跟上劳动生产率和经济的增长，劳动生产率每提高 1%，实际工资就应随之增长 0.34%，GDP 增长 1%，实际工资就应该随之增长 0.42%。所以实际工资调整指数设计为：

$$rw = 0.34lab + 0.42g$$

其中 lab 为劳动生产率的增长率，g 为 GDP 的增长率。由于 $0.34+0.42=0.76<1$，所以实际工资的增长率不会超过劳动生产率增长率和经济增长率中的较高者，基本符合前面所讨论的增长原则。为补偿物价上涨带来的损失，内蒙古工人的货币工资增长率为：

$0.34lab_{(t-1)}+0.42g_{(t-1)}+\pi_{(t)}$，其中 π 为消费价格上涨率。

（三）内蒙古工资调整指数方案的确定

1. 低标准方案、基准方案和高标准方案

根据前文对工资增长和劳动生产率增长、经济增长以及居民日常消费关系的论述，把工资调整指数方案设定为三个标准，分别是低标准方案、基准方案和高标准方案。

（1）低标准方案

低标准方案的设计本着保障居民生活水平不因消费价格指数的上涨而降低的原则，设计职工平均货币工资的增长至少要跟上消费价格指数的上涨，即平均实际工资与上一年持平，用公式表示即是：

$$w_{\min} = \gamma \times \pi$$

其中 w 为现期的平均货币工资增长率，π 为现期的消费价格指数上涨率，γ 为调整系数。

（2）基准方案

基准方案的确定依据前文的综合分析，对不同的行业采用不同的调整方案，具体方案的确定如表 8－12 所示。

表 8－12　各行业工资调整指数方案

行业	工资调整指数
建筑业	$0.41\times\beta\times lab_{(t-1)}+0.54\times\beta\times g_{(t-1)}+\gamma\times\pi_{(t)}$
交通运输、仓储和邮政业	$0.01\times\beta\times lab_{(t-1)}+0.83\times\beta\times g_{(t-1)}+\gamma\times\pi_{(t)}$
批发和零售业	$0.06\times\beta\times lab_{(t-1)}+0.72\times\beta\times g_{(t-1)}+\gamma\times\pi_{(t)}$
金融业	$1.0\times\beta\times g_{(t-1)}+\gamma\times\pi_{(t)}$
房地产业	$1.0\times\beta\times g_{(t-1)}+\gamma\times\pi_{(t)}$
居民服务和其他服务业	$0.09\times\beta\times lab_{(t-1)}+0.82\times\beta\times g_{(t-1)}+\gamma\times\pi_{(t)}$
农、林、牧、渔业	$0.004\times\beta\times lab_{(t-1)}+0.67\times\beta\times g_{(t-1)}+\gamma\times\pi_{(t)}$
内蒙古总体	$0.34\times\beta\times lab_{(t-1)}+0.42\times\beta\times g_{(t-1)}+\gamma\times\pi_{(t)}$

表 8 - 12 中，调整指数的计算以上一年的劳动生产率增长率、GDP 增长率和当年的消费价格指数上涨率为基础。*lab* 为各行业的劳动生产率的增长率，*g* 为 GDP 增长率，π 为消费价格指数上涨率。

β 是对劳动生产率和经济增长率的调节系数：

当 $lab(g) \leqslant 0$ 时，$\beta = 0$；

当 $0 < lab(g) \leqslant 10\%$ 时，$\beta = 1.0$；

当 $10\% < lab(g) \leqslant 15\%$ 时，$\beta = 0.8$；

当 $15\% < lab(g) \leqslant 20\%$ 时，$\beta = 0.6$；

当 $lab(g) > 20\%$ 时，$\beta = 0.4$ 。

γ 是对消费价格指数的调节系数：

当 $\pi \leqslant 0$ 时，$\gamma = 0$ ；

当 $0 < \pi \leqslant 3\%$ 时，$\gamma = 1.0$ ；

当 $3\% < \pi \leqslant 5\%$ 时，$\gamma = 0.8$ ；

当 $5\% < \pi \leqslant 10\%$ 时，$\gamma = 0.6$ ；

当 $\pi > 10\%$ 时，$\gamma = 0.4$ 。

从调整指数来看，行业市场化程度越高，调整方案中劳动生产率前面的系数值就越大，符合市场效率原则。同时，对于工资增长速度过快的行业进行调整，减小其挤占全社会经济增长的系数值，使行业工资增长放慢脚步，符合缩小行业工资收入差距的公平原则，可见工资调整指数基准方案满足使工资增长兼顾效率和公平的设计初衷。

（3）高标准方案

高标准方案的设计以限定某些行业工资的过快增长为目的，设定高标准方案的平均工资增长速度取劳动生产率增长率和 GDP 增长率两者的最大值，用公式表示即是：

$$w_{\max} = \max\{lab, g\} + \pi$$

其中 w 为货币工资增长率，劳动生产率增长率和 GDP 增长率按照上一年的统计值计算，消费价格指数上涨率按照当年的数值计算，不同的行业以本行业的劳动生产率增长率为标准计算，限于数据原因，部分行业数据无法取得时，以内蒙古自治区全员劳动生产率的增长率为标准计算。

2. 基于调整指数的工资预测

接下来，基于上述三种标准设计的方案，对 2011 年内蒙古各行业工资增长率进行测算，其中劳动生产率增长率 *lab* 和 GDP 增长率 *g* 按照 2010 年的统计值计算，消费价格指数上涨率按照 2011 年的数值计算，该数值来源于内蒙古自治区 2011 年国民经济和社会发展统计公报，具体测算结果如表 8 - 13 所示。

表 8 - 13　各行业工资调整指数方案

行业	2010 年 *lab* 增长率（%）	2010 年 GDP 增长率（%）	2011 年消费价格指数	低标准方案	基准方案	高标准方案
建筑业	22.53	7.07	5.60	5.60	12.72	25.89
交通运输、仓储和邮政业	15.71	17.08	5.60	5.60	11.96	20.44
批发和零售业	12.19	13.41	5.60	5.60	11.67	16.77
金融业	14.34	11.14	5.60	5.60	12.27	17.70
房地产业	1.30	13.06	5.60	5.60	13.81	16.42
居民服务和其他服务业	38.87	32.5	5.60	5.60	15.42	42.23
农、林、牧、渔业	18.18	21.81	5.60	5.60	9.25	25.17
内蒙古总体	15.56	19.83	5.60	5.60	11.53	23.19

限于数据等方面的原因，表 8 - 13 中只对内蒙古总体和 7 个行业进行了预测，对于其他行业，建议采用内蒙古的总体标准，在此基础上进行适当调整。此外，对于不同的行业，根据国民经济发展的需要，可以采取不同标准组合实施的方式。

三　工资调整指数的效率分析

（一）工资调整指数对居民消费的影响分析

1. 工资调整指数对居民消费影响的理论分析

收入对于消费的影响表现在两个方面，一个是对于消费水平的影响，一个是对于消费结构的影响。关于收入对消费的决定作用，许多经济学家都作了大量的研究。

凯恩斯的绝对收入假说认为，消费者的消费支出水平由其绝对收入水平来决定，随着绝对收入水平的提高，消费倾向边际递减，即收入中用于消费的部分随着收入的上升而减少。弗里德曼的持久收入假说认为，决定人们消费支出的是消费者总收入中可以预料到的较稳定的持续性收入。莫迪里亚尼和布伦伯格等人的生命周期假说认为消费者是理性的，消费者根据效用最大化原则来使用一生的收入，安排一生的消费，因此消费者的现期消费不仅与现期收入有关，其消费支出是现期收入加上预期收入和原始财产的函数。杜森贝里的相对收入假说认为，消费者的消费不仅由其自身的绝对收入决定，还受周围人的收入和消费的影响，消费取决于相对收入的水平，即取决于与其收入等级地位相同的其他消费者的收入水平。尽管各种假说关于收入决定消费的具体说法不同，但都承认收入对消费的决定作用。

2. 工资调整指数对消费水平的影响

根据弗里德曼的持久收入假说，人的收入分为持久收入（长久的、稳定的、可预料的收入）和暂时性收入（非连续性的、带有偶然性的收入），我国城镇居民收入中的工薪收入符合持久收入的特征，因此工资及工资性收入对于我国城镇居民的消费支出具有决定性的作用。采用指数化方案来增长职工工资，能够稳定居民的收入增长预期，增强居民消费的信心，提高消费预期。

从需求角度分析，拉动经济增长的三个因素是消费、投资和净出口，其中，消费在经济增长中起主导作用。根据国际货币基金组织和世界银行统计，20 世纪 90 年代以来，世界平均消费率为 78% ~79%。就具体国家来说，美国、英国的消费率都在 80% 以上，印度、巴西为 80%。1999 年，低收入国家的平均消费率为 81%，中等收入国家为 74%，高收入国家为 77%。如此之高的消费率显然说明，在拉动经济增长的三大需求中，起主导作用的是消费需求。从内蒙古的实际情况来看，消费需求对经济增长的贡献率却呈下降的趋势（见表 8 – 14）。

表 8 – 14　三大需求对内蒙古经济增长的贡献率

单位:%

年份	消费贡献率	投资贡献率	净出口贡献率
1990	67.89	39.05	2.69
1991	68.37	38.09	3.48
1992	64.28	46.05	3.11
1993	61.07	53.65	1.52
1994	60.55	47.64	1.61
1995	62.94	43.52	0.89
1996	59.58	43.62	0.97
1997	59.44	41.16	1.15
1998	57.15	42.95	1.71

续表

年份	消费贡献率	投资贡献率	净出口贡献率
1999	58.05	41.89	1.23
2000	56.76	41.72	0.04
2001	56.85	39.65	-1.29
2002	58.51	44.42	-1.12
2003	52.64	55.06	-0.80
2004	49.07	63.96	-1.87
2005	46.33	72.85	-2.13
2006	43.10	70.1	-2.63
2007	40.96	69.97	-2.10
2008	38.69	67.34	-1.43
2009	40.65	76.95	-1.50
2010	39.45	77.28	-1.16

经济增长过分依赖投资，这是不正常的，是长期实行高积累政策形成的。为尽快缩小同发达国家之间的差距，我国政府实行高资本投入拉动国民收入增长的模式，使相当一部分国民收入在初次分配时就已经被直接转化为积累，导致职工工资长期偏低，压制了居民消费水平的提高。而长期消费率过低，将使投资增长最终失去消费需求的支持，制约投资规模的进一步扩大，影响产业结构的优化，阻碍工业化的进程，影响经济的发展。因此现在积极实行“扩大内需，促进增长”的政策，提高消费需求对于经济增长的贡献率。实施该政策的根本保证，就是工资能够稳步增长，带动居民消费。根据凯恩斯的绝对收入消费支出模型，消费水平提高的速度主要决定于收入的增长率。

3. 工资调整指数对消费结构的影响

由凯恩斯绝对收入假说中边际消费倾向递减的规律可知，低收入人群的消费倾向高，高收入人群的消费倾向低。这是因为对高收入人群来说，他们的收入水平远远高于其可消费的最大水平，所以即使增加收入，其新增收入中用于消费的支出也会很少，即边际消费倾向低；而对于低收入人群，他们收入的大部分都用于生活必需品的购买，小部分用来购买家庭耐用消费品，所以如果增加他们的收入，其新增收入的大部分会用来增加消费的支出，即边际消费倾向高。由于工资收入差距的存在，低收入人群和高收入人群的消费倾向的不同将引起消费结构的变化，进而影响整个社会的消费需求水平。

（1）扩展线性支出系统模型

分析消费结构常用的方法是扩展线性支出系统模型。扩展线性支出系统（Extend Linear Expenditure System，ELES）模型是经济学家Lunch于1973年在美国经济计量经济学家Stone的线性支出系统模型的基础上推出的一种需求函数系统。该系统假定某一时期人们对各种商品（服务）的需求量取决于人们的收入和各种商品的价格，而且人们对各种商品的需求分为基本需求和超过基本需求之外的需求两部分，并且认为基本需求与收入水平无关，居民在基本需求得到满足之后才将剩余收入按照某种边际消费倾向安排各种非基本消费支出。在此假设下，线性支出系统的效用函数和预算约束分别为：

$$u = \sum_{i=1}^{n} b'_i \ln(x_i - y_i) \tag{8.21}$$

$$\text{s.t. } v = \sum_{i=1}^{n} p_i x_i \tag{8.22}$$

其中p_i为第i种商品的价格，x_i、y_i分别为第i种商品实际需求与基本需求；n为商品的种类；$p_i x_i$为第i种商品的基本需求；v是总消费支出，b'_i为超过基本需求的支出中用于购买第i种商品的比例，即边际预算份额满足$0 < b'_i < 1$，$\sum_{i=1}^{n} b'_i = 1$，由（8.21）和（8.22）可求得线性支出系统模型（LES）为：

$$p_i x_i = p_i y_i + b'_i (v - \sum_{i=1}^{n} p_k y_k) i,k = 1,2\cdots n \tag{8.23}$$

线性支出模型将居民对商品的需求分为基本需求和超出基本需求之外的需求两部分，符合居民的消费过程的特征，但在考虑居民消费支出时未考虑到其储蓄因素。针对这一点，C. Liuch对线性支出系统模型做了两点改进：一是以收入代替总支出，二是以边际消费倾向代替边际预算比，形成了扩展线性支出系统模型，其需求函数为：

$$p_i x_i = p_i y_i + b_i (y - \sum_{i=1}^{n} p_k y_k) i,k = 1,2\cdots n \tag{8.24}$$

其中，y是各类家庭的人均收入，b_i是第i种商品的边际消费倾向，模型也对某类商品的消费需求分为基本需求$p_i y_i$和超过基本需求之外的需求$\sum_{i=1}^{n} p_k y_k$两部分，在既定收入和价格的条件下，消费者首先满足基本消费需求，然后将剩余的收入按不同的比例在各种商品、劳务和储蓄之间分配。将上式两边求和重新计算可转化为线性支出模型（8.23）的形式，其中 $b_i = b'_i / \sum_{i=1}^{n} b'_i$。将模型（8.24）写出计量形式：

$$v_i = a_i + b_i y + \varepsilon_i \tag{8.25}$$

其中 $a_i = p_i y_i - b_i$，ε_i 为残差项。

目前，在消费理论的研究和分析消费者需求结构的实践中，线性支出系统和扩展线性支出系统都得到普遍的肯定。扩展线性支出系统的优点是使储蓄内生化，而且它在对截面资料进行分析时，不需要借助额外信息，可以保证原始数据的客观性和可靠性。

（2）内蒙古城镇居民2010年扩展线性支出系统（ELES）模型估计

根据ELES模型参数的估计结果，利用公式 $\sum_{i=1}^{n} p_i x_i = \sum_{i=1}^{n} a_i / (1 - \sum_{i=1}^{n} b_i)$ 计算基本消费支出。

由 $p_i y_i = a_i + b_i \sum_{i=1}^{n} a_i / (1 - \sum_{i=1}^{n} b_i)$ 计算各类商品基本消费支出。

由 $\eta = (\partial x_i / \partial y) \cdot (y / x_i) = b'_i \cdot y / v_i$ 计算各类商品的需求收入弹性。

这里采用最小二乘法估计ELES模型，并用Eviews软件进行估算和预算，数据来源于《内蒙古统计年鉴2011》，具体数据如表8－15、8－16所示。

表8－15　2010年内蒙古城镇居民家庭平均每人全年消费性支出

单位：元

行业	平均	最低收入户	低收入户	中等偏下户	中等收入户	中等偏上户	高收入户	最高收入户
可支配收入	17698.15	6518.46	9995.21	13582.40	17302.56	22622.87	29516.89	49245.77
消费性支出	13994.62	6737.41	8067.22	11003.85	13206.37	18637.03	21009.54	36136.92
食品	4211.48	2296.95	2889.59	3707.21	4205.52	5200.99	6163.61	8402.83
衣着	2203.59	949.63	1213.48	1830.50	2253.42	2967.88	3344.99	5059.15
家庭设备用品及服务	948.87	338.73	563.50	717.09	959.19	1221.04	1480.74	2649.45
医疗保健	1126.03	1059.57	658.73	752.77	924.36	1316.78	1892.31	2828.92

续表

行业	平均	最低收入户	低收入户	中等偏下户	中等收入户	中等偏上户	高收入户	最高收入户
交通通信	1768.65	520.44	666.84	1005.61	1277.88	2965.08	2467.58	7262.82
教育文化娱乐服务	1641.17	734.38	848.56	1232.16	1724.36	2260.60	2430.16	4096.31
居住	1384.45	602.50	869.14	1282.89	1201.89	1667.02	2054.80	3683.22
杂项商品与服务	710.37	235.21	357.38	475.61	659.76	1037.65	1175.34	2154.23

表 8－16　2010 年内蒙古城镇居民 ELES 参数估计值

行业	参数 a	参数 b
食品	1293.33	0.15
衣着	231.08	0.09
家庭设备用品及服务	－1.63	0.05
医疗保健	191.68	0.05
交通通信	－53.73	0.09
教育文化娱乐服务	241.48	0.08
居住	186.63	0.06
杂项商品与服务	－104.54	0.04
消费支出	1968.90	－0.04

根据表 8－16 的结果，计算边际消费倾向、边际基本消费支出及其占总消费的比例、居民收入弹性，得到表 8－17。

表 8－17　2010 年内蒙古城镇居民各类基本消费支出

行业	边际消费倾向（%）	边际基本消费支出（元）	占总消费支出的比例（%）	收入弹性（%）
食品	14.75	1464.76	41.38	1.22
衣着	8.80	578.10	13.77	2.62
家庭设备用品及服务	4.58	174.88	4.45	3.33
医疗保健	4.73	158.99	8.69	1.75
交通通信	9.01	240.79	7.41	3.64

续表

行业	边际消费倾向（%）	边际基本消费支出（元）	占总消费支出的比例（%）	收入弹性（%）
教育文化娱乐服务	8.22	539.90	12.73	1.90
居住	5.86	430.44	9.51	1.73
杂项商品与服务	4.52	50.91	2.07	4.34

以上计算结果表明，2010 年城镇居民的边际消费倾向为 0.604，即每增加 100 元收入，平均有 60 元用于增加消费，平均有 40 元用于增加储蓄。其中有 14.75 元用于增加食品支出，8.80 元用于增加衣着支出，4.58 元用于增加家庭设备用品及服务支出，4.73 元用于增加医疗保健支出，9.01 元用于增加交通通信支出，8.22 元用于增加教育文化娱乐服务支出，5.86 元用于增加居住支出，4.52 元用于增加杂项商品与服务支出。

居民基本消费需求支出的一般定义是指为了保证劳动力的正常再生产，居民对物质产品和劳务所需要基本消费量的货币支付能力。居民基本消费支出与贫困标准有着密切的联系。贫困是指基本消费需求得不到满足，但是不能反过来说居民基本消费需求没有满足就一定生活在贫困线以下。居民基本消费需求不同于贫困标准，它有较大的伸缩性，主要从社会的、平均的角度表现居民基本消费，因而是长期存在的客观现象，在任何物质文化生活水平阶段都有居民基本消费需求。但居民基本消费需求支出水平可以作为贫困标准的参考水平。2010 年内蒙古城镇居民的基本生活必需支出，即模型里的 $\sum_{i=1}^{n} p_i x_i$，为 3638.81 元，因此城镇居民的贫困线可以定为年收入 3638.813 元。平均每月支出为 303.23 元，居民平均每月最低生活费标准应略高于 303.23 元，方能满足基本生活需要。从表 8－15、表 8－17 可以看出，内蒙古城镇居民绝大部分都已达到甚至超过了该标准。

从回归结果也可以看出 2010 年内蒙古城镇居民收入每增加 1%，食品、衣着、家庭设备用品及服务、医疗保健、交通通信、教育文化娱乐服务、居住、杂项商品与服务的支出分别增加 1.22%、2.62%、3.33%、1.75%、3.64%、1.90%、1.73%、4.34%。从各类商品的收入弹性看，食品对收入的需求弹性不高，即对收入的敏感性不强，说明食品作为城镇居民家庭基本消费支出不论家庭人均收入处于何种水平都会先满足其家庭基本的食品支出。然而，衣着、家庭设备用品及服务、交通通信、杂项商品与服务对收入的需求弹性较高，即对收入的敏感性较强，说明这几类项目的支出很大程度上取决于城镇居民的人均可支配收入，随着人均可支配收入的增加而增加，随着人均可支配收入的减少而减少，因此，若想要增加居民在此类项目的消费支出就应首先保证提高居民的人均可支配收入，其中最基本的就是工资收入。

4. **对不同收入人群消费倾向的分析**

根据相关年份《内蒙古统计年鉴》，对内蒙古城镇居民家庭 2000～2010 年各收入组的人均消费支出和人均可支配收入进行整理，得到表 8－18 和表 8－19。

依据各收入组的城镇居民时间序列数据，可以估算出各收入组的边际消费倾向。按照凯恩斯的绝对收入假说，可以建立如下消费函数模型：

$$c_t = a + by_t + \varepsilon_t \tag{8.26}$$

其中 C_t表示当期消费，y_t表示当期可支配收入，待估参数 a 和 b 分别表示自发性消费和边际消费倾向。利用模型（8.26）对表 8－18 和表 8－19 中的数据进行回归分析，所得结果如表 8－20 所示。

表 8－18　按收入等级分内蒙古城镇居民家庭人均消费支出

单位：元

年份	平均	最低收入户	低收入户	中等偏下户	中等收入户	中等偏上户	高收入户	最高收入户
2000	3927.75	1836.88	2421.92	3078.37	3935.37	4593.28	5588.12	7409.72
2001	4195.62	2131.58	2714.76	3273.11	4152.02	5134.41	6043.85	7020.59
2002	4859.66	3699.34	2944.21	3838.33	4781.24	5759.05	7060.20	9578.31
2003	5419.14	2620.63	3278.41	4473.34	5232.61	6508.07	7996.89	10599.09
2004	6219.27	2716.49	3795.13	4796.51	6055.92	7849.27	9698.49	12890.53
2005	6928.60	2902.68	4294.48	5556.29	6817.26	8756.83	10541.91	15654.47
2006	7667.00	3542.00	5830.00	7977.00	10444.00	13784.00	17417.00	24675.00
2007	9281.00	4636.00	6408.00	7120.00	9388.00	11552.00	14233.00	20530.00
2008	10829.00	4781.00	6178.00	8045.00	9911.00	13922.00	17667.00	26069.00
2009	12369.87	5424.48	7274.16	9203.55	11727.32	15933.28	19795.25	34096.03
2010	13994.62	6737.41	8067.22	11003.85	13206.31	18637.03	21009.54	36136.92

表 8－19　按收入等级分内蒙古城镇居民家庭人均可支配收入

单位：元

年份	平均	最低收入户	低收入户	中等偏下户	中等收入户	中等偏上户	高收入户	最高收入户
2000	5129.05	1978.19	2751.10	3762.56	4867.83	6148.91	7656.70	11156.73
2001	5535.86	2169.50	3154.28	4126.75	5352.84	6664.49	8174.02	11410.20
2002	6051.04	2978.21	4157.81	4624.34	5718.22	7399.10	9685.66	16627.24
2003	7012.90	1859.74	3429.57	4863.54	6532.86	8542.11	11223.00	19206.21
2004	8123.08	2464.28	4220.90	5826.52	7977.75	10379.04	13284.89	19793.20
2005	9136.79	3012.95	4907.47	6793.79	9107.25	11961.76	15424.92	22281.88
2006	10358.00	3740.00	6119.00	8296.00	10851.00	14478.00	18141.00	25684.00
2007	12378.00	4861.00	7206.00	9475.00	12507.00	16187.00	19656.00	28846.00
2008	14433.00	4554.00	7405.00	10247.00	13715.00	18197.00	23804.00	40205.00
2009	15849.19	5579.71	8783.64	11896.22	15802.88	20559.97	26481.05	43595.27
2010	17698.15	6518.46	9995.21	13582.39	17302.56	22622.87	29516.89	49245.77

表 8－20　不同收入人群消费倾向的回归检验结果

变量	平均	最低收入户	低收入户	中等偏下户	中等收入户	中等偏上户	高收入户	最高收入户
b	0.80	0.92	0.78	0.75	0.73	0.73	0.74	0.70
t (b)	14.31	8.82	10.07	12.51	12.78	19.53	13.82	9.83
r^2	0.99	0.95	0.97	0.96	0.95	0.97	0.94	0.93
F	1123.59	69.41	103.81	66.27	63.04	98.29	58.34	46.15

从表 8－20 来看，内蒙古城镇居民最低收入组的边际消费倾向最高，随着收入的提高，边际消费倾向逐渐降低，最高收入组的边际消费倾向最低，符合凯恩斯绝对收入假说边际消费倾向递减的规律，所以在保持收入均值不变的情况下，提高低收入阶层和中等收入阶层的收入，缩小收入差距，将有助于扩大内蒙古城镇居民的总体消费需求。

（二）工资调整指数对收入分配的影响分析

1. 工资调整指数对收入分配公平问题的影响

工资调整指数对收入分配公平问题的影响，主要是对工资性收入差距的影响。

表8－21、图8－2显示的是2000～2010年七类行业的工资水平，可以看到，2004年之后，内蒙古行业工资差距开始扩大，农、林、牧、渔业工资增长缓慢，与其他行业差距较大。

表8－21　调整之前的七类行业平均工资

单位：元

年份	建筑业	交通运输、仓储和邮政业	批发和零售业	金融业	房地产业	居民服务和其他服务业	农、林、牧、渔业
2000	6022	10239	4824	9519	8012	6126	4729
2001	6313	11264	5328	10938	9245	7077	5289
2002	7201	12932	6272	12741	9955	8047	6211
2003	8297	13604	7867	14060	10858	7257	6832
2004	9677	15917	9609	17228	12438	8347	7677
2005	11574	19124	11596	20812	13397	10239	8588
2006	13311	22688	13616	24889	15197	21612	10151
2007	15452	26330	15027	30214	18075	22933	11580
2008	17730	31320	18563	37404	20651	27970	13192
2009	23288	34606	21658	43496	23455	31047	15027
2010	24935	40516	24562	48340	26517	41137	18305

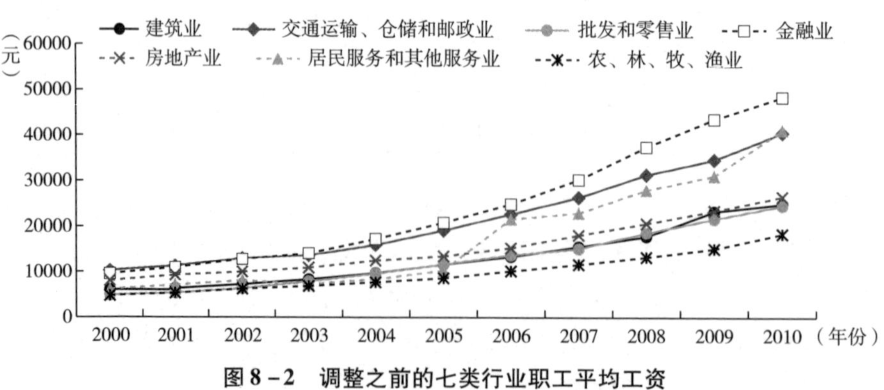

图8－2　调整之前的七类行业职工平均工资

如果按照上文确定各行业的工资调整指数方案来增长工资，七大行业中工资水平较低的农、林、牧、渔业，批发和零售业，房地产业，建筑业采用高标准方案调整工资，其他行业采用基准方案调整工资，那么调整后的各行业平均工资如表8－22所示。可以看到，调整后的工资差距明显减小。

表 8－22　调整前后行业工资差距比较

行业	2010 年		2011 年	
	平均工资（元）	工资差距	平均工资（元）	工资差距
建筑业	24935	1.36	31949	1.37
交通运输、仓储和邮政业	40516	2.21	46269	1.98
批发和零售业	24562	1.34	29231	1.25
金融业	48340	2.64	55354	2.37
房地产业	26517	1.45	31465	1.35
居民服务和其他服务业	41137	2.25	48402	2.08
农、林、牧、渔业	18305	1.00	23322	1.00

注：工资差距为各行业平均工资与农、林、牧、渔业平均工资的比值。

2. 工资调整指数对收入分配效率问题的影响

收入分配是否有效率的评价标准有四条：是否能够尽快顺利实施，是否能够促进国民经济的增长，是否有利于资源的有效配置，是否注重效率的同时还具有人道主义。指数化工资调整方案具有公式化、透明化的优点，所以一旦得到劳资双方集体谈判的认可，实施起来简单方便，满足第一条的评价标准。工资调整指数对消费有影响，在上一部分已经进行了单独讨论，这里不再重叙。工资调整指数模型加入了劳动生产率和经济增长率这两个指标，既注重了效率原则，也考虑了公平原则，所以满足第四条的评价标准。以下重点针对第三条评价标准来分析工资调整指数对于收入分配效率的影响。

内蒙古目前资源配置的无效率主要表现在以下几个方面：政府直接配置资源或者控制资源配置，垄断性行业的存在，体制内劳动力市场和体制外劳动力市场的分割，劳动力市场信息不完全，等等。

（1）政府直接配置资源或者控制资源配置

政府直接配置资源指政府将部分财政收入直接用于投资。政府控制资源配置指政府通过税收优惠类的财政政策和干预金融市场等手段影响市场机制配置资源。在市场机制作用下，有效率的资源配置遵循要素收入等于要素的边际生产力原则，劳动力会从资本缺乏、收入低的地区迁移到资本密集、收入高的地区，资本密集地区的资本会转移到资本稀缺的地区，最终市场机制会使地区间的资本和劳动力比率达到平衡，地区间人均收入趋同。

对于大规模投资导致工资水平上升的原因，可以用经济模型简单证明，假设生产函数是柯布－道格拉斯式的：

$$Y = AL^{\alpha}K^{1-\alpha} \tag{8.27}$$

工资为：

$$w = \frac{\partial Y}{\partial L} = A(1-\alpha)(\frac{K}{L})^{\alpha} \tag{8.28}$$

假设 $k = K/L$，k 是人均资本量，则

$$w = \frac{\partial Y}{\partial L} = A(1-\alpha)k^{\alpha} \tag{8.29}$$

工资水平与人均资本量成正比，即工资增长的速度随人均资本存量增长的速度的变化而变化，而工资调整指数模型中把工资的增长率定为 $\alpha_1 lab + \alpha_2 g + \pi$，工资的增长由劳动生产率和经济的增长率来确定，政府投资而导致的人均资本的增加并不能完全决定工资的增长速度，对由于政府无效投资而导致的地区间工资差距的现实具有调节差距的作用，同时也有利于投资资金的流动，从而优化资源配置，平衡地区经济发展。

（2）垄断行业与体制内劳动力市场

从福利经济学的角度分析，垄断带来资源配置失效的同时又损害了社会福利，垄断行业凭借其垄断地位，通过实施限制竞争、分割市场、制定垄断价格、乱收费等垄断行为，获得非完全竞争的高额垄断利润，为行业内员工侵占其他要素所有者利益、分享超额利润提供了前提条件。通过收入分配手段将垄断利润转化为职工个人收入，从而形成垄断行业的高收入现象。

体制内劳动力市场是指计划经济体制下形成的机关事业单位和国有企业用工市场。体制内劳动力市场具有封闭性特征。其封闭性是指决定进入和退出这个劳动力市场的条件，不仅仅是劳动生产效率标准，其他因素（如户籍、社会关系、政治等因素）也很重要。该市场与体制外劳动力市场是分割的。如果劳动力市场不是分割的，则体制外劳动力市场劳动力的进入威胁会自然降低体制内劳动力市场员工的工资水平。体制内劳动力市场的特征使员工能长期获得高工资待遇并保持低的劳动生产效率。

如果垄断行业和大型国企按照本行业的既定工资调整指数方案来增长工资，机关事业单位的工资增长也遵循社会平均的工资调整指数方案，那么将会减弱垄断行业和体制内劳动力市场的优势地位，促进劳动生产率的提高，缩小行业工资收入差距。

（3）劳动力市场信息的不完全性

劳动力市场信息的不完全性包括劳动力供求信息的不完全性和劳动合同信息的不完全性。劳动合同签订的工资水平及工资的增长是决定劳动者预期收入

的主要因素，劳动的供给成本和预期收入又决定了劳动力市场的劳动供给。对预期工资收入的过高估计，会使劳动供给增加，造成劳动力过剩；对预期工资收入的过低估计，又会造成劳动供给的短缺。因此，劳资双方对于工资调整指数方案的认可，可以增强劳动合同信息的完全性，提高劳动者对预期收入的确定性，进而增强了劳动力供求信息的完全性。

四　采矿业和制造业行业工资指导线测算方法及预测优化分析

行业工资指导线是政府依据行业发展状况、行业劳动力供求关系、企业成本利润等经济指标，结合国家工资调控意图发布的行业工资增长的指导性意见。与地方工资指导线相比，行业工资指导线更多考虑了行业发展和特征，加载了国家对于行业工资差距的调控意见，更有针对性。近年来，随着内蒙古自治区经济社会发展，自治区政府调控行业工资收入分配职能逐步加强，行业工资指导线在实现企业职工工资正常增长、缩小行业间工资收入差距、改善行业工资收入分配格局方面的作用日益明显。过去的行业工资指导线更多侧重企业职工增资功能，较少考虑企业竞争力和人工成本承受力，为此，在人工成本管控框架下，以内蒙古自治区的采矿业和制造业为例，建立以人工成本为约束条件，综合考虑职工增资与企业成本承受力的新型行业工资指导线测算机制。

（一）内蒙古自治区采矿业和制造业工资指导线发布情况

“十二五”以来，内蒙古自治区采矿业和制造业行业工资指导线基准线、预警线和下线逐年下调，且水平由过去高于全行业水平逐渐变为低于全行业水平，尤其是两个行业的预警线下降幅度较大，体现了这两个行业在近年来的市场变动趋势，从三条线的倍数关系看，差距逐年缩小，反映了行业内部不同类型企业增资节奏呈现趋同趋势（见表8－23）。

表8－23　2012～2017年内蒙古自治区采矿业和制造业工资指导线变化情况

单位:%

年份	采矿业			制造业			全行业		
	基准线	预警线	下线	基准线	预警线	下线	基准线	预警线	下线
2012	16	18	4	13	18	4	14	18	4
2013	10	12	3.5	10	16	3.5	12	17	3.5
2014	9	12	3.5	10	15	3.5	11	16	3.5

续表

年份	采矿业			制造业			全行业		
	基准线	预警线	下线	基准线	预警线	下线	基准线	预警线	下线
2015	7	10	3	7	10	3	10.1	14.5	3
2016	2	4	3	7.5	9	3	8.5	13.5	3
2017	4	8	2	6.5	8	2	8	12	2

数据来源：根据内蒙古自治区人力资源和社会保障厅历年数据整理。

2017 年 4 月底，内蒙古自治区发布《关于发布内蒙古自治区 2017 年企业工资指导线和部分行业工资指导线的通知》。该通知提出，2017 年内蒙古自治区企业货币工资增长的基准线为 8.0%，企业货币工资增长的预警线为 12.0%，企业货币工资增长下线为 2.0%。其中，采矿业基准线为 4.0%，预警线为 8.0%，下线为 2.0%。制造业基准线为 6.5%，预警线为 8.0%，下线为 2.0%。采矿业和制造业行业基准线分别比全区低 4% 和 1.5%，预警线低 4%，下线与区平均水平持平。

结合 2017 年内蒙古自治区经济发展形势，企业应根据工资指导线，在生产发展、效益提高的情况下，合理确定本企业工资增长率。其中，经济效益增长较快、工资支付能力较强的企业，应在货币工资指导线的基准线和预警线区间内安排货币工资增长；对利税增长连续两年持平并能正常支付职工工资的企业，可在货币工资指导线的下线和基准线之间安排货币工资增长；企业生产经营严重困难、经济效益明显下降，在必要的民主程序后可零增长或适当负增长。职工在法定规定工作时间内提供正常劳动，企业支付给职工的货币工资不得低于当地最低工资标准。

（二）采矿业和制造业行业工资指导线测算方法

行业工资指导线的测算不同于地区工资指导线，地区工资指导线主要依据地区经济社会发展指标，而行业工资指导线主要依据行业经营指标。行业工资指导线测算有多种方法，常见的有分段函数法、回归法和趋势递推法等，上述方法各有优劣，选择何种测算方法取决于测算目的和数据基础。这里使用回归法，主要有以下三点原因：一是数据的可得性和数据质量的可靠性，通过内蒙古自治区统计局发布的历年统计年鉴可得到采矿业和制造业的大部分经营数据；二是回归法有利于各行业根据规划指标测算规划目标完成条件，由于规划指标一般是预测值，因此可直接用于行业工资指导线的预测；三是回归法技术较为成熟，方法已经得到广泛应用，便于有关部门掌握。

测算行业工资指导线，一方面要考虑工资增长的自身规律，另一方面还要兼顾企业人工成本变化规律，本报告测算的目的也是在人工成本变动框架下研究行业工资增长变化，原因是工资增长不能脱离企业人工成本变动的实际情况。企业支付的人工费用是全部劳动成本，工资只是全部劳动成本的一个部分，企业经常会出现工资有支付能力而人工成本超支付能力的现象，如果只对工资变动实施监测，忽略人工成本变动，就是不全面的，因此必须要对人工成本实施监测。工资是人工成本的重要组成部分，大多数企业的工资总额占人工成本总额的65%～70%，工资总量的增加，势必带来人工成本其他项目总量的增加，使人工成本在工资总额增长基础上上涨，所以，一定要以人工成本变动幅度控制工资和其他人工成本项目的变动幅度，使人工成本宏观监测成为约束工资增长的有效调控手段。

基于以上前提，我们同时监测行业人工成本和行业工资两个指标的变化，测算的逻辑为：通过基期人工成本变动预测次年人工成本变动，由人工成本预期变动限定工资政策调整思路，根据工资政策调整思路限定行业工资指导线预期增长幅度，检验行业工资指导线预期增长幅度是否使人工成本仍然处在预期变动范围内。

基于以上逻辑，测算的主要步骤为：

（1）选定行业经营指标，根据人工成本、工资及经营指标的经济关系，选定自变量。

（2）收集数据，主要包括行业人工成本、工资总额、平均工资、固定资产投资、行业总产值（或增加值）、主营业务收入、主营业务成本、利润总额、净利润等数据。

（3）建立回归模型，分别建立以人工成本或其增速、平均工资或其增速为因变量，若干经营指标为自变量的回归方程。使用STATA13.0得到各自变量回归系数。

（4）根据行业发展规划值或历年行业经营数据预测未来行业关联指标值。

（5）测算目标年份人工成本水平值与增速值。

（6）测算目标年行业工资指导线预期增长幅度。行业工资指导线范围由两方面因素确定，一是行业平均工资回归预测值作为上限（下限），二是人工成本倒推工资总额，进而确定行业平均工资预测值作为下限（上限）。

需要说明的是，由于模型是基于行业总体数据，因此，在预测行业工资指导线时只能得到行业的基准值或预警值。在具体操作过程中，可以基于行业回归模型，结合不同规模、不同盈利能力以及不同所有制类型的企业，分类型测算行业工资指导线，从而获得行业工资指导线的上线（预警线）、中线（基准线）和下线。

（三）采矿业和制造业行业工资指导线回归模型

1. 采矿业人工成本和平均工资回归模型

首先，建立采矿业人工成本总额回归模型，设定采矿业人工成本总额为因变量，用 RGCBZE1 表示。自变量分别为：固定资产投资额、行业总产值、行业城镇就业人数、利润总额和主营业务收入，分别用 GDZCZE、HYZCZ、JYRS、LRZE 和 ZYYWSR 表示。回归方程表示为：

$$RGCBZE1 = C + aGDZCZE + bHYZCZ + cJYRS + dLRZE + eZYYWSR + u$$

根据第七章表 7－1 和表 7－3，得到 2006～2015 年采矿业人工成本总额和经营数据（见表 8－24）。

表 8－24　2006～2015 年采矿业人工成本总额和经营数据

年份	人工成本总额（万元）	固定资产投资额（万元）	规模以上企业工业总产值（万元）	规模以上企业年末职工（万人）	规模以上企业利润总额（万元）	规模以上企业主营业务收入（万元）
2006	570119	4264066	7789455	22.47	1578082	8026875
2007	732771	5942058	11709021	23.21	2472532	11941075
2008	861763	9483073	19651885	28.36	4731828	20192792
2009	1028714	9959114	24571977	30.66	5124684	24782096
2010	1205562	10119710	34875234	35.66	7747772	35866251
2011	1606649	10099436	49692544	36.02	10454833	50795244
2012	1952741	12565076	57034329	38.48	10969339	59121523
2013	2254137	16246352	59584420	36.63	9398022	59779755
2014	2133355	10000338	56133392	32.68	7042274	55558684
2015	1885187	10087628	51854559	30.59	4958704	50928220

由 STATA13.0 得到以下回归结果（见表 8－25）。

表 8－25　采矿业人工成本总额回归模型回归结果（之一）

因变量	RGCBZE1					
自变量	回归系数	标准误	*t* 值	*P* 值	95%置信区间	
GDZCZE	0.0367	0.0180	2.04	0.111	－0.0134	0.0868
HYZCZ	0.0187	0.0773	0.24	0.820	－0.1959	0.2334
JYRS	－35150.31	24116.85	－1.46	0.219	－102109.4	31808.8
LRZE	－0.0156	0.0530	－0.29	0.783	－0.1629	0.1317
ZYYWSR	0.0171	0.0814	0.21	0.844	－0.2089	0.2432
截距项	922481	472161.4	1.95	0.122	－388449.1	2233411
样本量			10			
F 值			0.0003			
R^2			0.9918			
调整后的 R^2			0.9816			

从表 8－25 可见，虽然模型调整后的 R^2 达到 0.9816 且通过 F 检验，但自变量难以通过 t 检验，不能达到预期的显著性水平。根据回归模拟，调整自变量得到回归方程如下：

$$RGCBZE1 = C + aGDZCZE + bHYZCZ + dLRZE + u$$

STATA13.0 显示模型回归结果如表 8－26 所示。

表 8－26　采矿业人工成本总额回归模型回归结果（之二）

因变量	RGCBZE1					
自变量	回归系数	标准误	*t* 值	*P* 值	95%置信区间	
GDZCZE	0.0247	0.0162	1.52	0.718	－0.0150	0.0644
HYZCZ	0.0343	0.0028	12.06	0.000	0.0274	0.0413
LRZE	－0.0539	0.0172	－3.13	0.020	－0.0961	－0.0117
截距项	246410.6	95501.27	2.58	0.042	12727.41	480093.8
样本量			10			
F 值			0.0000			
R^2			0.9873			
调整后的 R^2			0.9809			

该模型通过 t 检验，且 GDZCZE、HYZCZ 和 LRZE 三个自变量分别在 0.01、0.05 和 0.05 的置信水平上显著，因此得到采矿业人工成本总额的回归

模型如下：

$$RGCBZE1 = 246410.6 + 0.025GDZCZE + 0.034HYZCZ - 0.054LRZE$$

其次，建立采矿业平均工资回归模型，设定因变量为采矿业行业平均工资，用 HYPJGZ1 表示，自变量分别为人均固定资产投资、劳动生产率、人均利润、人均营业收入和人均行业成本，分别用 RJGDZC、LDSCL、RJLR、RJYYSR 和 RJHYCB 表示，建立回归模型如下：

$$HYPJGZ1 = C + aRJGDZC + bLDSCL + cRJLR + dRJYYSR + eRJHYCB + u$$

根据第七章表 7－1 和表 7－3 可以得到内蒙古自治区采矿业 2006～2015 年平均工资和人均经营数据（见表 8－27）。

表 8－27　2006～2015 年采矿业平均工资和人均经营数据

年份	在岗职工平均工资（元）	人均固定资产投资（万元）	人均产值（万元）	人均利润（万元）	人均营业收入（万元）	人均营业成本（万元）
2006	21577	18.98	34.67	7.02	35.72	21.21
2007	27334	25.60	50.45	10.65	51.45	30.52
2008	32246	33.44	69.29	16.68	71.20	42.18
2009	37291	32.48	80.14	16.71	80.83	51.60
2010	42364	28.38	97.80	21.73	100.58	63.65
2011	5178	28.04	137.96	29.03	141.02	93.43
2012	59874	32.65	148.22	28.51	153.64	106.86
2013	70301	44.35	162.67	25.66	163.20	116.94
2014	69061	30.60	171.77	21.55	170.01	127.76
2015	69216	32.98	169.51	16.21	166.49	129.32

由 STATA13.0 可以得到以下回归结果（见表 8－28）。

表 8－28　采矿业平均工资回归模型回归结果（之一）

因变量	HYPJGZ1					
自变量	回归系数	标准误	t 值	P 值	95% 置信区间	
RJGDZC	0.0376	0.0123	3.06	0.038	0.0035	0.0716
LDSCL	0.0024	0.0734	0.03	0.976	−0.2015	0.2063
RJLR	0.0218	0.1498	0.15	0.891	−0.3941	0.4377

续表

因变量	HYPJGZ1					
自变量	回归系数	标准误	t 值	P 值	95% 置信区间	
RJYYSR	-0.0277	0.1745	-0.16	0.882	-0.5121	0.4567
RJYYCB	0.0694	0.1258	0.55	0.610	-0.2797	0.4186
截距项	0.6685	0.6105	1.09	0.335	-1.0265	2.3634
样本量			10			
F 值			0.0001			
R^2			0.9962			
调整后的 R^2			0.9914			

表 8-28 中，回归结果显示自变量难以达到预期的显著性水平，通过模拟调整模型如下：

$$HYPJGZ1 = C + aRJGDZC + bLDSCL + dRJLR + u$$

从表 8-29 可见，方程调整后的 R^2 为 0.9922，表明方程通过检验，自变量均通过 t 检验，且分别在 0.05、0.01 和 0.05 的水平上显著。

表 8-29　采矿业平均工资回归模型回归结果（之二）

因变量	HYPJGZ1					
自变量	回归系数	标准误	t 值	P 值	95% 置信区间	
RJGDZC	0.0323	0.0109	2.97	0.025	0.0057	0.0589
LDSCL	0.0360	0.0017	21.72	0.000	0.0320	0.0401
RJLR	-0.0319	0.0112	-2.86	0.029	-0.0593	-0.0046
截距项	0.3922	0.2692	1.46	0.195	-0.2666	1.0509
样本量			10			
F 值			0.0000			
R^2			0.9948			
调整后的 R^2			0.9922			

因此，得到回归方程如下：

$$HYPJGZ1 = 0.392 + 0.032RJGDZC + 0.036LDSCL - 0.032RJLR$$

2. 制造业人工成本和平均工资回归模型

首先，建立制造业人工成本总额回归模型，将制造业人工成本总额作为因变量，用 RGCBZE2 表示。自变量分别为：固定资产投资额、行业总产值、行业城镇就业人数、利润总额、主营业务收入和行业总成本，分别用 GDZCZE、HYZCZ、JYRS、LRZE、ZYYWSR 和 HYZCB 表示。回归方程表示为：

RGCBZE2 = C + aGDZCZE + bHYZCZ + cJYRS + dLRZE + eZYYWSR + fHYZCB + u

根据第七章表 7 - 2 和表 7 - 4 得到 2006 ~ 2015 年内蒙古自治区制造业人工成本总额和经营数据（见表 8 - 30）。

表 8 - 30　2006 ~ 2015 年制造业人工成本总额和经营数据

年份	人工成本总额（万元）	固定资产投资额（万元）	规模以上企业工业总产值（万元）	规模以上企业年末职工（万人）	规模以上企业利润总额（万元）	规模以上企业主营业务收入（万元）	规模以上企业主营业务成本（万元）
2006	1027250	7971585	27559095	59.35	1328040	26627610	22329922
2007	1236331	9402423	38031484	60.97	2894330	37776061	29929390
2008	1354709	11755038	55229499	66.17	2568205	53651217	45139691
2009	1484183	16263966	69127498	68.41	3182498	67231318	57443001
2010	1727420	19262472	82246715	76.7	6682242	82002969	68321485
2011	2240297	28500930	102982347	74.99	7406113	100207606	83544338
2012	2710859	40163236	106385535	77.98	6053433	102402677	85709687
2013	3280491	46958931	120749660	76.83	7186548	118731752	99392794
2014	3431293	31633441	119979486	77.64	4623272	117162217	99620930
2015	3609615	37098062	116406692	71.49	3478309	111087370	94098188

由 STATA13.0 得到以下回归结果（见表 8 - 31）。

表 8 - 31　制造业人工成本总额回归模型回归结果（之一）

因变量	RGCBZE2					
自变量	回归系数	标准误	*t* 值	*P* 值	95% 置信区间	
GDZCZE	0.0172	0.0151	1.14	0.337	-0.0309	0.0654
HYZCZ	-0.0647	0.0783	-0.83	0.469	-0.3137	0.1844
JYRS	-11376.15	38713.48	-0.29	0.788	-134579.7	111827.4
LRZE	-0.3129	0.1149	-2.72	0.072	-0.6787	0.0528
ZYYWSR	0.3184	0.1548	2.06	0.132	-0.1743	0.8110

续表

因变量	RGCBZE2					
自变量	回归系数	标准误	*t* 值	*P* 值	95% 置信区间	
ZYYWCB	-0.2521	0.1524	-1.65	0.197	-0.7370	0.2328
截距项	709921.5	2154151	0.33	0.763	-6145548	7565391
样本量			10			
F 值			0.0066			
R^2			0.9867			
调整后的 R^2			0.9600			

从表 8-31 可见，由回归结果得到方程调整后的 R^2 为 0.96，虽然方程通过检验，但自变量未通过 t 检验，调整自变量得到回归方程如下：

$$RGCBZE2 = C + aGDZCZE + bHYZCZ + dLRZE + u$$

运用 STATA13.0，得到以下回归结果（见表 8-32）。

表 8-32　制造业人工成本总额回归模型回归结果（之二）

因变量	RGCBZE2					
自变量	回归系数	标准误	*t* 值	*P* 值	95% 置信区间	
GDZCZE	0.0262	0.0153	1.71	0.138	-0.0112	0.0637
HYZCZ	0.0245	0.0064	-3.85	0.008	0.0090	0.0401
LRZE	-0.1758	0.0518	-3.40	0.015	-0.3024	-0.0492
截距项	299973.1	228034.1	1.32	0.236	-258006.1	857952.3
样本量			10			
F 值			0.0001			
R^2			0.9623			
调整后的 R^2			0.9435			

根据结果，调整后的 R^2 为 0.9435，自变量通过 t 检验，因此得到调整后的回归模型为：

$$RGCBZE2 = 299973.1 + 0.026GDZCZE + 0.025HYZCZ - 0.176LRZE$$

其次，建立制造业平均工资回归模型，设定因变量为制造业行业平均工资，用 HYPJGZ2 表示，自变量分别为人均固定资产投资、劳动生产率、人均利润、人均营业收入和人均行业成本，分别用 RJGDZC、LDSCL、RJLR、RJYYSR 和 RJHYCB 表示，建立回归模型如下：

$$HYPJGZ2 = C + aRJGDZC + bLDSCL + cRJLR + dRJYYSR + eRJHYCB + u$$

根据第七章表 7－2 和表 7－4 得到 2006～2015 年内蒙古自治区制造业平均工资和经营数据（见表 8－33）。

表 8－33　2006～2015 年制造业平均工资和人均经营数据

年份	在岗职工平均工资（元）	人均固定资产投资（万元）	人均产值（万元）	人均利润（万元）	人均营业收入（万元）	人均营业成本（万元）
2006	15683	13.43	46.43	2.24	44.87	37.62
2007	19148	15.42	62.38	4.75	61.96	49.09
2008	22423	17.76	83.47	3.88	81.08	68.22
2009	25650	23.77	101.05	4.65	98.28	83.97
2010	30100	25.11	107.23	8.71	106.91	89.08
2011	36420	38.00	137.33	9.88	133.63	111.41
2012	41708	51.50	136.43	7.76	131.32	109.91
2013	45572	61.12	157.16	9.35	154.54	129.37
2014	48816	40.74	154.53	5.95	150.90	128.31
2015	50937	51.89	162.83	4.87	155.39	131.62

由 STATA13.0 得到以下回归结果（见表 8－34）。

表 8－34　制造业平均工资回归模型回归结果（之一）

因变量	HYPJGZ2					
自变量	回归系数	标准误	t 值	P 值	95% 置信区间	
RJGDZC	0.0106	0.0151	0.70	0.524	－0.0315	0.0526
LDSCL	－0.0134	0.0813	－0.16	0.877	－0.2392	0.2124
RJLR	－0.1482	0.0797	－1.86	0.136	－0.3695	0.0730
RJYYSR	0.1425	0.1313	1.09	0.339	－0.2221	0.5071
RJYYCB	－0.1115	0.1132	－0.99	0.380	－0.4258	0.2028
截距项	－0.0164	0.3566	－0.05	0.966	－1.0065	0.9738
样本量			10			
F 值			0.0017			
R^2			0.9802			
调整后的 R^2			0.9554			

从表 8－34 可见，由回归结果得到方程调整后的 R^2 为 0.9554，表明方程通过检验，但各自变量均未通过 t 检验，通过多次模拟得到调整后回归方程如下：

$$HYPJGZ2 = C + aRJGDZC + bLDSCL + dRJLR + u$$

运用 STATA13.0，得到以下回归结果（见表 8 －35）。

表 8 －35　制造业平均工资回归模型回归结果（之二）

因变量	HYPJGZ2					
自变量	回归系数	标准误	*t* 值	*P* 值	95% 置信区间	
RJGDZC	0.0138	0.0126	1.10	0.314	－0.0170	0.0446
LDSCL	0.0282	0.0053	5.30	0.002	0.0152	0.0412
RJLR	－0.0782	0.0423	－1.85	0.114	－0.1817	0.0252
截距项	0.1449	0.2908	0.50	0.636	－0.5667	0.8564
样本量			10			
F 值			0.0000			
R^2			0.9740			
调整后的 R^2			0.9611			

回归结果显示调整后的 R^2 为 0.9611，自变量通过 t 检验，得到方程：

$$HYPJGZ2 = 0.145 + 0.014RJGDZC + 0.028LDSCL - 0.078RJLR$$

（四）采矿业和制造业工资指导线测算结果

1. 2018 年采矿业行业工资指导线测算结果

基于内蒙古自治区统计局 2006 年以来的统计数据，根据年均增长率，得到 2016 ~2018 年采矿业的固定资产投资额分别为 101.1 亿万元、101.3 亿元和 101.5 亿元，行业总产值分别为 5872 亿元、6651 亿万元和 7532 亿元，利润总额分别为 411 亿万元、341 亿元和 283 亿万元。

根据以上三年采矿业经营预测值，代入人工成本工资总额回归方程，得到 2017 年和 2018 年人工成本总额约为 259.6 亿元和 293.03 亿万元。结合工资总额占人工成本的经验比例，得到采矿业 2017 ~2018 年工资总额约为 168.73 亿元和 190.47 亿元，再按十年年均增速得到 2017 ~2018 年预测行业规模以上单位人数 17.7 万人和 17.8 万人，得到 2018 年采矿业行业平均工资为 10.7 万元，比 2017 年平均工资（约 9.5 万元）增长 12.63%。

基于内蒙古自治区统计局 2006 年以来的统计数据，根据年均增长率，得到 2016 ~2018 年的相关数据预测值分别为：人均固定资产投资为 33.06 万元、33.14 万元和 33.23 万元，人均行业总产值为 192.06 万元、217.59 万元和 246.53 万元，人均利润为 14 万元、12.1 万元和 10.5 万元。基于回归模型，得到2017年和2018年采矿业平均工资水平分别为8.9万元和10.1万元，进而得到2018年平均工资增速为13.48%。

结合两个回归方程的测算结果，估算2018年采矿业行业工资指导线预警值为12.3%～12.5%（内蒙古自治区2018年发布的采矿业行业工资指导线预警线为8.0%）。

2. 2018 **年制造业行业工资指导线测算结果**

基于内蒙古自治区统计局2006年以来的统计数据，根据年均增长率，得到2016～2018年制造业的固定资产投资额分别为4256亿元、4883亿元和5603亿元，行业总产值分别为12696亿元、13849亿元和15105亿元，利润总额分别为287亿元、238亿元和197亿元。根据以上三年制造业经营预测值，代入人工成本工资总额回归方程，得到2017年和2018年人工成本总额约为455亿元和512亿元。结合工资总额占人工成本的经验比例，得到制造业2017～2018年工资总额约为296亿元和333亿元，再由两年的预测行业人数48.9万人和50.6万人，得到2018年制造业行业平均工资为6.58万元，比2017年平均工资（约6.05万元）提高8.76%。

基于内蒙古自治区统计局2006年以来的统计数据，根据年均增长率，得到2016～2018年人均固定资产投资为59万元、67万元和76万元，人均行业总产值为176万元、190万元和206万元，人均利润为4.07万元、3.41万元和2.86万元。基于回归模型得到2017年和2018年制造业平均工资水平分别为6.18万元和6.8万元，进而得到2018年平均工资增速为10.03%。

结合两个回归方程的测算结果，估算2018年制造业行业工资指导线预警线范围为8.75%～9.98%（内蒙古自治区2018年发布的制造业行业工资指导线预警线为8.0%）。

第九章　国有企业职业经理人薪酬制度改革政策设计

职业经理人起源于企业所有权与经营权两权分离。比较公认的说法是，职业经理人的概念 1841 年起源于美国。① 20 世纪 60 年代以来，美国等发达国家中大多数企业都聘请职业经理人作为经营管理者，职业经理人阶层成为市场经济体制中具有举足轻重作用的精英阶层。

一　国有企业职业经理人制度建设情况回顾

（一）当前我国国有企业职业经理人的政策框架

我国对国有企业职业经理人的政策界定，最早来自《中共中央关于全面深化改革若干重大问题的决定》。该决定明确提出"建立职业经理人制度，更好发挥企业家作用"。这是党中央首次从顶层政策设计层面明确提出建立职业经理人制度。

2014 年 11 月 5 日，中共中央、国务院印发《关于深化中央管理企业负责人薪酬制度改革的意见》，明确提出"中央企业市场化选聘的职业经理人实行市场化薪酬分配机制"。2015 年 8 月 24 日，中共中央、国务院印发《关于深化国有企业改革的指导意见》，就职业经理人的激励约束机制进一步明确提出，"推行职业经理人制度，实行内部培养和外部引进相结合，畅通现有经营管理者与职业经理人身份转换通道，董事会按市场化方式选聘和管理职业经理人，合理增加市场化选聘比例，加快建立退出机制"，"对市场化选聘的职业经理人实行市场化薪酬分配机制，可以采取多种方式探索完善中长期激励机制"。2015 年，内蒙古自治区党委、自治区人民政府印发《关于深化自治区直属国有企业负责人薪酬制度改革的意见》，对自治区国有企业负责人薪酬分配

① 1841 年，美国马萨诸塞州州议会以发生重大铁路事故为契机，推动对该州铁路企业管理制度进行重大改革，要求选择具有经营管理才能的人来代替无能的铁路企业所有者（股东）担任企业管理者，世界上第一个所谓职业经理人就这样产生了。

作出明确规定，要求制定与企业负责人选任方式相匹配、与企业功能性质相适应的差异化薪酬分配办法，严格规范国有企业负责人薪酬分配，市场化选聘的职业经理人实行市场化薪酬分配机制。

2015 年以后，随着《关于深化国有企业改革的指导意见》等系列政策文件相继出台，国有企业职业经理人制度实施方向逐步清晰。2016 年，国务院国资委将“推行职业经理人制度”作为国企改革十项试点任务之一。2018 年，国务院国有企业改革领导小组办公室印发《国企改革“双百行动”工作方案》，“双百行动”成为新时代国有企业改革的重要范式，其中国有企业职业经理人制度建设作为健全国有企业法人治理结构、完善市场化经营机制的重要组成部分，成为各级国资监管部门关注的国有企业改革焦点，成为落实国有企业董事会职权、实现以“管资本”为主的国资监管职能转变的重要抓手。2018 年 10 月，全国国有企业改革座谈会议明确提出要突出抓好市场化经营机制，推行经理层任期制和契约化管理，按照“市场化选聘、契约化管理、差异化薪酬、市场化退出”原则，建立职业经理人制度。

（二）国有企业职业经理人的四个基本特征

1. 契约化管理

在企业所有权和经营权相分离的情况下，企业法人治理结构本质上要求企业董事会、职业经理人、监事会之间权责边界清晰、权力制衡机制完善，为此，就需要企业董事会通过市场化选聘与职业经理人团队签订雇佣契约，职业经理人团队因此以市场化聘任制、任期制、优胜劣汰等为基本特征。与国有企业组织任命企业负责人相区别，职业经理人首要特征是按照市场化方式选聘、契约化管理。

2. 市场化薪酬水平

市场选聘的职业经理人的薪酬水平相对较高，通常高于相同级别甚至更高级别组织任命的国有企业负责人。较高的薪酬水平既是吸引职业经理人的根本要求，对职业经理人的薪酬激励强度较大、激励更为充分，但国有企业付出的人工成本也较大。

3. 专业化企业经营管理能力

目前市场选聘的职业经理人主要是经营管理能力专业性较强的企业高级管理岗位如战略规划研究、技术研发、业务开发、财务管理、市场销售等，也有少部分企业经营层正职岗位，这些岗位往往是职业经理人市场上供小于求的稀缺岗位，通常难以从企业内部获得或企业内部暂时缺乏称职人员。

4. 双重退出机制

国有企业组织任命负责人带有较强的行政化色彩，仍然属于党的干部。组织任命负责人的业绩包括政治责任、经营业绩两个方面，其中政治责任是第一位的。与组织任命国有企业负责人相比，职业经理人的经营（或商业）责任通常是第一位的。因此，职业经理人严格退出机制至少包括以下两个方面：一是职业经理人有明确的、相对量化的经营业绩考核指标，未达到董事会下达的业绩考核指标的职业经理人必须按照契约约定强制退出，这是企业内部的退出机制。二是通过对公司控制权的争夺，实现股东更换、招聘任命新的职业经理人，这是企业外部的退出机制。职业经理人面临的基于公司控制权市场的外部退出机制是组织任命负责人所没有的，这也是职业经理人的重要职业风险。

（三）国有企业职业经理人制度实施整体效果显著

从全国范围来看，国有企业职业经理人制度试点实施以来，整体效果是显著的，主要体现在以下四个方面。

一是从根本上有利于规范企业法人治理结构，落实董事会职权。

二是有利于深化国有企业人事、劳动、分配“三项制度”改革，增强国有企业活力。

三是有利于国有企业高级管理人员“去行政化”，促进国有企业干部制度改革。在多数试点企业中，职业经理人制度改革显著加快了国有企业“去行政化”的步伐。

四是有利于完善国有企业激励约束机制，引导企业高质量发展。相较于上级组织任命干部的国有企业，职业经理人试点企业的绩效和薪酬管理机制更加完善，激励约束效应显著增强。

（四）国有企业实施职业经理人制度面临的主要问题

当前，国有企业职业经理人制度建设仍处于探索期，在实践过程中也遇到了一些问题，具体包括以下四个方面。

一是企业法人治理结构不完善，主体职责模糊。经过现代企业制度的改革，大多数国有企业建立了规范的法人治理结构，但仍有相当一部分国有企业集团的二、三级成员单位尚未建立“三会一层”（即股东大会、董事会、监事会和高级管理层）的现代企业法人治理结构。已建立法人治理结构的部分企业也存在运行不规范、“董、监、高”权责边界较为模糊的情况，尤其是经营决策权与执行权未能明确分开，这阻碍了职业经理人价值的充分发挥。

二是企业外聘职业经理人难以适应国有企业文化。实践表明，部分试点企业外聘职业经理人拥有的先进管理经验多是基于健全的现代企业管理制度而形成，而这些经验无法在现有国有企业内部直接复制推广。另外，国有企业内部人员难以信任外来的职业经理人，无法有效合作。这些因素会导致少部分外聘的职业经理人被国有企业文化同化，难以真正发挥其优势，更多的职业经理人在任期满后，选择退出国有企业。因此，国有企业职业经理人改革不宜变成全社会大招聘、网上大招聘，职业经理人以国有企业现有经理人转化为主，这对企业里的优秀管理者也是一种鼓励和肯定。

三是国有企业负责人薪酬管理“双轨制”差异调和难度大。国有企业职业经理人制度试点中，为了平稳过渡，大部分国有企业实行组织任命和市场化选聘并行的“双轨制”模式，因两者在激励和管理上存在较大差异，部分试点企业领导班子成员内部矛盾日益凸显，组织任命负责人和职业经理人差异化薪酬的实施难度较大。

四是国有企业职业经理人职业化、市场化程度不足。实践中部分试点企业职业经理人事实上只能称为“半职业经理人”。国有企业现有经理人还没有达到完全职业化，只是“半职业化”。与此同时，相当一部分国有企业管理人员尚未将专门从事企业经营管理看作一项职业，更多讲究的是管理人员个人的社会地位和行政地位。另外，由于当前国内国有企业高管人员的流动性不强，尚未形成国有企业职业经理人才市场，也削弱了市场对高端人力资源的配置作用。国有企业职业经理人要真正发挥作用，关键是要职业经理人彻底职业化。今后对企业经理人员的管理要从国有企业管理变成职业化、市场化管理，真正确立市场化标准，围绕职业化的能力、职业化的操守、职业化的待遇等方面来进行管理，这是国有企业推行职业经理人建设的必然方向。

二　国有企业职业经理人市场化薪酬分配的实施条件

并不是每个国有企业都适用职业经理人制度。实践表明，国有企业适用职业经理人制度至少要具备行业特性、所有制形式、业务类型、治理结构、管控模式五方面条件（见表9－1）。整体而言，完全竞争性行业、法人治理结构规范、文化环境开放包容的国有企业中，职业经理人实施效果较好，在新设立的企业和股权结构多元化的企业中，因为历史遗留问题较少和更容易落实董事会职权，推行职业经理人成功概率更高。

表 9－1 适用职业经理人管理的国有企业基本特点

维度	基本特点
行业特性	企业的主营业务所处的行业市场化程度较高，外部竞争较为激烈，盈利情况主要取决于市场和企业经营管理者的能力；人才市场化程度高
所有制形式	企业股权结构多元化程度较高，一般以上市公司、混合所有制企业、合资经营企业等为主
业务类型	若集团公司主营业务具有垄断性或进入壁垒较高，试点下属企业的主营业务最好为新业务板块，或与集团公司主营业务关联性较弱，利润和营业收入主要来源于系统之外
治理结构	企业法人治理结构较为健全，“三会一层”权责明晰，董事会职权得到落实
管控模式	企业一般为总部对其采用战略管控或财务管控，已经获得较大经营自主权

具体而言，国有企业实施职业经理人市场化薪酬分配机制应具备以下基本条件。

（一）主业处于竞争性行业和领域

处于垄断行业或公益类行业的国有企业面临的经营管理目标主要属于政策性、公共产品服务任务，这些管理目标任务具有专用性、非营利性、公共性等特点，难以客观评估企业高管层的经营管理业绩，通常不适用职业经理人制度。相反，竞争性行业特别是充分竞争性行业和领域的竞争主要属于企业最高管理层即职业经理人层次的竞争，实施职业经理人市场化薪酬分配机制首先应在这些行业和领域进行。

（二）公司治理机制健全

实践中，职业经理人要受公司董事会选聘，其薪酬分配要由董事会与职业经理人在平等自愿基础上谈判确定，董事会必须充分代表企业股东的所有权权利，基于市场公平原则来自主确定职业经理人的薪酬水平、薪酬结构、业绩考核、退出机制等，这就要求形成权责对等、运转协调、制衡有效的法人治理结构。需要特别指出的是，由于混合所有制企业的公司治理机制相对健全，因此，当前政策鼓励“推行混合所有制企业职业经理人制度”[①]。

① 参见《国务院关于国有企业发展混合所有制经济的意见》第十八条。

（三）主要针对市场化经营管理岗位

国有企业负责人目前按照履职范围大致可分为经营管理、党群管理两类岗位，由于职业经理人主要为以商业利益为基本导向，因此国有企业中经营管理岗位比较适用职业经理人制度，党群管理由于相关岗位人员工作职责的特殊性、职务的上下级关系等特点不适用职业经理人制度。实践中，国有企业也主要针对企业经营班子成员中对企业整体经营业绩和持续发展有直接影响、对企业商业利益直接负责并承担量化经营业绩考核指标的经营管理岗位负责人实施职业经理人制度和市场化薪酬分配制度。

（四）具有实施职业经理人制度的市场环境、企业文化

企业管理实践表明，企业经营活动所在地的市场化程度较高，企业所处的市场竞争压力较大，企业员工及社会公众对市场机制、竞争机制、企业高管与职工之间的较大薪酬差距的接受程度和适应程度较好，这些适应市场经济的市场环境、企业文化对职业经理人市场化薪酬分配机制也极为重要。管理人员能上能下、员工能进能出、收入能增能减，这样的企业文化比较有利于职业经理人市场化分配制度的实施和推进。①

三　国有企业职业经理人薪酬水平与薪酬结构

（一）国有企业职业经理人薪酬水平合理确定的六大标准

1. 对标同行业、同规模、同业绩、同区域的市场薪酬水平

职业经理人薪酬水平确定首先应以同行业、同规模、同业绩、同区域劳动力市场的薪酬价位为参照。同行业，指的是企业的主要业务所属的国民经济行业类型应相同，我国国民经济行业分类划分为门类、大类、中类、小类四级类别，同行业至少应属于相同的大类或门类，更精准的同行业属于中类或小类。企业规模包括总资产规模、营业收入规模、利润总额、职工总人数等，同规模通常指总资产规模或营业收入规模相同或接近。企业业绩指标主要指企业的盈

① 目前国内实施职业经理人制度成效较显著、进展较快的招商局集团、华润集团、港中旅集团等地处市场体制建设相对完善的香港地区，深业集团、深圳市创新投资集团所在地深圳的市场化程度都较高，这些企业所处的市场竞争压力较大，企业员工及社会公众对市场机制、竞争机制、企业高管与职工之间的较大薪酬差距的接受程度和适应程度较好。

利指标，包括利润总额、净利润、资产收益率等，同业绩主要指利润总额、净利润等相同或接近。同区域，指的是属于相同经营业务范围所处的同一个国家或地区，通常业务范围越大，区域范围也越大。比如，我国中央企业负责人对应的同区域主要应是整个国家范围（如沪深上市公司整体），内蒙古自治区区属国企负责人对应的同区域则主要应为自治区行政区域范围内的区属国企。

2. 满足激励相容要求

职业经理人的薪酬水平应满足激励相容原理，即对优秀企业高管有足够激励强度，薪酬水平足以吸引、留住市场化的职业经理人。首先，在职业经理人市场中，要吸引市场中的相对优秀人才。薪酬水平是劳动力市场价格信号，相对优秀的职业经理人的薪酬水平至少要高于该市场中的平均市场价格（或中位值），甚至达到劳动力市场价位的中高价位。其次，要留住业绩较好的职业经理人，必须给予与其经营业绩、经营能力相匹配的薪酬激励。这就要求按照职业经理人市场中的激励强度、激励方式等通行做法进行激励，业绩高、薪酬高，业绩低、薪酬低，上不封顶、下不保底。①

3. 弥补职业经理人的机会成本

职业经理人的薪酬水平应可弥补职业经理人的机会成本，其含义是指，与组织任命国企负责人相比，职业经理人在契约制、任期制下其职业风险较高，需要相对高的薪酬水平来加以弥补。职业经理人机会成本的核定逻辑是：职业经理人的年薪总水平（1 年预期收入）应至少不低于同任期、同企业组织任命负责人年薪总水平与任期年限、职业经理人正常情况下（企业经营环境正常、职业经理人及组织任命高管均为正常努力水平等）完成董事会业绩考核指标的成功概率的乘积。②

4. 体现“双轨制”下企业高管的差异化激励导向

职业经理人与组织任命国企负责人的薪酬水平应充分体现差异化激励导向，两者不能简单对比、平衡。按照目前的国有企业负责人薪酬管理的政策规定，组织任命高管的激励是薪酬激励、政治激励、社会责任激励等方面综合激

① 国外职业经理人市场中业绩表现优异的年薪高达几千万元甚至过亿元，业绩水平低的仅为市场中的很低水平，甚至有的业绩不佳的企业高管仅象征性领取 1 元年薪。

② 举例来说，如果任期为 3 年，同任期、同企业某位组织任命负责人的年薪总水平为 80 万元，某职业经理人正常情况下完成董事会下达的业绩考核指标的概率为 50%，其年薪总水平应至少为 160 万元左右；如果职业经理人完成董事会下达的业绩考核指标的概率为 1/3，那么其年薪总水平应为 240 万元左右。

励，而职业经理人的激励以薪酬激励为主，辅之以职业声誉激励等，两种企业高管的差异化激励导向应当充分体现。

5. **兼顾职业声誉对职业经理人薪酬水平的“补偿效应”**

虽然对职业经理人而言，薪酬激励是第一位的，但是由于民营企业规模通常较小、管理难度相对较小，因此，与民营企业职业经理人相比，国有企业职业经理人的职业声誉对其激励也较大，在国企的任职经历对职业经理人未来的管理职位提升、薪酬水平提升、劳动力市场竞争力提升的帮助更为显著。基于此，国有企业职业经理人的薪酬水平应比同等条件下民营企业职业经理人薪酬水平低一些。

6. **职业经理人薪酬水平确定应避免“沃比根湖效应”**

由于“沃比根湖效应”的存在，如果企业高管都把自己的薪酬水平定位于劳动力市场的平均水平（或中位数）以上，那么职业经理人的薪酬水平就容易“水涨船高”，最终导致整体薪酬水平偏高于合理的薪酬水平。为规避“沃比根湖效应”，职业经理人基本年薪原则上应按照不高于同期劳动力市场的50分位确定。

（二）国有企业职业经理人的薪酬结构选择

1. **基本年薪、绩效年薪与中长期激励收入**

整体而言，职业经理人的薪酬结构主要分为基本年薪、绩效年薪、中长期激励收入三部分。其中，职业经理人劳动力市场的实践表明，职业经理人的基本年薪通常占比较小，绩效年薪和中长期激励收入①通常占比较大。

2. **中长期激励方式区分为股权型、现金型两大类**

目前，企业中长期激励可分为股权型、现金型两大类，其中股权型又可细分为股票期权、限制性股票两类，现金型又可细分为股票增值权、虚拟股权、业绩单位、递延现金支付四种类型。

对于非上市国有企业而言，股权型激励方式无法使用，因此，应以现金型中长期激励方式作为主要选择。

对于上市国有企业而言，股权型、现金型中长期激励方式均适用，鉴于股权型激励方式下高管切实联系股东和高管利益，具有更强的长期导向，总体应

① 中期激励一般指1年以上、3年以内或1个任期以内的激励方式，长期激励一般指激励周期在3年及以上的激励方式。

以股权型中长期激励方式为主，但如果上市公司资产规模较大，则比较适宜以现金型中长期激励方式作为主要选择。

四　推进职业经理人薪酬制度改革的政策建议

（一）严格把握实施条件

国有企业职业经理人应至少满足岗位需要（企业高中级管理岗位）、市场化选聘、契约化管理、差异化薪酬、市场化退出等条件，并且在相关配套制度健全的情况下开展试点。切忌在主要实施条件不具备的情况下就急于普遍实行市场化薪酬，形成新的不公平，也损害职业经理人制度的严肃性。例如，有的地方将现有组织任命的企业负责人直接转为所谓的职业经理人或者将直接管理的企业转为二级企业，但管理制度未相应配套，虽然解决了市场化选聘的问题，但没有解决市场化退出问题（这类人员在聘任关系终止后，仍可在国有企业内部根据工作需要另行安排使用，并不能彻底市场化退出）。这种做法有变相规避薪酬改革限制的嫌疑。有的地方采取变通政策，在介于组织任命负责人与完全市场化的职业经理人之间实施所谓“市场化经营者”，对这类人的薪酬管理采取上限调控，实行“半市场化”薪酬，即高于组织任命的企业负责人薪酬但低于职业经理人薪酬。该制度设计会导致事实上形成介于组织任命企业负责人、职业经理人之间的“半市场化”的第三类人，造成新的不平衡。上述做法与现行政策规定的组织任命企业负责人和市场化选聘职业经理人的要求不尽一致，在实践中容易诱导现有的企业经营管理者选择“半市场化”身份，使职业经理人制度改革推动和国有企业负责人薪酬制度改革效果受到影响。

（二）坚持事前引导事后监管

实施职业经理人薪酬制度不能一放了之，而是要在给予企业董事会充分自主权的同时，对职业经理人的薪酬确定机制、业绩考核评价机制、薪酬监督管理等重点环节提出原则性指导意见，充分发挥国有企业在薪酬分配中的示范引领作用。同时，由于国有企业工资总额中包括各类企业高管的薪酬，因此，推进职业经理人制度还要与国有企业工资总额管理紧密结合，职业经理人薪酬要与市场定价、企业经济效益、工资总额相匹配。

（三）坚持试点先行

国有企业职业经理人实施中的一些重点、难点问题截至目前还没有形成可复制的成功经验。例如，国有企业领导班子中组织任命负责人与职业经理人事实上形成“双轨制”问题，如何在实践中调动双方积极性？业绩考核中如何将班子成绩和个人成绩区分开来？如何量化到个人？薪酬水平如何合理确定？董事会在确定绩效考核指标方面的管理能力如何提升？等等。在现有干部管理体制下，如何更好地使职业经理人制度落地不变样，真正发挥作用，而不是以市场化薪酬分配形式来简单增加薪酬，客观需要先试点，通过试点探索总结经验，然后将可复制的成功经验推而广之。

坚持试点先行，要支持国有企业在其下属企业开展试点。鼓励国有企业按照“市场化选聘、契约化管理、差异化薪酬、市场化退出”的原则推进职业经理人制度，防止滥用职业经理人概念，防止出现方向性错误。同时，鼓励下属企业实行以增加知识价值为导向的分配政策，综合运用股权分红权、虚拟股权、超额利润分配等多种手段，充分调动骨干技术人员和管理人员的积极性。

（四）完善职业经理人薪酬管理配套制度

职业经理人薪酬管理制度是职业经理人制度的关键内容，同时，还需要配套契约化管理制度、退出机制、薪酬追索扣回制度、职务消费制度等。

职业经理人契约化管理制度主要包括职业经理人《年度（任期）经营业绩考核责任书》、《业绩考核办法》和《薪酬管理办法》等，其通常思路是按照“按岗定责、按绩激励、刚性兑现”的原则，明确规定职业经理人的年度及任期目标、考核任务、奖惩等条款，明确职业经理人的薪酬策略，建立与职业经理人经营业绩、风险和责任相匹配的差异化薪酬管理制度，合理确定职业经理人的薪酬水平，建立业绩升则薪酬升、业绩降则薪酬降的职业经理人市场化薪酬分配机制。

职业经理人退出机制的主要内容是职业经理人在达到一定条件时按照预先约定的条件顺利离开高管职位（以及顺利离开所在企业）。退出机制主要包括善意离职、主动离职或恶意离职、公司控制权变更或激励方案变更等特殊情况下的离职条款制度设计等。退出机制是企业与职业经理人之间的利益平衡机制（或者说保险机制），该配套制度既保护公司的利益又保护职业经理人的利益，避免不必要的法律纠纷。

职业经理人薪酬追索扣回制度的主要内容是，当某一极端的薪酬方案与公司业绩不相匹配甚至背离时，应及时撤销尚未支付给职业经理人的奖金，或者收回前期已发放的部分奖金。在企业实践中，对有明确证据表明职业经理人业绩考核不合格、未正常履职、未尽到对董事会的忠诚业务、利用内部控制获得过高薪酬等损害公司正当利益的情况下已发放的绩效年薪、中长期激励中的不合理薪酬部分进行追索扣回。

职业经理人职务消费制度的主要内容是职业经理人正常履职必需的通信、公务接待、公务用车、差旅包机、参与高层商务论坛等职务消费支出。职业经理人职务消费制度应明确职务消费的合理范围、消费标准、预算管理流程、监督机制等内容，职务消费制度制定的基本思路是在充分保证职业经理人履职需要的前提下，控制职务消费的成本。

（五）建立健全职业经理人管理体系

为了成功推行职业经理人制度改革，增强企业活力，国有企业需要从人才获取、选聘、管理和退出四个方面着手，建立健全管理体系。人才获取方面，企业需要选择并拓宽职业经理人获取渠道；人才选聘方面，企业需要建立职业经理人任职资格标准，制定选聘流程，明确管理组织机构的权责；人才管理方面，企业需要健全法人治理结构，建立适合职业经理人发展的文化机制，制定职业经理人薪酬和绩效管理办法；人才退出方面，企业需要建立有效的退出机制。

（六）规范职业经理人市场化薪酬分配的公司治理程序

职业经理人市场化薪酬分配属于公司治理的重要内容。职业经理人市场化薪酬分配的公司治理程序可归纳如下：第一，公司股东大会定期审议、批准公司薪酬政策，包括职业经理人的薪酬激励政策导向；第二，公司董事会（及其薪酬委员会）提出职业经理人薪酬方案；第三，职业经理人薪酬激励方案上报董事会审议，经董事会审议批准后，由薪酬委员会及相关部门组织实施。公司董事会必须充分维护股东权益，对股东负责，对职业经理人薪酬的合理性、有效性负责。

董事会作为薪酬管理的授权者，决定了薪酬委员会的权限及薪酬委员会的任期，有权通过或否决薪酬委员会提交的薪酬计划或方案；股东大会作为产权人的集合，是最终决定者，有权对涉及职业经理人薪酬的重大事项进行最终的表决。董事会所属薪酬委员会作为董事会按照股东大会决议设立的专门工作机构，主要负责制订公司董事及经理人员（职业经理人）的考核标准并进行考核，负责制订、审查公司董事及经理人员的薪酬政策方案，对董事会负责。

目前企业公司治理中更多强调董事会、高级经理层的职责权利，往往忽视股东即出资人的职责权利，容易导致股东缺位，形成事实上的内部人控制。应强化股东大会在职业经理人薪酬分配中的职责，公司股东大会的职责应主要体现在定期审议、批准公司重大薪酬政策，包括职业经理人的薪酬激励政策导向等顶层政策设计方面。

国有股东在职业经理人薪酬分配中的角色定位主要应突出两个方面：一是充分履行国有资产出资人的职责，维护国有资产的合法权益，在股东大会上按照国家有关部门对国企的薪酬分配政策发表意见；二是国有股东在董事会中要起引领作用，和其他股东一起按照市场化薪酬分配原则制订并组织实施对职业经理人的薪酬激励约束。与国有股东相比，非国有股东通常是小股东。小股东在职业经理人薪酬分配中的职责定位主要应体现在对职业经理人薪酬水平确定的合理性、薪酬与业绩之间的匹配性、职业经理人的顺利退出等方面发挥监督和制衡作用，防止国有股东相对“一股独大”，侵犯非国有股东及利益相关者的合法权益。

（七）国资监管机构和国有企业要敢于担当、主动作为

国有企业改革已步入快车道。作为国有企业参与市场化经营、国际化竞争的“操盘手”，职业经理人愈发受到国有企业的青睐，国有企业职业经理人制度建设逐渐成为国有企业改革重点突破的方向之一。国有企业监管机构和经营管理者需要敢于担当、主动作为、坚定信心、迎难而上。

2019 年 4 月，国务院印发了《关于改革国有资本授权经营体制方案的通知》，其中授权放权内容主要包括战略规划和主业管理、选人用人和股权激励、工资总额和重大财务事项管理等。对于选人用人和股权激励，授权国有资本投资、运营公司董事会负责经理层选聘、业绩考核和薪酬管理，积极探索董事会通过差额方式选聘经理层成员，推行职业经理人制度，对市场化选聘的职业经理人实行市场化薪酬分配制度，完善中长期激励机制。授权国有资本投资、运营公司董事会审批子企业股权激励方案，支持所出资企业依法合规采用股票期权、股票增值权、限制性股票、分红权、员工持股以及其他方式开展股权激励，股权激励预期收益作为投资性收入，不与其薪酬总水平挂钩。支持国有创业投资企业、创业投资管理企业等新产业、新业态、新商业模式类企业的核心团队持股和跟投。

2019 年 6 月，国务院国资委印发《关于印发〈国务院国资委授权放权清单（2019 年版）〉的通知》，要求各地国资委结合实际，积极推进本地区国有资本授权经营体制改革，制定授权放权清单，赋予企业更多自主权，促进激发微观主体活力与管住管好国有资本有机结合。其中对各中央企业的授权放权事项中包括：支持中央企业所属企业按照市场化选聘、契约化管理、差异化薪酬、市场化退出的原则，采取公开遴选、竞聘上岗、公开招聘、委托推荐等市场化方式选聘职业经理人，合理增加市场化选聘比例，加快建立职业经理人制度。支持中央企业所属企业市场化选聘的职业经理人实行市场化薪酬分配制度，薪酬总水平由相应子企业的董事会根据国家相关政策，参考境内市场同类可比人员薪酬价位，统筹考虑企业发展战略、经营目标及成效、薪酬策略等因素，与职业经理人协商确定，可以采取多种方式探索完善中长期激励机制。

概言之，对于国资监管机构，关键是要边试点边总结，带着经验和问题完善现行政策，将试点企业职业经理人制度建成实践标杆。对于国有企业，首先要客观判断本企业实行职业经理人制度的适用性与可行性，避免盲目跟风，符合条件的企业应主动作为，按照相关政策大胆探索，形成可复制的经验。

第十章　深化企业工资分配政策调控的政策建议

结合内蒙古自治区实际情况，基于现实性和可操作性考量，下一步深化企业工资分配政策调控应着重突出以下几个方面。

一　改进完善企业工资分配政策调控的总体思路

改进完善企业工资分配政策调控的总体思路是，坚持和完善按劳分配为主体、多种分配方式并存的分配制度，正确处理效率与公平的关系，加快形成合理有序的工资收入分配格局，提高居民收入在国民收入分配中的比重、劳动报酬在初次分配中的比重，努力实现劳动报酬增长和劳动生产率提高同步。按照市场机制调节、企业自主分配、平等协商确定、政府监督指导的原则，形成反映劳动力市场供求关系和企业经济效益的工资决定机制和增长机制。积极稳妥扩大工资集体协商覆盖范围。改革国有企业工资总额管理办法，加强对部分行业工资总额和工资水平的双重调控，缩小行业间工资水平差距。进一步规范国有企业负责人薪酬管理，使企业负责人薪酬结构合理、水平适当、管理规范。

需要特别强调的是，结合当前国家创新发展、高质量发展的政策环境，下一步深化企业工资分配改革，迫切需要将政府对企业工资分配的政策调控实行前置程序，即政府职能部门以及国有企业研究讨论国有企业改革、经济发展等重大问题时，企业工资分配政策调控相关措施应优先进行前置研究讨论，然后再由相关职能部门按照职责分工和决策程序作出决定，这应当成为更好发挥企业工资分配政策调控作用的基本遵循。

二　以更好实施“提低、扩中、控高”收入分配政策为重要抓手

首先，“提低”要通过全方位实施精准扶贫、精准脱贫政策，打赢扶贫开发攻坚战，确保到2020年全区贫困人口迈入全面小康，同时，通过适时提高最低工资标准、城市低保水平等措施持续保障和改善民生。

其次，“扩中”要坚持通过有效贯彻落实党的十八大、十九大提出的提高

居民收入在国民收入中的比重、提高劳动报酬在初次分配中的比重的要求，持续扩大中等收入群体规模并提高其收入水平。

最后，“控高”主要侧重利用税收调节等手段调节高收入群体偏高、过高收入，取缔非法收入，调节不合理的收入差距。

三 适时采用更多带有适度“扩张性”的积极收入分配政策

建议以向劳动、管理、技术等生产要素倾斜的“扩张性”政策、以更多实实在在的城乡居民收入增长的获得感为基本逻辑，来推进实施更为积极的收入分配政策措施。可采取的具体政策措施包括：确保全区实现到2020年城乡居民人均收入比2010年翻一番的目标；以明确路线图、时间表等形式，确保实现居民收入增长和经济发展同步、劳动报酬增长和劳动生产率提高同步；将各级政府的GDP增速考核目标逐步调整为人均GDP或人均可支配收入目标。

四 更好实现劳动报酬增长和劳动生产率提高同步

内蒙古自治区政府要在搭建有利于企业正常工资收入分配机制方面加大力度，要在减少或消除不公平的资源配置方面加大力度，要在促进各类企业平等竞争方面加大力度，要在制定有利于形成企业合理工资分配关系的工资收入分配规则方面加大力度。要实现劳动报酬增长和劳动生产率提高同步，首先要建立健全国有企业经营利润和国有股权转让收入上缴制度以及垄断行业资源占用税等制度，特别是要明确经营利润上缴比例，着力提高劳动者的收入、劳动报酬在GDP中的比重，逐步缩小不合理的收入分配差距。其次，要继续加大对低工资水平行业特别是劳动密集型行业中小企业减免税费的力度，给小微企业创造良好的经营环境，也给小微企业的员工提供增资的空间。让企业将减免税费节省下来的资金直接转入企业职工工资分配，有助于提高这类企业职工的工资水平，缩小低工资行业与高工资行业工资水平差距。长远发展的趋势表明，正常的劳动者报酬增长必定带来良性的经济发展，良性的经济发展必定为正常的劳动者报酬增长创造条件。

五 积极倡导“以公平促进效率”的分配原则

实现和维护社会公平是社会主义建设的主要目标之一，也是促进效率提高、推进经济社会可持续发展的重要手段。倡导企业“以公平促进效率”应注意以下三个原则。

一是倡导以公平促进效率，不是放松对效率的追求。倡导以公平促进效率的根本目的是实现公平与效率相互结合、均衡发展，既不过分强调效率，也不过分强调公平。一方面，我国仍是最大的发展中国家，发展是第一要务，各种经济、社会矛盾要在发展中得以解决；另一方面，要根据市场经济规律，企业在提高效率、增加利润的同时，要遵循制度化的收入分配调节政策，而不是以主观的手段破坏市场经济的规则。不仅要反对效率至上主义、发展至上主义，也要反对公平至上主义和平均主义。

二是倡导以公平促进效率，政府要发挥主导作用。近些年来，公平的缺失有相当一部分是由于政府缺位或越位造成的，如收入分配制度改革和社会福利体系建设的相对滞后，没有规范“灰色收入”，不能有效取缔“黑色收入”，企业高管收入管理不规范，政治体制改革不到位，等等。在改革与发展过程中，有些地方政府忽视了社会公平，过度关注经济效率或经济增长，结果使分配、就业、社会保障、教育、医疗卫生和社会福利等方面出现了社会问题。收入分配改革关系到经济发展、社会建设、结构调整、社会转型等诸多领域的改革，政府是这一系列改革的主要推动者。要突破“就分配谈分配”的思想，从制度上规范企业的社会责任，要遵循效率和公平内在统一的关系，探索使效率和公平有机结合、相互促进、更加均衡的路径。

三是倡导以公平促进效率，重点要发挥基本权利公平的积极作用。企业分配领域的公平涵盖了起点公平、规则公平、机会公平和结果公平几个层次，前三个层次可以视为基本权利的公平。分配结果的不公平长期存在，剥夺了人们参与市场经济活动的平等机会和平等权利，从而造成新一轮发展起点上的诸多不公平，引发其他更多的社会问题。因而结果不公平是基本权利公平的反映，基本权利的不公平才是不合理收入差别的源头，实现各项基本权利的公平是维护公平的重中之重。

要以公平的分配促进效率的提高，通过分好“蛋糕”来做更大的“蛋糕”，使企业生产能力提高和职工收入增加相互促进。形成这样的共识并依据这一原则进一步设计符合市场经济规律的分配规则，符合促进社会公平正义的要求，必将对构建社会主义和谐社会产生积极和深远的影响。

六　建立健全企业职工工资正常增长和支付保障及监控机制

在保证企业职工正常就业的前提下，进一步强化对企业职工工资的监督管理，是建立健全企业职工工资正常增长机制的重要保证。国有企业在工资总额预算的核定上，要真正体现“保低、扩中、限高”的原则；要规范收入分配秩序和促进企业工资分配公平合理，处理好工资集体协商与核定工资总额的关系，促进企业建立内部分配激励和自我约束机制，维护出资人权益，促进国有企业持续健康发展。在工资总额预算的使用上，注重分配关系的和谐；在工资总额预算执行的监督上，注重规范管理。要加强其他性质企业职工工资分配宏观调控体系建设，进一步健全企业工资指导线和行业工资指导线制度，健全劳动力市场工资价位指导制度，加快建立工资集体协商制度，积极鼓励企业工会或职工代表与企业法人平等协商方式，依法确定企业内部工资分配制度、工资分配形式和工资收入水平，继续完善最低工资制度，定期对最低工资标准进行合理评估，适时调整最低工资标准制度，确保低收入职工水平随企业效益提高和物价水平增长而增长。

目前，部分行业、企业由于经营方式、市场波动和行业特点等原因，还不能按时足额发放职工工资，所以，需要通过行政手段对重点行业建立健全工资支付保障机制，积极推进工资支付保障制度的建设，督促企业建立健全工资支付制度，建立企业工资支付报告制度和欠薪报告制度，及时掌握企业工资支付的实际情况，确保最低工资标准得到严格执行。切实保障劳动者的劳动报酬权益，规定企业制定清欠方案的期限，对易发生工资拖欠、存在重大拖欠隐患的企业，要重点监控，加强预警管理，加大劳动保障执法力度。

七　逐步缩小行业之间的不合理工资差距

对于各行业工资的调整要采取“低快、高慢”的调整策略，即低收入行业的工资增长速度快一些，高收入行业的工资增长速度慢一些，当工资差距缩小到适度水平时，再使所有行业按照平衡增长速度增长工资，即各行业的平均工资增长速度要随行业劳动生产率的提高而提高，对于劳动生产率过低的行业给予一定的国家财政补贴或政策支持，使行业之间的工资增长速度差距不要过大。

一是要“提低控高”。着力提高中低收入企业员工收入，尤其是一线生产员工的收入，加强对劳动法、劳动合同法等的落实工作；建立工资正常增长的调控机制，提高劳动收入在初次分配中的比重；限制高收入者的收入，重点控制垄断行业的过高收入，调控部分国有企业员工收入，特别是对国有企业负责人薪酬管理要规范化、制度化。

二是要“藏富于民”。实施民富优先发展战略，大力为民营经济和中小企业提供良好市场环境，消除各种行政障碍，减少“有形之手”对市场运行的干预，严格规范对民营企业的税费征收，激发民营企业的创造热情；通过发展民营企业和中小企业，来扩大就业，提高企业和劳动者的收入水平。

八 持续加大对垄断行业收入分配的调控

目前，垄断行业收入过高问题越来越突出，已引发社会问题，所以，政府要加强对垄断行业国有企业工资水平和工资总额的调控，在总结经验和深入研究的基础上，分类和分步骤地推行工资总额和职工薪酬预算管理制度。要将垄断企业工资水平增长幅度基本控制在与当地社会平均工资增长幅度大体相当的程度，有效抑制行业工资差距持续扩大的势头。通过部门监督和适当运用法律，将垄断行业的超额利润收归国有，有力控制垄断行业过高工资和福利水平的收入来源。与此同时，逐步打破垄断行业国有企业与劳动力市场基本脱节的状况，引导企业将内部各类职位尤其是低层级职位工资水平逐步与劳动力市场同类职位价格接近，营造阻止工资远高于劳动力市场价格的企业内部氛围。

对垄断行业提高增值税率和营业税率，对占用国家资源的增收资源税，把垄断行业过高收入部分转移为国家财政收入，从源头上调控其垄断性过高收入，从而控制其职工工资收入的过快增长，促使其与其他行业职工工资收入水平保持合理差距。最大限度引入竞争机制，打破行业垄断，改变独家经营的局面，提高其经营效率，降低经营成本，建立规范的市场竞争机制，增加市场开放度。

九 进一步完善企业工资指导线和行业工资指导线制度

工资指导线是在市场经济体制下，政府为实现宏观经济目标，依据社会经济发展水平和城镇居民消费价格指数以及其他社会经济指标确定工资增长水平、指导工资分配的一种宏观调控形式。建立工资指导线制度的目的是在国家宏观政策的指导下，促使企业工资微观分配与国家宏观政策相协调，引导企业在生产发展、经济效益提高的基础上，合理确定工资分配，引导企业理性确定工资性支出，有助于实现政府职能的转变。这是适应建立社会主义市场经济体制的需要，也是深化收入分配制度改革、引导企业合理安排工资增长的需要。近几年来，我区发布的工资指导线增长幅度与我区企业年度平均工资增长幅度的差距逐步缩小，工资指导线安排的工资增长逐步与地方工资增长实际情况接近，说明工资指导线的指导作用日渐得到发展。内蒙古自治区应该综合考虑当年经济增长、物价水平及劳动力市场状况等因素，及时发布当年企业工资的基准线、预警线和下线。在生产发展效益提高的基础上，合理确定企业当年工资增长率和工资指导线。其中，经济效益增长较快、工资支付能力较强的企业，应在工资指导线的基准线和上线区间内安排工资增长。对利税增长连续两年持平并能正常支付职工工资的企业，可在工资指导线的下线和基准线之间安排工资增长。

建立最低工资标准的评估机制。根据本地经济发展状况、城镇居民消费价格指数、职工平均工资增长等因素，适时合理调整最低工资标准，使绝大多数地区最低工资标准与当地城镇从业人员平均工资的差距逐步缩小，继续实行有利于促进劳动密集型小企业提高职工工资的税收扶持政策，增强其工资分配能力。

十　进一步健全企业工资收入分配调控体系

对工薪阶层的劳动者而言，工资收入是其总收入的主要构成部分，工资分配是否合理，直接影响到职工的切身利益。工资分配制度是国家整体收入分配制度的重要组成部分，工资分配改革与整体收入分配制度改革紧密相关。既要深入分析工资分配自身存在的问题及其原因，还要深入分析当前内蒙古自治区经济社会体制、经济结构、经济发展方式的制约和影响因素。首先，进一步完善企业职工工资增长机制，重点落实自治区党委、政府近两年已出台的工资收入分配政策及相关文件规定。其次，加强国有企业产权制度方面的配套改革，完善法人治理结构，建立薪酬委员会，为企业能够对高管人员和普通职工的薪酬制度和工资增长实施科学决策提供有利条件。再次，加快形成职业经理市场、技术人才市场，引导各类人才合理有序流动，促进形成市场均衡价格。继续完善现代企业制度，强化内部均衡机制。加快发展产权市场，规范产权交易行为，形成合理的产权交易价格，为企业实行股权激励提供必要条件，逐步完善技术市场，促进专利发明等技术要素通过技术市场优化配置，形成市场价格，为技术要素按贡献参与分配打好基础，让资本、劳动、管理、技术等分别获得其应得的劳动报酬。最后，通过行政手段、政策引导、市场机制调节和税收调节落实最低工资标准，发挥劳动力市场工资价位和企业工资指导线、行业工资指导线的作用，合理控制企业的工资总额，使最低工资标准、劳动力市场价位、企业工资指导和企业工资总额的管理形成完整的工资收入调控体系。通过对收入分配制度改革的深化和相关政策的调整，正确处理好效率与公平的关系，加快形成合理有序的工资收入分配格局，建立和完善企业与职工的利益共享机制，促进企业在效益增长的同时，同步增加职工工资，努力使生产一线职工工资增长适当高于职工平均工资增长幅度，把一线职工工资增长与企业经营者工资增长挂钩，逐步提高劳动报酬在初次分配中的比重。

十一　进一步完善国有企业负责人薪酬制度改革

加快推行经理层任期制和契约化管理，按照“市场化选聘、契约化管理、差异化薪酬、市场化退出”原则，建立职业经理人制度。

加快工资总额管理制度改革，统筹用好员工持股、上市公司持股计划、科技型企业股权分红等中长期激励措施，充分调动企业内部各层级干部职工的积极性。

充分发挥企业家作用，大胆聘用那些想改革、谋事业、善经营的企业家，提携有思路、有闯劲、有潜力的年轻人，推动国有企业家队伍不断发展壮大。

以混合所有制改革作为职业经理人薪酬激励切入点，完善国有企业负责人薪酬制度改革。混合所有制企业中股权相对分散，股东之间的利益制衡机制相对完善，多元化股东之间的有效制衡，有利于实现国企的政企分开，使职业经理人等高管团队主要集中于追求经济效益。因此混合所有制改革国企可作为职业经理人薪酬激励试点的切入点，率先实施职业经理人试点和职业经理人市场化薪酬分配试点。

参考文献

［1］中共中央宣传部编《习近平总书记系列重要讲话读本》，学习出版社、人民出版社，2014。

［2］习近平：《习近平谈治国理政》（第一卷），外文出版社，2014。

［3］习近平：《习近平谈治国理政》（第二卷），外文出版社，2017。

［4］杨博、高鹏博、吴新娣、王春枝、李力、奇威：《内蒙古企业工资收入分配现状及调控建议》，《北方经济》2013 年 Z1 期。

［5］奇威、奇望、高鹏博、厉李臻：《内蒙古行业职工工资差距变化因素分析及对策》，《北方经济》2014 年第 11 期。

［6］王美萃、郭晓川：《内蒙古的收入分配结构与可持续发展》，《中国统计》2008 年第 2 期。

［7］厉李臻：《内蒙古职工工资水平的差异性研究》，硕士学位论文，内蒙古财经大学，2016。

［8］郭晓玲：《内蒙古收入分配问题研究》，《北方经济》2011 年第 21 期。

［9］王晓琳：《关于收入分配结构失衡调整的思考——以内蒙古为例》，《商业时代》2014 年第 34 期。

［10］唐建恩：《江苏省工资指导线水平基准线的计量经济模型分析》，《江苏科技大学学报》（社会科学版）2010 年第 3 期。

［11］道格拉斯·诺斯、罗伯斯·托马斯：《西方世界的兴起》，厉以平、蔡磊译，华夏出版社，2009。

［12］道格拉斯·C. 诺思：《制度、制度变迁与经济绩效》，杭行译，格致出版社、上海三联出版社、上海人民出版社，2014。

［13］格里高利·曼昆：《为 1% 最高收入人群辩护》，《比较》2013 年第 6 期。

［14］金碚、刘戒骄、刘吉超、卢文波：《中国国有企业发展道路》，经济管理出版社，2013。

［15］蔡昉：《如何认识中国收入分配现实：一个求同存异的分析框架》，《比

较》2012 年第 2 期。
[16] 蔡昉、张车伟:《中国收入分配问题研究》，中国社会科学出版社，2016。
[17] 贾康等:《深化收入分配制度改革研究》，企业管理出版社，2018。
[18] D. 盖尔·约翰逊:《经济发展中的农业、农村和农民问题》，林毅夫、赵耀辉编译，商务印书馆，2005。

附录　内蒙古自治区企业工资分配相关政策和数据

内蒙古自治区人民政府关于改革国有企业工资决定机制的实施意见

各盟行政公署、市人民政府，各旗县人民政府，自治区各委、办、厅、局，各大企业、事业单位：

为深入贯彻落实《国务院关于改革国有企业工资决定机制的意见》（国发〔2018〕16号）精神，结合自治区实际，现就改革国有企业工资决定机制事宜提出如下实施意见。

一　总体要求

（一）指导思想

以习近平新时代中国特色社会主义思想为指导，全面贯彻党的十九大精神，坚持以人民为中心的发展思想，牢固树立和贯彻落实新发展理念，按照深化国有企业改革、完善国有资产管理体制和坚持按劳分配原则、完善按要素分配体制机制的要求，以增强国有企业活力、提升国有企业效率为中心，建立健全与劳动力市场基本适应、与国有企业经济效益和劳动生产率挂钩的工资决定和正常增长机制，完善国有企业工资分配监管体制，充分调动国有企业职工的积极性、主动性、创造性，进一步激发国有企业创造力和提高市场竞争力，推动国有资本做强做优做大，促进收入分配更合理、更有序。

（二）基本原则

——坚持中国特色现代国有企业制度改革方向。坚持所有权和经营权相分离，进一步确立国有企业的市场主体地位，发挥企业党委（党组）领导作用，依法落实董事会的工资分配管理权，完善既符合企业一般规律又体现国有企业特点的工资分配机制，促进国有企业持续健康发展。

——坚持效益导向与维护公平相统一。国有企业工资分配要切实做到既有激励又有约束、既讲效率又讲公平。坚持按劳分配原则，健全国有企业职工工资与经济效益同向联动、能增能减的机制，在经济效益增长和劳动生产率提高的同时实现劳动报酬同步提高。统筹处理好不同行业、不同企业和企业内部不同职工之间的工资分配关系，调节过高收入。

——坚持市场决定与政府监管相结合。充分发挥市场在国有企业工资分配中的决定性作用，实现职工工资水平与劳动力市场价位相适应、与增强企业市场竞争力相匹配。更好发挥政府对国有企业工资分配的宏观指导和调控作用，改进和加强事前引导和事后监督，规范工资分配秩序。

——坚持分类分级管理。根据不同国有企业功能性质定位、行业特点和法人治理结构完善程度，实行工资总额分类管理。按照企业国有资产产权隶属关系，健全工资分配分级监管体制，落实各级政府职能部门和履行出资人职责机构（或企业主管部门，下同）的分级监管责任。

二　适用范围

本意见适用于自治区各级政府代表国家履行出资人职责的国有独资和国有控股企业及凭借或利用国家权力和信用支持的金融类企业。履行出资人职责机构包括代表政府履行出资人职责的国有资产监管机构和政府授权履行出资人职责的部门（机构）；国有独资及国有控股企业包括企业本部及其所出资的各级独资、控股的子企业。

各有关部门、人民团体、事业单位所管理的其他国有独资及国有控股企业；各有关部门或机构作为实际控制人的企业，依照本意见执行。

三　改革工资总额决定机制

（一）改革工资总额确定办法。按照国家和自治区工资收入分配宏观政策要求，根据企业发展战略和薪酬策略、年度生产经营目标和经济效益，综合考虑劳动生产率提高和人工成本投入产出率、职工工资水平市场对标等情况，结合自治区人力资源和社会保障厅发布的工资指导线、工资调控水平和调控目标，合理确定企业年度工资总额。

本意见所称工资总额是指企业在一个会计年度内直接支付给与本企业建立劳动关系的全部职工的劳动报酬总额，包括工资、奖金、津贴、补贴、加班加点工资、特殊情况下支付的工资等。

（二）分类确定工资效益联动指标。根据企业功能性质定位、行业特点等因素，科学设置联动指标。联动指标主要选取反映企业生产经营特点和体现职工劳动直接贡献的业绩考核指标，原则上设置 2 至 4 个，最多设置 5 个，其中经济效益指标是核心指标。工资与效益联动采取权重法计算，具体指标的选取、权重设置以及计算方法由履行出资人职责机构确定。

1. 商业竞争类企业经济效益指标主要选取利润总额、净利润等指标；劳动生产率指标主要选取人均利润、人均增加值等指标；人工成本投入产出率指标选取人工成本利润率指标。

2. 特定功能类企业经济效益指标主要选取利润总额、营业收入、任务完成率等指标；劳动生产率指标主要选取人均增加值、人均工作量等指标；人工成本投入产出率指标主要选取人工成本利润率、人事费用率等指标。

3. 公益类企业经济效益指标主要选取营业收入、总资产周转率、成本控制率等指标；劳动生产率指标主要选取人均营业收入、人均主营业务工作量等指标；人工成本投入产出率指标主要选取人事费用率、人工成本利润率等指标。

4. 商业性金融类企业指标主要选取反映经济效益、资产质量和偿付能力等指标。开发性或政策性金融类企业主要选取体现服务国家战略、完成自治区重大决策任务和风险控制等指标，兼顾反映经济效益指标；劳动生产率指标主要选取人均利润、人均营业收入、任务完成率等指标；人工成本投入产出率指标选取人工成本利润率指标。

5. 文化类企业应把社会效益放在首位，同时选取社会效益和经济效益指标。社会效益指标主要选取文化任务完成率等体现文化企业社会贡献的文化创作生产和服务、受众反应、社会影响等指标，经济效益指标主要选取营业收入、利润总额等指标；劳动生产率指标主要选取人均营业收入、人均利润等指标；人工成本投入产出率指标主要选取人事费用率、人工成本利润率等指标。

（三）完善工资与效益联动机制。企业工资总额按照工资与效益联动机制确定，与效益同向联动、能增能减，并遵照以下原则：

1. 企业工资总额增长幅度确定原则。企业经济效益增长的，当年工资总额增长幅度可在不超过企业经济效益增长幅度范围内确定，且工资总额增加值原则上不得超过预算工资总额进入成本后的企业同期利润总额增加值。其中，当年企业劳动生产率未提高、上年企业人工成本投入产出率低于全国行业平均水平或者竞争类企业上年职工平均工资超过全国城镇单位就业人员平均工资3倍及以上的，当年工资总额增长幅度应低于企业同期经济效益增长幅度，且不得超过自治区人力资源和社会保障厅发布的工资指导线；非竞争类企业上年职工平均工资超过全国城镇单位就业人员平均工资2.5倍及以上的，当年工资总额增长幅度应低于企业同期经济效益增长幅度，且不得超过自治区人力资源和社会保障厅规定的工资增长调控目标。

2. 企业工资总额下降幅度确定原则。企业经济效益下降的，除受政策调整等非经营性因素影响外，当年工资总额原则上相应下降。其中，当年企业劳动生产率未下降、上年人工成本投入产出率优于全国行业平均水平 30% 以上或者上年职工平均工资未达到全国城镇单位就业人员平均工资 70% 的，当年工资总额可适当少降。

3. 企业工资总额增长或下降幅度对应原则。企业经济效益出现大幅波动，导致按工资效益联动机制确定的工资总额增长或下降幅度过大的，经履行出资人职责机构认定，可适当采取限定增长或下降的措施进行调控，同时体现对应原则。

企业未实现国有资产保值增值的，工资总额不得增长，或者适度下降。

企业按照工资与效益联动机制确定工资总额，原则上增人不增工资总额、减人不减工资总额，但发生兼并重组、新设企业或机构等情况的，可以合理增加或者减少工资总额。

四　改革工资总额管理方式

（一）全面实行工资总额预算管理。国有企业应当依据本意见确定的原则自主编制工资总额预算方案，按规定履行内部决策程序后，根据企业功能性质定位、行业特点并结合法人治理结构完善程度，分别报履行出资人职责机构备案或核准后执行。对未明确履行出资人职责机构或履行出资人职责机构不具备管理和审核条件的，企业工资总额预算方案报同级人力资源社会保障部门备案或核准后执行。

对主业处于充分竞争行业和领域的商业类国有企业，工资总额预算原则上实行备案制。其中，未建立规范董事会、法人治理结构不完善、内控机制不健全的企业，经履行出资人职责机构认定，其工资总额预算应实行核准制。

对其他国有企业，工资总额预算原则上实行核准制。其中，已建立规范董事会、法人治理结构完善、内控机制健全的企业，经履行出资人职责机构同意，其工资总额预算可实行备案制。

（二）规范工资总额预算方案编制。国有企业年度工资总额预算方案编制范围原则上应与上年度财务决算合并报表范围相一致，包括企业（集团）本级和所属各级全资、控股子企业的工资总额预算方案。企业应按照“自下而上、上下结合、分级编制、逐级汇总”的程序，依据企业国有资产产权隶属关系，以企业法人为单位，层层组织做好工资总额预算方案编制工作。

（三）合理确定工资总额预算基数。工资总额预算管理指标由工资总额预算基数和经济效益预算基数构成。已实行工资总额预算管理的企业，工资总额预算基数以履行出资人职责机构清算确定的上年度工资总额为基数。未实行工资总额预算管理的企业，初始工资总额预算基数原则上以上年度企业实发工资总额为基数；改革第一年对上年度实发工资总额低于前三年平均数的，可以前三年实发工资总额的平均数为基数，以后年度的工资总额预算基数以履行出资人职责机构清算确定的工资总额为基数。新设立企业以及由事业单位转为企业的，可按照同级同类国有企业职工平均工资和实有职工人数合理确定工资总额预算基数。

（四）合理确定经济效益预算基数。经济效益预算基数原则上以上年度财务决算反映的经济效益等指标完成值为基数，根据企业实际情况经履行出资人职责机构同意，改革第一年也可统筹考虑企业前三年平均数据。企业人工成本投入产出率一般应与本行业对标，对缺少行业对标主体的，应选取同功能、性质的企业或具有可比性的竞争类行业对标。

（五）合理确定工资总额预算管理周期。国有企业工资总额预算一般按年度进行管理，也可经履行出资人职责机构同意，工资总额预算按周期进行管理，周期最长不超过三年，周期内年均工资总额增长幅度不得超过同期经济效益增长幅度，同时应符合工资效益联动要求。

（六）强化工资总额预算执行。国有企业应严格执行经备案或核准的工资总额预算方案。执行过程中，因企业外部环境或自身生产经营等编制预算时所依据的情况发生重大变化，需要调整工资总额预算方案的，应按规定程序及时进行调整。其中，工资总额预算实行年度管理的，工资总额预算方案最多调整一次；实行周期管理的，原则上最多调整两次。

（七）加强工资总额预算清算。履行出资人职责机构应对所监管企业工资总额预算执行结果进行清算，同时将清算情况报同级人力资源社会保障部门，由人力资源社会保障部门汇总报同级人民政府。

五　完善企业内部工资分配管理

（一）完善企业内部工资总额管理制度。国有企业在经备案或核准的工资总额预算内，依法依规自主决定内部工资分配。企业应建立健全内部工资总额管理办法，根据所属企业功能性质定位、行业特点和生产经营等情况，建立预算执行情况动态监控机制，指导所属企业科学编制工资总额预算方案，逐级落实预算执行责任，确保实现工资总额预算目标。企业集团应合理确定总部工资总额预算，其职工平均工资增长幅度原则上应低于本企业全部职工平均工资增长幅度。

（二）深化企业内部分配制度改革。国有企业应建立健全以岗位工资为主体的基本工资制度。以岗位价值为依据，以业绩为导向，参照劳动力市场工资价位并结合企业经济效益，通过工资集体协商等形式合理确定不同岗位的工资水平，向关键岗位、生产一线岗位和紧缺急需的高层次、高技能人才倾斜，合理拉开工资分配差距，调整不合理过高收入。加强全员绩效考核，使职工工资收入与个人工作业绩和实际贡献紧密挂钩，切实做到考核科学合理、分配公平公正、工资能增能减。企业非核心岗位职工工资水平应逐步与劳动力市场工资价位接轨。

（三）规范企业工资列支渠道。国有企业应调整优化工资收入结构，逐步实现职工收入工资化、工资货币化、发放透明化。严格清理规范工资外收入，将所有工资性收入一律纳入工资总额管理，不得在工资总额之外以其他形式列支任何货币性支出。

六　健全企业工资分配监管体制机制

（一）健全国有企业工资分配管理体制。人力资源社会保障部门会同财政、税务、国有资产监管等部门，加强和改进对企业工资分配的宏观指导调控，认真落实履行出资人职责机构对企业工资分配的监管职责。

（二）完善国有企业工资分配内部监督机制。国有企业董事会应依照法定程序决定企业工资分配事项，加强对工资分配决议执行情况的监督。落实企业监事会和工会对企业工资分配的监督责任，将企业职工工资收入分配情况作为厂务公开的重要内容，定期向职工公开，接受职工监督。

（三）建立国有企业工资分配信息公开制度。履行出资人职责机构和国有企业每年定期将企业上年工资总额和职工平均工资水平等相关信息，通过机构、企业网站分别向社会披露，接受社会公众监督。

（四）健全国有企业工资内外监督检查制度。人力资源社会保障部门会同财政、国有资产监管等部门，定期对国有企业执行国家和自治区工资收入分配政策情况进行监督检查，及时查处违规发放工资、滥发工资外收入等行为。加强与出资人监管和审计、税务、纪检监察、巡视等监督力量的协同，建立工作会商和信息资源共享机制，提高监督效能，形成监管合力。对未按规定实行工资总额预算管理的，责令履行出资人职责机构、企业限期整改。对企业存在超提、超发工资总额及其他违规行为的，扣回违规发放的工资总额，并视违规情形对企业负责人和相关责任人员依照有关规定给予经济处罚（扣减绩效年薪）和纪律处分；构成犯罪的，由司法机关依法追究刑事责任。

七　组织实施

（一）加强组织领导。国有企业工资决定机制改革涉及面广、政策性强，各地区、各有关部门要统一思想认识，以高度的政治责任感和历史使命感，切实加强对改革工作的领导，做好统筹协调，细化目标任务，明确责任分工，强化督促检查，及时研究解决改革中出现的问题，推动改革顺利进行。

（二）完善配套政策。自治区人力资源和社会保障厅要会同财政、税务、统计等部门建立联动机制、实现数据共享，完善企业薪酬调查和信息发布制度。要完善工资指导线制度，定期制定和发布工资指导线、非竞争类国有企业职工平均工资调控水平和工资增长调控目标。各盟市要定期发布劳动力市场工资价位和行业人工成本信息。

（三）统筹推进改革。各级履行出资人职责机构要根据本意见，结合所监管企业实际情况，抓紧制定所监管企业的改革具体实施办法，由同级人力资源社会保障部门会同财政部门审核后实施。国有企业应根据本意见和履行出资人职责机构要求，结合企业实际，抓紧制定企业工资总额预算管理制度，报履行出资人职责机构审核并确定工资总额监管方式后实施。

（四）加强宣传引导。各级人力资源社会保障、财政、国有资产监管等部门要各司其职、密切配合，形成推进改革的合力，共同做好改革工作。要加强舆论宣传和政策解读，引导全社会特别是国有企业职工正确理解和支持改革，营造推动改革的良好社会环境。国有企业要自觉树立大局观念，认真执行相关政策规定，确保改革举措落实到位。

本意见自2019年1月1日起实行。自治区现行国有企业工资管理规定，凡与本意见不一致的，按本意见执行。

2018年12月23日

关于发布内蒙古自治区2019年企业工资指导线和部分行业工资指导线的通知

各盟市人力资源和社会保障局，满洲里市、二连浩特市人力资源和社会保障局：

为完善企业职工工资正常增长机制，现将 2019 年全区企业工资指导线和部分行业工资指导线公布如下：

一　企业货币工资指导线

企业货币工资增长的基准线为 7.5%；企业货币工资增长的预警线为 11.0%。

二　部分行业货币工资指导线

（一）农林牧渔业。基准线为 6.5%；预警线为 8%；

（二）采矿业。基准线为 8.3%；预警线为 11%；

（三）制造业。基准线为 8%；预警线为 10%；

（四）电力、燃气及水的生产和供应。基准线为 6.5%；预警线为 7.5%；

（五）建筑业。基准线为 7%；预警线为 8.5%；

（六）批发和零售业。基准线为 6.0%；预警线为 7%；

（七）交通运输、仓储及邮政业。基准线为 6.5%；预警线为 8.5%；

（八）住宿和餐饮业。基准线为 4.0%；预警线为 6.5%；

（九）信息传输、软件和信息技术服务业。基准线为 9%；预警线为 12%；

（十）金融业。基准线为 5.0%；预警线为 8.5%；

（十一）房地产业。基准线为 4.5%；预警线为 7.0%；

（十二）租赁和商务服务业。基准线为 5.0%；预警线为 7.0%；

（十三）科学研究和技术服务业。基准线为 4.5%；预警线为 7%；

（十四）水利、环境和公共设施管理业。基准线为 5.5%；预警线为 6.5%；

（十五）居民服务和其他服务业。基准线为 3.0%；预警线为 6.0%；

（十六）文化体育和娱乐业。基准线为 7.0%；预警线为 9.0%。

三　企业货币工资增长原则

企业货币工资增长应与经济效益、劳动生产率同步增长，各企业应建立和完善企业工资分配自我约束机制和激励机制，合理控制人工成本，促进企业生产发展和经济效益的提高。要认真落实《内蒙古自治区党委、自治区人民政府关于构建和谐劳动关系的实施意见》（内党发〔2015〕22 号）、《内蒙古自治区企业工资集体协商条例》和自治区人民政府《关于进一步推进企业工资集体协商工作的意见》（内政发〔2015〕44 号），把企业工资指导线作为工资集体协商的重要依据之一，进一步完善职工民主参与收入分配机制，充分发挥工会组织在工资收入初次分配中的积极作用，通过工资集体协商决定企业职工工资收入水平。

四　企业工资增长要求

结合我区今年经济发展形势，企业根据发布的工资指导线，在生产发展、效益提高的情况下，合理确定本企业工资增长率。其中，对经济效益增长较快、劳动生产率较高、工资支付能力较强的企业，应在货币工资指导线基准线以上安排货币工资增长；对利税增长连续两年持平，并能正常支付职工工资的企业，可按照货币工资指导线基准线安排货币工资增长；对生产经营严重困难、经济效益明显下降的企业，经必要的民主程序后可零增长或适当负增长。职工在法定规定工作时间内提供正常劳动，企业支付给职工货币工资不得低于当地颁布的最低工资标准。

内蒙古自治区人力资源和社会保障厅

2019 年 7 月 2 日

关于建立企业薪酬调查和信息发布制度的通知

各盟市人力资源和社会保障局、财政局、税务局、统计局：

按照内蒙古自治区人民政府《关于改革国有企业工资决定机制的实施意见》（内政发〔2018〕51 号）、内蒙古自治区党委办公厅、人民政府办公厅印发《关于提高技术工人待遇的实施意见》（内党办发〔2019〕6 号）要求，建立统一规范的企业薪酬调查和信息发布制度，现就有关事项通知如下：

一　重要意义

建立企业薪酬调查和信息发布制度是深化企业工资分配制度改革的重要任务，是完善政府公共信息服务的重要内容。通过开展企业薪酬调查并发布不同职业劳动者的工资报酬信息、不同行业企业人工成本信息，对指导企业合理确定职工工资水平、发挥市场在工资分配中的决定性作用，对开展公务员和企业相当人员工资调查比较、形成科学的工资水平决定机制，对引导劳动力有序流动、促进就业、适应市场发展规律及人力资源合理配置，都具有十分重要的意义。

二　目标任务

建立调查科学、数据准确、发布规范的企业薪酬调查和信息发布制度，到 2020 年建成全区统一的企业薪酬调查和信息发布体系。

三　主要内容

（一）调查内容。调查企业从业人员的工资报酬和企业人工成本情况，包括不同职业从业人员的工资报酬水平、构成等相关数据，以及不同行业、不同规模企业人工成本水平、构成及主要经济数据。

（二）调查范围。调查覆盖 18 个国民经济行业门类（不含公共管理、社会保障和社会组织以及国际组织行业门类）各类登记注册类型的企业、各类职业从业人员（不含军人和不便分类的其他从业人员）。

（三）调查方法。原则上以自治区税务局企业基础信息库为抽样框，根据规定的抽样参数要求抽取样本企业进行调查。调查的样本企业应保持相对稳定，并按要求进行轮换。调查采取由被调查企业登录人社部企业薪酬调查填报系统直接填报，人力资源社会保障部门逐级审核汇总的方式开展。

（四）调查频率。企业薪酬调查原则上每年开展一次。根据工作需要，对部分行业企业按季度实施定点监测。

（五）信息发布。建立自治区、盟市两级信息发布制度。自治区人力资源和社会保障厅通过适当方式公开渠道向社会发布自治区企业工资指导线、劳动力市场工资指导价位等和行业人工成本信息等企业薪酬调查信息。盟市人社部门发布劳动力市场工资指导价位和行业人工成本信息等企业薪酬调查信息，需报自治区人社厅批准后方可公布，企业薪酬调查信息发每年不得晚于第二季度。

四　组织实施

（一）明确责任分工。各盟市人力资源社会保障部门负责组织实施本地区企业薪酬调查数据的采集、分析和发布，并充分利用好劳动用工备案信息；劳动监察机构认真审核企业报送信息，及时发现并纠正错误信息，确保信息的真实性、完整性。各级财政部门根据实际需要合理安排企业薪酬调查和信息发布工作所需经费，也可将此项工作列入政府购买服务项目，确保企业薪酬调查工作顺利开展。各级统计部门协助人社部门做好薪酬调查的业务指导。各级税务部门与人社部门要建立联动机制、实现数据共享，对人社部门提供的薪酬调查相关数据进行比对。

（二）提高数据质量。严格执行中共中央办公厅、国务院办公厅印发《防范和惩治统计造假、弄虚作假督查工作的规定》，把好数据质量关，不得有数据造假行为，确保统计数据真实准确。

（三）做好安全保密工作。要高度重视企业数据信息安全保密工作，各部门在数据采集、处理、存储过程中，不得违规泄露，严禁将数据用于商业用途，对数据泄密者追究责任。

内蒙古自治区人力资源和社会保障厅　　内蒙古自治区财政厅
国家税务局总内蒙古自治区税务局　　内蒙古自治区统计局
2019 年 6 月 28 日

自治区国有企业负责人薪酬核算委员会职责和工作规则

第一章　总则

第一条根据自治区政府办公厅《关于成立自治区国有企业负责人薪酬核算委员会的通知》（内政办字〔2012〕20 号）、《关于建立企业职工工资正常增长机制若干意见的通知》（内政办发〔2010〕25 号）和自治区党委组织部、人社厅、监察厅、财政厅、审计厅、国土资源厅、交通运输厅、国资委、总工会《关于进一步规范自治区国有企业负责人薪酬管理的指导意见》（内人社发〔2011〕223 号）精神，为建立健全自治区国有企业负责人收入分配的激励和约束机制，公平、合理、科学核算自治区国有企业负责人（以下简称企业负责人）薪酬水平，特制定本办法。

第二条企业薪酬核算委员会核算范围：国家履行出资人职责的自治区直属国有独资或国有控股企业的董事长、党委书记、总经理（总裁、行长等）、监事会主席、总会计师（总经济师、总工程师）以及其他负责人。

第二章　薪酬核算委员会组成

第三条薪酬核算委员会主任委员由自治区政府副秘书长担任，副主任委员由自治区党委组织部副部长、人力资源和社会保障厅厅长担任，成员由自治区党委组织部、人力资源和社会保障厅、财政厅、审计厅、监察厅、国土资源厅、交通运输厅、国资委、总工会分管领导担任，同时聘请若干名核算范围内企业之外独立的高级会计师（或高级审计师）为委员会成员，根据核算所属范围，其国有资产主管（或监管）部门的负责同志相应为委员会成员。

薪酬核算委员会成员如有工作变动，成员单位及时通知薪酬核算委员会办公室。

第四条薪酬核算委员会设办公室处理日常事务，办公室主任由自治区人力资源和社会保障厅副厅长兼任，自治区人力资源和社会保障厅劳动关系处处长、自治区财政厅综合处处长、自治区审计厅经贸处处长为办公室副主任，协助主任处理日常事务，编发薪酬核算委员会会议纪要，协调落实薪酬核算委员会议定事宜，聘请社会中介机构，组织开展薪酬核算等工作。

第五条薪酬核算委员会的办公经费、组成人员中独立高级会计师（高级审计师）的薪酬，以及薪酬核算委员会聘请社会中介机构对企业负责人薪酬进行的核算费用，由薪酬核算委员会办公室列出开支计划，报自治区财政厅，由自治区本级财政负担，纳入自治区人力资源和社会保障厅的部门预算，单独设科目、专项核算、专款专用，其他成员单位的工作人员不领取核算费用。

第三章　薪酬核算委员会职责

第六条自治区国有企业负责人薪酬核算委员会主要负责落实国家和自治区有关国有企业收入分配的相关政策，组织实施自治区党委组织部、人社厅等七部门《关于进一步规范自治区国有企业负责人薪酬管理的指导意见》（内人社发〔2011〕223号），研究确定企业负责人年度审核原则，协调解决企业负责人薪酬管理中的重大问题，分析企业负责人薪酬水平状况，研究完善企业负责人薪酬管理政策；指导盟市规范地方国有企业负责人薪酬分配政策。具体研究以下事项：

（一）评估企业负责人的业绩指标、薪酬方案、薪酬水平。核定企业负责人基本年薪、绩效年薪、倍数、比例和薪酬调节系数实施区间。审核认定年度企业在岗职工平均工资，调节不同行业企业负责人薪酬水平。

（二）依据《公司法》、《会计法》等国家和自治区相关法律法规和政策规定，审核绩效年薪当期兑现与延期兑现比例，监管和规范企业负责人的薪酬分配方案和制度。

（三）探索研究其他工资收入激励机制。

（四）其它相关事宜。

第七条根据薪酬核算需要，薪酬委员会或委托的社会中介机构可查阅企业如下相关材料：

（一）企业基本情况。包括生产经营状况、在岗职工人数和工资分配方案，上年度工资水平及同比增幅。

（二）财务指标和经济效益状况。包括实现利税（利润）、劳动生产率、资本保值增值、资产负债率、财务报表、年度经营计划、投资计划、经营目标。

（三）企业工资集体协商情况和企业工资指导线方案。

（四）建立和完善企业职工工资协商共决、正常增长和支付保障机制情况。

（五）其它相关材料。

第八条企业负责人薪酬核算档案统一由薪酬委员会办公室存档保存，保存期限为 15 年。

第四章　薪酬核算委员会运行程序和议事规则

第九条薪酬核算委员会运行程序

（一）确定核算单位；

（二）聘请社会中介核算机构；

（三）通知核算单位；

（四）中介核算单位进行薪酬核算，编报核算结果草案；

（五）薪酬核算委员会委托高级会计师（或审计师）跟踪审核草案；

（六）中介核算机构报告核算结果；

（七）薪酬核算委员会审核决算报告；

（八）薪酬核算委员会批准核算报告并出具核算结果；

（九）薪酬核算委员会将核算结果告之被核算企业，并抄报有关部门。

第十条薪酬核算委员会议事规则

（一）每年年底或年初定期召开薪酬核算委员会议，研究确定本年或下一年度企业负责人的薪酬核算报告。

（二）遇有重大事项由薪酬核算委员会办公室提请临时召开薪酬核算委员会议。

（三）聘用高级会计师（或审计师）参加会议。根据工作需要可邀请参与薪酬核算的社会中介机构参加会议。

（四）薪酬核算委员会议定的事项，由办公室负责编印会议纪要，并抄报各成员单位。

第五章　附则

第十一条在薪酬核算过程中，委员会成员及工作人员和参与核算的人员要履行保密义务，不得向其它单位和个人公开相关资料。在薪酬核算过程中查阅企业的相关材料，要遵守企业商业秘密，不得外泄，如违反规定泄露企业秘密，一切后果由当事人自负。

第十二条本办法由薪酬核算委员会办公室负责解释。

关于建立企业职工工资正常增长机制若干意见的实施办法

为认真贯彻内蒙古自治区政府《关于印发自治区人民政府2010年工作要点的通知》（内政发〔2010〕16号）和《内蒙古自治区人民政府办公厅转发自治区劳动和社会保障厅关于建立企业职工工资正常增长机制若干意见的通知》（内政办发〔2010〕25号），制定本实施办法。

一　建立企业工资集体协商制度

（一）各类企业均应建立工资集体协商制度，由工会代表职工一方或通过职工推举的代表与企业代表平等协商，合理确定企业的工资分配制度、职工工资水平和调整幅度、劳动定额标准和计件单价等事项，形成企业工资协商确定机制。工资集体协商程序与订立集体合同的协商程序相同。

（二）企业开展工资集体协商，应在坚持企业工资总额的增长幅度低于实现利税增长幅度，职工实际平均工资的增长幅度低于劳动生产率（依据不变价增加值计算）增长幅度的前提下，根据自治区人力资源和社会保障厅发布的年度工资指导线，结合劳动力市场工种（职业）价位、人工成本等企业实际，科学合理地制定工资分配实施方案。

二　制定工资指导线实施方案

（一）企业依据自治区人力资源和社会保障厅发布的年度工资指导线制定本企业工资指导线实施方案，主要内容包括：

1. 企业基本情况。包括生产经营状况、在岗职工人数和工资分配方式、上年度工资水平及同比增幅。

2. 财务指标和经济效益状况。包括实现利税（利润）、劳动生产率、资本保值增值、资产负债率等指标完成情况。

3. 落实工资指导线的意见。包括企业拟增资幅度、人均增资水平、各类人员的工资分配关系以及履行民主程序等情况。

（二）制定工资指导线实施方案应遵循以下原则：

1. 生产经营正常、经济效益增长的企业，应围绕基准线安排工资增长；

2. 经济效益增长较快、工资支付能力较强的企业，可在基准线和上线区间内安排工资增长；

3. 利税增长连续两年持平，并能正常支付职工工资的企业，可按下线和基准线之间安排工资增长。

4. 生产经营困难的企业，经平等协商，可低于工资指导线下线（含零增长或适当负增长）确定工资水平，但企业支付给提供正常劳动的职工的工资不得低于当地最低工资标准。

5. 企业一线职工工资水平低于上年所在盟市职工平均工资60%或本企业职工上年平均工资的，在安排工资增长时，应予以倾斜。

（三）企业在制定工资指导线实施方案时涉及经济效益、工资等指标的计算，均以与企业依法签订劳动合同并进行劳动用工备案的职工人数为准。企业季节性用工和劳动合同期不满一年的用工，或有其它需说明的事宜，在申报工资总额时应予以说明。

（四）企业制定的工资指导线实施方案，应体现按劳分配和同工同酬原则，不得规定歧视性的条款和内容。

（五）企业制定工资指导线实施方案，应与企业工资集体协商同步进行，先与工会或者职工代表平等协商，再经职工代表大会或全体职工讨论通过。协商确定后的工资指导线实施方案文本应由协商双方的首席代表签字。

（六）企业应在自治区人力资源和社会保障厅发布工资指导线60日内，向同级人力资源和社会保障部门报送工资指导线实施方案。有主管（监管）部门的，经主管（监管）部门审查同意后，再报同级人力资源和社会保障部门；无主管（监管）部门的直接报同级人力资源和社会保障部门。中央驻自治区企业直接报自治区人力资源和社会保障厅；外埠驻自治区企业报所在地盟市人力资源和社会保障部门。

（七）企业报送工资指导线实施方案时，须填报《企业执行工资指导线情况备案表》和《工资集体协商企业工资总额情况审核表》（见附件），同时需报送以下材料：

1. 经社会中介机构审计的前两年度财务决算报告；

2. 前两年度劳动工资年度报表；

3. 上年度企业所得税纳税申报表主表、副表；

4. 协商双方代表资格证明；

5. 企业工会（或职代会）意见；

6. 人力资源和社会保障部门对工资集体协议的审查意见书；

7. 企业主管（监管）部门对工资指导线实施方案的审查意见。

（八）人力资源和社会保障部门应当自收到工资指导线实施方案起15日内，对协商双方代表资格、实施方案的制定程序和内容提出意见。无异议的，应及时函复企业，同时抄送同级财政、税务部门。15日内未提出意见的，实施方案即行生效。

人力资源和社会保障部门对实施方案有异议的，应及时与企业核实沟通，对不符合相关法律法规的，应通知企业纠正。企业和企业工会组织应将纠正情况书面报告人力资源和社会保障部门。

（九）企业应在接到人力资源和社会保障部门函复意见后10个工作日内，将审核同意的企业工资指导线实施方案向全体职工公示。

（十）企业应于每年2月底前将上年度工资指导线实施方案执行情况报送人力资源和社会保障部门备案。

三　企业工资薪金税前扣除办法

（一）企业依法通过工资集体协商确定的员工工资薪金是合理的工资薪金支出，经人力资源和社会保障部门审查、税务部门确认后，可在企业所得税前按实扣除。

（二）企业对经人力资源和社会保障部门审核的国有及国有控股企业经营者年薪，可计入企业工资薪金总额，并在计算企业应纳税所得额时扣除。

（三）各类企业在年度汇算清缴企业所得税申报时，已实行工资集体协议的企业，应将人力资源和社会保障部门审查生效的工资集体协议、审查意见书和职工工资薪金总额实际发放情况等资料一并报主管税务部门备案。

（四）各级税务、人力资源和社会保障部门要加强联系、互相配合，引导企业通过工资集体协商来规范和完善企业内部工资分配制度，建立合理有序的工资正常调整机制。

四　对企业确因生产经营困难的处理

对企业确因生产经营困难，造成一年内连续三个月或累计六个月未能按时足额发放工资，并不能按照工资指导线规定的范围安排职工工资增长的，应当经过必要的民主程序协商确定并向全体职工公示。生产经营状况好转后，即应安排职工工资合理增长。

五　对企业工资合理增长机制的监督

（一）企业职工平均工资低于本企业上年度或低于所在盟市同行业平均工资水平的，其企业及经营者原则上不得参加当地政府、工会组织的各类评先评优活动。同时，应同比例下浮企业经营者年基薪。

（二）国有及国有控股企业职工平均工资不增长的，企业经营者及领导班子成员薪酬亦不应增长；职工工资增幅没有达到工资指导线实施方案要求的，经营者及领导班子成员薪酬要按同比例扣减。

各类企业经营者和中层管理人员、一线职工工资薪金比例依照相关经济指标测算比例核定。

（三）对当年经济效益增长幅度超过工资指导线基准线但职工工资增长未达到工资指导线下线的企业，人力资源和社会保障部门要向其发出警示信息。

（四）对工资水平明显偏低、分配关系严重失衡、职工反映强烈的企业，税务、人力资源和社会保障部门要对其信用进行严格监控，将其签订劳动合同及劳动用工备案情况、落实兑现工资指导线实施方案情况、执行最低工资标准情况、工资支付情况计入税务、人力资源和社会保障诚信评价档案，并通报金融机构。

（五）各级人力资源和社会保障部门要将企业贯彻执行工资指导线及工资集体协商情况列入劳动保障监察年度书面审查及专项执法检查的内容，认真检查企业工资指导线方案的制定、备案、确认、落实等各个环节的执行情况。

（六）各级人力资源和社会保障、财政、审计、地税、国税、总工会等部门，要建立长期的联动工作机制，加强对企业工资指导线实施方案的监督检查，定期互通情况，对工作中发现的问题，及时组织共同研究，提出解决办法。

内蒙古自治区最低工资标准执行情况评估报告

一　关于最低工资政策

最低工资制度是市场经济条件下政府依法保障劳动者特别是低收入劳动者报酬权益的重要手段，目的是确保劳动者提供正常劳动的前提下，用人单位所支付的最低劳动报酬能够满足劳动者及其赡养人口的基本生活需求。

按照《最低工资规定》（劳动和社会保障部第 21 号令公布）等有关规定，我区从 1995 年至 2017 年，14 次调整了最低工资标准，年平均增长幅度为 10.9%。

2015 年人力资源和社会保障部《关于进一步做好最低工资标准调整工作的通知》（人社部发〔2015〕114 号）指出，我国经济发展进入新常态，经济下行压力较大，企业盈利能力下降，根据经济发展态势和企业的实际情况，稳慎把握最低工资调整节奏，将最低工资标准由每两年至少调整一次，改为每两年至三年至少调整一次。遵照上述文件精神，我区从 2016 年放缓了最低工资标准调整节奏，在 2017 年调整后，2018 年最低工资标准未做调整。

二　关于我区最低工资标准评估情况

为合理、科学地调整最低工资标准，充分了解企业和地方财政承受能力，以及最低工资标准在全国的位次情况，我们组织对我区最低工资标准的合理性和执行情况进行评估。

（一）关于我区最低工资标准保障基本生活评估情况

对最低工资标准的评估首先应评估其能否“保基本生活”。目前，我区执行的是2017年调整后的最低工资标准。最低工资标准共分四个类区。一类区1760元/月，二类区1660元/月，三类区1560元/月，四类区1460元/月，平均值为1610元。四个类区非全日制工作小时最低工资标准分别为18.6元/小时、17.6元/小时、16.5元/小时、15.5元/小时。

《最低工资规定》明确可采用比重法进行最低工资标准测算。比重法即根据城镇居民家计调查资料，按照10%最低收入户人均生活费用支出水平，乘以每一就业者的赡养系数，再加上一个调整数。据国家统计局提供数据显示，2017年我区10%最低收入户年人均消费性支出为9236.75元，月人均消费性支出为769.73元，赡养系数为1.54左右。根据内蒙古自治区2018年国民经济和社会发展统计公报，城镇常住居民人均生活消费支出增长3.4%。

最低工资标准测算值=769.73×（1+3.4%）×1.54+调整数=1262元+调整数。“调整数”在《最低工资规定》中明确主要考虑个人缴纳养老、失业、医疗保险费等费用，按照350元标准概算，则比重法测算值为1576元。

比重法即是保障劳动者及其赡养人口基本生活所需的最低工资水平的测算方法。按照规范的比重法计算公式及相关统计数据模拟测算的最低工资标准低于当前四个类区的1610元的平均标准，说明当前标准整体上能够保障劳动者及其赡养人口的基本生活。

（二）关于我区最低工资标准与其他地区比较评估情况

中国劳动和社会保障科学研究院对10年来最低工资标准调整相关影响因素分析结果显示，对最低工资标准调整影响最大的三项指标是10%城镇最低收入户人均现金消费支出（“最低生活费用”的代表指标）、私营单位就业人员平均工资（“职工平均工资”的代表指标）和人均地区生产总值（“经济发展水平”的代表指标）。我区上述三项指标的综合加权区域系数，全国排名第19位。

具体来看，2015年至2017年，我区城镇居民人均消费支出在全国分别排第8位、第9位和第9位；2015年至2017年，我区城镇私营单位就业人员平均工资在全国分别排第15位、第19位和第25位；2015年和2016年，我区地区生产总值在全国分别排第16位和第18位，2017年、2018年则分别下降到第21位和第19位（见表1、表2）。

表 1　我区 2015～2017 年最低工资标准调整相关数据

单位:%

指标名称	2015 年增幅	2016 年增幅	2017 年增幅	2018 年增幅
地区生产总值	7.7	7.2	4.0	5.3
城镇居民人均可支配收入	7.9	7.8	8.2	7.4
城镇居民消费价格指数	1.1	1.2	1.7	1.8
在岗职工平均工资	6.3	7.1	9.2	—

表 2　我区部分经济指标在全国的位次

指标名称	2015 年	2016 年	2017 年	2018 年
地区生产总值	16	18	21	19
城镇居民人均消费支出	8	9	9	—
城镇私营单位就业人员平均工资	15	19	25	—
最低工资标准（一类区）	7	10	9	12

2015 年以来，我区的最低工资标准在全国位次均保持在 10 位左右，截至 2018 年底我区的月最低工资标准在全国排名第 12 位（见表 2、表 3），小时最低工资标准排名第 9 位。由此可以看出，我区最低工资标准与最低工资区域系数及地区生产总值等指标在全国的位次相比，仍有适度的超前性。

表 3　全国各地区月最低工资标准情况（截至 2018 年 12 月）

单位：元

排序	地区	第一档	第二档	第三档	第四档
1	上海	2420			
2	北京	2120			
3	广东	2100	1720	1550	1410
4	天津	2050	1800	1660	1500
5	浙江	2010			
6	山东	1910	1730	1550	
7	河南	1900	1700	1500	
8	江苏	1890	1720	1520	
9	新疆	1820	1620	1540	1460
10	四川	1780	1680	1580	1480
11	吉林	1780	1650	1550	

续表

排序	地区	第一档	第二档	第三档	第四档
12	内蒙古	1760	1660	1560	1460
13	湖北	1750	1500	1380	1250
14	福建	1700	1650	1500	1380
					1280
15	山西	1700	1600	1500	1400
16	陕西	1680	1580	1480	1380
17	江西	1680	1580	1470	
18	贵州	1680	1570	1470	
19	广西	1680	1450	1300	
20	黑龙江	1680	1450	1270	
21	海南	1670	1570	1520	
22	云南	1670	1500	1350	
23	宁夏	1660	1560	1480	
24	河北	1650	1590	1480	1380
25	西藏	1650			
26	甘肃	1620	1570	1520	1470
27	辽宁	1620	1420	1300	1120
28	湖南	1580	1430	1280	1130
29	安徽	1550	1380	1280	1180
30	重庆	1500	1400		
31	青海	1500			

（三）关于我区最低工资标准执行情况评估

2018 年 12 月，各盟市、部分旗县协调劳动关系三方委员会开展了最低工资标准执行情况评估工作，通过召开民营企业座谈会、劳动保障监察执法检查、发放调查问卷、微信公众号参与调查等方式，对我区 2017 年发布的最低工资标准执行情况进行评估，具体情况如下。

一是最低工资标准在社会群体知晓度不断提高。各盟市通过电视、报纸、网站等媒体宣传，通过劳动用工备案信息审查、劳动保障执法检查，加强对用人单位最低工资标准执行情况的监督检查，及时纠正并查处违反最低工资标准规定的行为，使最低工资标准概念和受益群体知晓度不断提高。

二是最低工资标准在全区执行情况良好。各盟市、旗县通过召开企业座谈会，向企业职工问卷调查，未发现低于最低工资标准的劳动报酬。但存在延长劳动时间不支付加班费、变相降低工资的现象。对企业开展劳动保障监察执法检查中，也未发现违反最低工资标准的案例。全区最低工资标准执行总体情况良好。

三是最低工资标准调整对企业人工成本支出和地方财政支出有一定影响。经测算，我区执行最低工资标准且符合劳动关系的人数约 4 万人，占全部在岗职工人数 1.48 %，主要集中在基层机关事业单位编制外聘用人员，住宿餐饮业、批发零售业以及居民服务、修理和其它服务业等行业的一线工作人员。同时，公益性岗位将最低工资作为工资参考标准，伤残津贴和失业金发放标准也与最低工资标准挂钩联动调整等。因此，最低工资标准的调整对上述企业成本上升和地方财政支出有一定的影响。

三 关于今年我区最低工资标准调整的建议

根据上述评估结果，结合以下四个方面原因，建议今年我区暂不调整最低工资标准。

一是中央精神和人社部新发文件均有稳慎调整最低工资的明确要求。2018 年底中央经济工作会议提出“合理确定最低工资标准，避免因成本过快上涨影响竞争力”的明确要求，为更好贯彻落实，人力资源和社会保障部于今年 3 月印发了《人力资源社会保障部办公厅关于做好 2019 年最低工资标准调整有关工作的通知》（人社厅发〔2019〕41 号），要求各地抓紧完善最低工资标准评估机制，努力提高最低工资标准调整的科学性和可行性，继续按照稳妥调整最低工资标准的总基调，做好最低工资标准调整工作。

二是今年以来各地区最低工资标准调整更为慎重。今年以来，各地按照中央经济工作会议相关精神和人社部有关通知要求，稳妥做好最低工资标准调整工作。目前大多数地区正慎重评估最低工资标准调整的必要性，即使调整的地区，也均适当下调了调整幅度。目前仅有重庆（1 月 1 日）、上海（4 月 1 日）、陕西（5 月 1 日）、北京（7 月 1 日）等 4 个地区公布了最低工资标准调整计划，北京、上海调整幅度均在物价增幅的 3% 上下，较往年同期相比，调整地区大大减少，调整幅度也有所降低。

三是最低工资标准调整应充分考虑当前给企业减负宏观政策背景。最低工资标准调整对于企业的影响在我国具有特殊性，特别是对于劳动密集型企业传导影响较大。最低工资标准调整直接提升正常工作时间工资收入低于最低工资标准人群的工资。近些年，由财政购买服务的公益岗位以及环卫等行业企业劳动者，相当部分是按照最低工资标准约定正常工作时间薪酬标准，最低工资标准提升要求企业提高相应工资标准，从而影响到这部分企业的人工成本支出。同时，对于劳动密集型制造业、餐饮住宿等行业，大多有“基本工资”或“底薪”等固定部分薪酬，对于工资收入水平较低的企业，相当部分将最低工资标准作为劳动合同约定的“基本工资”或“底薪”，最低工资标准调整将导致这些企业提高“基本工资”或“底薪”，进而给其承受能力带来影响。此外，相当部分劳动密集型企业存在以最低工资作为社保缴费基数和加班工资计算基数的情形，因此提高最低工资标准，将会增加其人工成本支出。近期，国家支持实体经济发展的简政减税降费政策加快落地，在此背景下，不宜在短期内频繁调整最低工资标准，避免给相关企业人工成本上涨带来压力。

四是宏观经济稳中有变、变中有忧。当前，国际经济具有较多不确定性，宏观经济稳中有变、变中有忧。特别是 2017 年我区经济下滑明显，全区地区生产总值增幅由上年的 7.2% 下降为 4.0%，下降 3.2 个百分点，全区各类企业经济效益普遍下降。2018 年全区地区生产总值增幅为 5.3%，比上年高出 1.3 个百分点，经济虽有所恢复，但仍处于低速运行阶段。

综上，考虑到我区目前最低工资标准总体能够保障基本生活，我区最低工资标准与最低工资区域系数及地区生产总值在全国的位次相比，仍有适度的超前性。我们应落实中央、人力资源和社会保障部相关要求，结合我区宏观经济实际，继续立足最低工资制度“保基本生活”的功能定位，坚持量力而行，不因最低工资标准频繁调整给市场发出错误引导信息，不因最低工资标准的频繁调整而影响劳动密集型小微企业的心理预期，坚持按照更加慎重原则评估最低工资标准调整的必要性，建议 2019 年暂不调整最低工资标准。

内蒙古自治区工资分配主要数据

表 1　1990～2017 年内蒙古自治区职工平均工资和最低工资标准

年份	自治区职工年平均工资		自治区企业职工年平均工资		自治区最低工资标准（元）			
	金额（元）	比上年增长（%）	金额（元）	比上年增长（%）	一类区	二类区	三类区	四类区
1990	1846		2036					
1991	2012	9.0	2247	10.4				

续表

年份	自治区职工年平均工资		自治区企业职工年平均工资		自治区最低工资标准（元）			
	金额（元）	比上年增长（%）	金额（元）	比上年增长（%）	一类区	二类区	三类区	四类区
1992	2339	16.3	2531	12.6				
1993	2796	19.5	2995	18.3				
1994	3675	31.4	3939	31.5				
1995	4134	12.5	4444	12.8	180	160	140	
1996	4716	14.1	5053	13.7				
1997	5124	8.7	5526	9.4	210	190	170	
1998	5792	13.0	5768	4.4				
1999	6347	9.6	6196	7.4	270	250	230	
2000	6974	9.9	6776	9.4				
2001	8250	18.3	7496	10.6				
2002	9683	17.4	8839	17.9	330	310	290	
2003	11279	16.5	10219	15.6				
2004	13324	18.1	12153	18.9	420	400	380	
2005	15985	20.0	15087	24.1				
2006	18469	15.5	17452	15.7	560	520	460	400
2007	21884	18.5	20696	18.6	680	620	560	500
2008	26114	19.3	24503	18.4				
2009	30699	17.6	28419	16.0				
2010	35507	15.7	32680	15.0	900	820	750	680
2011	41481	16.8	38373	17.4	1050	980	900	820
2012	47053	13.4	44424	15.8	1200	1100	1000	900
2013	51388	9.2	48933	10.1	1350	1250	1150	1050
2014	54460	6.0	52659	7.6	1500	1400	1300	1200
2015	57870	6.3	54366	3.2	1640	1540	1440	1340

续表

年份	自治区职工年平均工资		自治区企业职工年平均工资		自治区最低工资标准（元）			
	金额（元）	比上年增长（%）	金额（元）	比上年增长（%）	一类区	二类区	三类区	四类区
2016	61994	7.1	57646	6.0				
2017	67688	9.2	63803	10.7	1760	1660	1560	1460

注：现行最低工资标准地区类别为：一类地区：呼和浩特市新城区等 15 个区，二连浩特市等 2 个计划单列市和阿拉善左旗等 10 个旗；二类地区：呼伦贝尔市海拉尔区等 6 个区、托克托县等 5 个县、锡林浩特市等 3 个县级市和阿荣旗等 9 个旗；三类地区：巴彦淖尔市临河区、开鲁县等 4 个县、乌兰浩特市等 3 个县级市和巴林右旗等 16 个旗；四类地区：卓资县等 8 个县、阿尔山市等 3 个县级市和库伦旗等 17 个旗。

数据来源：内蒙古自治区人社厅官方网站。

表 2　2000～2019 年内蒙古自治区企业工资指导线

年份	工资指导线			备注
	基准线%	增长上线%	增长下线%	
2000	8	13	0 或负增长	
2001	10	14	0 或负增长	
2002	9	15	0 或负增长	
2003	9	14	0 或负增长	
2004	11	15	0 或负增长	
2005	11	15	0 或负增长	
2006	12	17	0 或负增长	
2007	13	17	0 或负增长	
2008	12	17	3	
2009	13	18	3	
2010	15	20	3	分行业
2011	16	21	5	分行业
2012	14	18	4	分行业
2013	12	17	3.5	分行业
2014	11	16	3.5	分行业
2015	10.1	14.5	3.0	分行业
2016	8.5	13.5	3.0	分行业
2017	8.0	12.0	2.0	分行业
2018	7.0	10.0	1.5	分行业
2019	7.5	11.0	—	分行业

表 3　2017 年内蒙古最低工资标准及非全日制工作小时最低工资标准

工资类区	序号	旗县名称	工资类区	序号	旗县名称	工资类区	序号	旗县名称	工资类区	序号	旗县名称
一类区1760元	1	呼和浩特市新城区	二类区1660元	1	呼和浩特市和林格尔县	三类区1560元	1	扎兰屯市	四类区1460元	1	额尔古纳市
	2	呼和浩特市玉泉区		2	呼和浩特市托克托县		2	呼伦贝尔市新巴尔虎左旗		2	呼伦贝尔市鄂伦春自治旗
	3	呼和浩特市回民区		3	呼和浩特市清水河县		3	牙克石市		3	根河市
	4	呼和浩特市赛罕区		4	呼和浩特市武川县		4	乌兰浩特市		4	呼伦贝尔市莫力达瓦达斡尔族自治旗
	5	包头市东河区		5	呼和浩特市土默特左旗		5	通辽市开鲁县		5	阿尔山市
	6	包头市昆都仑区		6	包头市达尔罕茂明安联合旗		6	通辽市扎鲁特旗		6	兴安盟科尔沁右翼中旗
	7	包头市青山区		7	包头市土默特右旗		7	赤峰市阿鲁科尔沁旗		7	兴安盟科尔沁右翼前旗
	8	包头市白云鄂博矿区		8	包头市固阳县		8	赤峰市克什克腾旗		8	兴安盟突泉县
	9	包头市九原区		9	呼伦贝尔市海拉尔区		9	赤峰市巴林右旗		9	兴安盟扎赉特旗
	10	包头市石拐矿区		10	呼伦贝尔市阿荣旗		10	赤峰市巴林左旗		10	通辽市科尔沁左翼后旗
	11	鄂尔多斯市东胜区		11	呼伦贝尔市鄂温克族自治旗		11	赤峰市喀喇沁旗		11	通辽市科尔沁左翼中旗
	12	鄂尔多斯市达拉特旗		12	呼伦贝尔市新巴尔虎右旗		12	赤峰市翁牛特旗		12	通辽市库伦旗

续表

工资类区	序号	旗县名称	工资类区	序号	旗县名称	工资类区	序号	旗县名称	工资类区	序号	旗县名称
小时18.6元 15区 2市 10旗	13	鄂尔多斯市鄂托克旗	小时17.6元 6区 5县 3市 9旗	13	呼伦贝尔市陈巴尔虎旗	小时16.5元 1区 4县 3市 16旗	13	赤峰市宁城县	小时15.5元 8县 3市 17旗	13	通辽市奈曼旗
	14	鄂尔多斯市鄂托克前旗		14	通辽市科尔沁区		14	赤峰市林西县		14	赤峰市敖汉旗
	15	鄂尔多斯市杭锦旗		15	霍林郭勒市		15	锡林郭勒盟镶黄旗		15	锡林郭勒盟太仆寺旗
	16	鄂尔多斯市乌审旗		16	赤峰市红山区		16	锡林郭勒盟阿巴嘎旗		16	锡林郭勒盟正镶白旗
	17	鄂尔多斯市伊金霍洛旗		17	赤峰市松山区		17	锡林郭勒盟东乌珠穆沁旗		17	乌兰察布市察哈尔右翼前旗
	18	鄂尔多斯市准格尔旗		18	赤峰市元宝山区		18	锡林郭勒盟多伦县		18	乌兰察布市察哈尔右翼中旗
	19	乌海市海勃湾区		19	锡林浩特市		19	锡林郭勒盟苏尼特左旗		19	乌兰察布市察哈尔右翼后旗
	20	乌海市海南区		20	锡林郭勒盟西乌珠穆沁旗		20	锡林郭勒盟苏尼特右旗		20	乌兰察布市化德县
	21	乌海市乌达区		21	锡林郭勒盟正蓝旗		21	巴彦淖尔市临河区		21	乌兰察布市商都县
	22	阿拉善盟阿拉善左旗		22	乌兰察布市集宁区		22	巴彦淖尔市乌拉特前旗		22	乌兰察布市兴和县
	23	阿拉善盟阿拉善右旗		23	丰镇市		23	巴彦淖尔市乌拉特中旗		23	乌兰察布市卓资县
	24	阿拉善盟额济纳旗					24	巴彦淖尔市乌拉特后旗		24	乌兰察布市凉城县
	25	二连浩特市								25	乌兰察布市四子王旗
	26	满洲里市								26	巴彦淖尔市磴口县
	27	呼伦贝尔市扎赉诺尔区								27	巴彦淖尔市五原县
										28	巴彦淖尔市杭锦后旗

表 4　2009～2018 年全国各省份 GDP

单位：亿元

地区	2018 年	2017 年	2016 年	2015 年	2014 年	2013 年	2012 年	2011 年	2010 年	2009 年
北京市	30319.98	28014.94	25669.13	23014.59	21330.83	19800.81	17879.40	16251.93	14113.58	12153.03
天津市	18809.64	18549.19	17885.39	16538.19	15726.93	14442.01	12893.88	11307.28	9224.46	7521.85
河北省	36010.27	34016.32	32070.45	29806.11	29421.15	28442.95	26575.01	24515.76	20394.26	17235.48
山西省	16818.11	15528.42	13050.41	12766.49	12761.49	12665.25	12112.83	11237.55	9200.86	7358.31
内蒙古	17289.22	16096.21	18128.10	17831.51	17770.19	16916.50	15880.58	14359.88	11672.00	9740.25
辽宁省	25315.35	23409.24	22246.90	28669.02	28626.58	27213.22	24846.43	22226.70	18457.27	15212.49
吉林省	15074.62	14944.53	14776.80	14063.13	13803.14	13046.40	11939.24	10568.83	8667.58	7278.75
黑龙江省	16361.62	15902.68	15386.09	15083.67	15039.38	14454.91	13691.58	12582.00	10368.60	8587.00
上海市	32679.87	30632.99	28178.65	25123.45	23567.70	21818.15	20181.72	19195.69	17165.98	15046.45
江苏省	92595.40	85869.76	77388.28	70116.38	65088.32	59753.37	54058.22	49110.27	41425.48	34457.30
浙江省	56197.15	51768.26	47251.36	42886.49	40173.03	37756.59	34665.33	32318.85	27722.31	22990.35
安徽省	30006.82	27018.00	24407.62	22005.63	20848.75	19229.34	17212.05	15300.65	12359.33	10062.82
福建省	35804.04	32182.09	28810.58	25979.82	24055.76	21868.49	19701.78	17560.18	14737.12	12236.53
江西省	21984.78	20006.31	18499.00	16723.78	15714.63	14410.19	12948.88	11702.82	9451.26	7655.18
山东省	76469.67	72634.15	68024.49	63002.33	59426.59	55230.32	50013.24	45361.85	39169.92	33896.65
河南省	48055.86	44552.83	40471.79	37002.16	34938.24	32191.30	29599.31	26931.03	23092.36	19480.46

续表

地区	2018 年	2017 年	2016 年	2015 年	2014 年	2013 年	2012 年	2011 年	2010 年	2009 年
湖北省	39366. 55	35478. 09	32665. 38	29550. 19	27379. 22	24791. 83	22250. 45	19632. 26	15967. 61	12961. 10
湖南省	36425. 78	33902. 96	31551. 37	28902. 21	27037. 32	24621. 67	22154. 23	19669. 56	16037. 96	13059. 69
广东省	97277. 77	89705. 23	80854. 91	72812. 55	67809. 85	62474. 79	57067. 92	53210. 28	46013. 06	39482. 56
广西	20352. 51	18523. 26	18317. 64	16803. 12	15672. 89	14449. 90	13035. 10	11720. 87	9569. 85	7759. 16
海南省	4832. 05	4462. 54	4053. 20	3702. 76	3500. 72	3177. 56	2855. 54	2522. 66	2064. 50	1654. 21
重庆市	20363. 19	19424. 73	17740. 59	15717. 27	14262. 60	12783. 26	11409. 60	10011. 37	7925. 58	6530. 01
四川省	40678. 13	36980. 22	32934. 54	30053. 10	28536. 66	26392. 07	23872. 80	21026. 68	17185. 48	14151. 28
贵州省	14806. 45	13540. 83	11776. 73	10502. 56	9266. 39	8086. 86	6852. 20	5701. 84	4602. 16	3912. 68
云南省	17881. 12	16376. 34	14788. 42	13619. 17	12814. 59	11832. 31	10309. 47	8893. 12	7224. 18	6169. 75
西藏	1477. 63	1310. 92	1151. 41	1026. 39	920. 83	815. 67	701. 03	605. 83	507. 46	441. 36
陕西省	24438. 32	21898. 81	19399. 59	18021. 86	17689. 94	16205. 45	14453. 68	12512. 30	10123. 48	8169. 80
甘肃省	8246. 07	7459. 90	7200. 37	6790. 32	6836. 82	6330. 69	5650. 20	5020. 37	4120. 75	3387. 56
青海省	2865. 23	2624. 83	2572. 49	2417. 05	2303. 32	2122. 06	1893. 54	1670. 44	1350. 43	1081. 27
宁夏	3705. 18	3443. 56	3168. 59	2911. 77	2752. 10	2577. 57	2341. 29	2102. 21	1689. 65	1353. 31
新疆	12199. 08	10881. 96	9649. 70	9324. 80	9273. 46	8443. 84	7505. 31	6610. 05	5437. 47	4277. 05

注：2009 ~2018 年内蒙古 GDP 在全国 31 个省（自治区、直辖市）中的排名分别为第 15、15、15、15、15、15、16、18、21、21 名。

数据来源：国家统计局官方网站。

表 5　2009～2018 年全国各省份人均 GDP

单位：元

地区	2018 年	2017 年	2016 年	2015 年	2014 年	2013 年	2012 年	2011 年	2010 年	2009 年
北京市	140211	128994	118198	106497	99995	94648	87475	81658	73856	66940
天津市	120711	118944	115053	107960	105231	100105	93173	85213	72994	62574
河北省	47772	45387	43062	40255	39984	38909	36584	33969	28668	24581
山西省	45328	42060	35532	34919	35070	34984	33628	31357	26283	21522
内蒙古	68302	63764	72064	71101	71046	67836	63886	57974	47347	39735
辽宁省	58008	53527	50791	65354	65201	61996	56649	50760	42355	35149
吉林省	55611	54838	53868	51086	50160	47428	43415	38460	31599	26595
黑龙江省	43274	41916	40432	39462	39226	37697	35711	32819	27076	22447
上海市	134982	126634	116562	103796	97370	90993	85373	82560	76074	69165
江苏省	115168	107150	96887	87995	81874	75354	68347	62290	52840	44253
浙江省	98643	92057	84916	77644	73002	68805	63374	59249	51711	43842
安徽省	47712	43401	39561	35997	34425	32001	28792	25659	20888	16408
福建省	91197	82677	74707	67966	63472	58145	52763	47377	40025	33437
江西省	47434	43424	40400	36724	34674	31930	28800	26150	21253	17335
山东省	76267	72807	68733	64168	60879	56885	51768	47335	41106	35894
河南省	50152	46674	42575	39123	37072	34211	31499	28661	24446	20597

续表

地区	2018 年	2017 年	2016 年	2015 年	2014 年	2013 年	2012 年	2011 年	2010 年	2009 年
湖北省	66616	60199	55665	50654	47145	42826	38572	34197	27906	22677
湖南省	52949	49558	46382	42754	40271	36943	33480	29880	24719	20428
广东省	86412	80932	74016	67503	63469	58833	54095	50807	44736	39436
广西	41489	38102	38027	35190	33090	30741	27952	25326	20219	16045
海南省	51955	48430	44347	40818	38924	35663	32377	28898	23831	19254
重庆市	65933	63442	58502	52321	47850	43223	38914	34500	27596	22920
四川省	48883	44651	40003	36775	35128	32617	29608	26133	21182	17339
贵州省	41244	37956	33246	29847	26437	23151	19710	16413	13119	10971
云南省	37136	34221	31093	28806	27264	25322	22195	19265	15752	13539
西藏	43397	39267	35184	31999	29252	26326	22936	20077	17027	15008
陕西省	63477	57266	51015	47626	46929	43117	38564	33464	27133	21947
甘肃省	31336	28497	27643	26165	26433	24539	21978	19595	16113	13269
青海省	47689	44047	43531	41252	39671	36875	33181	29522	24115	19454
宁夏	54094	50765	47194	43805	41834	39613	36394	33043	26860	21777
新疆	49475	44941	40564	40036	40648	37553	33796	30087	25034	19942

注：2009 ~ 2018 年内蒙古人均 GDP 在全国 31 个省（自治区、直辖市）中的排名分别为第 6、6、6、5、6、6、6、8、9、9 名。

数据来源：国家统计局官方网站。

表 6　2013 ~ 2018 年全国各省份全体居民人均可支配年收入

单位：元

地区	2018 年	2017 年	2016 年	2015 年	2014 年	2013 年
北京市	62361. 22	57229. 83	52530. 38	48457. 99	44488. 57	40830. 04
天津市	39506. 15	37022. 33	34074. 46	31291. 36	28832. 29	26359. 20
河北省	23445. 65	21484. 13	19725. 42	18118. 09	16647. 40	15189. 64
山西省	21990. 14	20420. 01	19048. 88	17853. 67	16538. 32	15119. 72
内蒙古	28375. 65	26212. 23	24126. 64	22310. 09	20559. 34	18692. 89
辽宁省	29701. 45	27835. 44	26039. 70	24575. 58	22820. 15	20817. 84
吉林省	22798. 37	21368. 32	19966. 99	18683. 65	17520. 39	15998. 12
黑龙江省	22725. 85	21205. 79	19838. 50	18592. 65	17404. 39	15903. 45
上海市	64182. 65	58987. 96	54305. 35	49867. 17	45965. 83	42173. 64
江苏省	38095. 79	35024. 09	32070. 10	29538. 85	27172. 77	24775. 54
浙江省	45839. 84	42045. 69	38529. 00	35537. 09	32657. 57	29774. 99
安徽省	23983. 58	21863. 30	19998. 10	18362. 57	16795. 52	15154. 31
福建省	32643. 93	30047. 75	27607. 93	25404. 36	23330. 85	21217. 95
江西省	24079. 68	22031. 45	20109. 56	18437. 11	16734. 17	15099. 68
山东省	29204. 61	26929. 94	24685. 27	22703. 19	20864. 21	19008. 26
河南省	21963. 54	20170. 03	18443. 08	17124. 75	15695. 18	14203. 71
湖北省	25814. 54	23757. 17	21786. 64	20025. 56	18283. 23	16472. 46
湖南省	25240. 75	23102. 71	21114. 79	19317. 49	17621. 74	16004. 90
广东省	35809. 90	33003. 29	30295. 80	27858. 86	25684. 96	23420. 75
广西	21485. 03	19904. 76	18305. 08	16873. 42	15557. 08	14082. 30
海南省	24579. 04	22553. 24	20653. 44	18978. 97	17476. 46	15733. 28
重庆市	26385. 84	24152. 99	22034. 14	20110. 11	18351. 90	16568. 67
四川省	22460. 55	20579. 82	18808. 26	17220. 96	15749. 01	14230. 99
贵州省	18430. 18	16703. 65	15121. 15	13696. 61	12371. 06	11083. 06
云南省	20084. 19	18348. 34	16719. 90	15222. 57	13772. 21	12577. 87
西藏	17286. 06	15457. 3	13639. 24	12254. 30	10730. 22	9740. 43
陕西省	22528. 26	20635. 21	18873. 74	17394. 98	15836. 75	14371. 55
甘肃省	17488. 39	16011. 00	14670. 31	13466. 59	12184. 71	10954. 40
青海省	20757. 26	19001. 02	17301. 76	15812. 70	14373. 98	12947. 84
宁夏	22400. 42	20561. 66	18832. 28	17329. 09	15906. 78	14565. 78
新疆	21500. 24	19975. 10	18354. 65	16859. 11	15096. 62	13669. 62

注：2013 ~ 2018 年内蒙古全体居民人均可支配年收入在全国 31 个省（自治区、直辖市）中的排名分别为第 10、10、10、10、10、10 名。

数据来源：国家统计局官方网站。

表 7　2009 ~ 2017 年全国各省份城镇单位在岗职工年均工资

单位：元

地区	2017 年	2016 年	2015 年	2014 年	2013 年	2012 年	2011 年	2010 年	2009 年
北京市	134994	122749	113073	103400	93997	85306	75835	65683	58140
天津市	96965	87806	81486	73839	68864	65398	55636	52963	44992
河北省	65266	56987	52409	46239	42532	39542	35973	32306	28383
山西省	61547	54975	52960	49984	47417	44943	39903	33544	28469
内蒙古	67688	61994	57870	54460	51388	47053	41481	35507	30699
辽宁省	62545	57148	53458	49110	46310	42503	38713	35057	31104
吉林省	62908	57486	52927	47683	43821	39092	34197	29399	26230
黑龙江省	59995	55299	51241	46036	42744	38598	33503	29603	26535
上海市	130765	120503	109279	100623	91477	80191	77031	71874	63549
江苏省	79741	72684	67200	61783	57984	51279	45987	40505	35890
浙江省	82642	74644	67707	62460	57310	50813	45780	41505	37395
安徽省	67927	61289	56974	52388	48929	46091	40640	34341	29658
福建省	69029	63138	58719	54235	49328	44979	38989	32647	28666
江西省	63069	57470	52137	47299	43582	39651	34102	29092	24696
山东省	69305	63562	58197	52460	47652	42572	37992	33729	29688
河南省	55997	50028	45920	42670	38804	37958	34203	30303	27357
湖北省	67736	61113	55237	50637	44613	40884	37134	32588	27127
湖南省	65994	60160	53889	48525	43893	40028	35520	30483	27284
广东省	80020	72848	66296	59827	53611	50577	45152	40358	36355
广西	66456	60239	54983	46846	42637	37614	34064	31842	28302
海南省	69062	62565	58406	50589	45573	40051	36716	31025	24934
重庆市	73272	67386	62091	56852	51015	45392	40042	35326	30965
四川省	71631	65781	60520	53722	49019	43110	37924	33112	28563
贵州省	75109	69678	62591	54685	49087	42733	37331	31458	28245
云南省	73515	63562	55025	47802	44188	38908	35031	30177	26992
西藏	115549	110330	110980	68059	64409	58347	55845	54397	48750
陕西省	67433	61626	56896	52119	48853	44330	39043	34299	30185
甘肃省	65726	59549	54454	48470	44109	38440	32724	29588	27177
青海省	76535	67451	61868	57804	52105	46827	42493	37182	33561
宁夏	72779	67830	62482	56811	52185	48961	44574	39144	34082
新疆	68641	64630	60914	54407	49843	45243	38820	32361	27753

注：2009 ~ 2017 年内蒙古城镇单位在岗职工平均工资在全国 31 个省（自治区、直辖市）中的排名分别为第 12、9、9、9、10、12、17、18、20 名。

数据来源：国家统计局官方网站。

表8　1978～2017年内蒙古自治区职工工资总额

单位：万元

年份	全部职工工资总额	国有单位职工工资总额	国有单位职工工资总额/全部职工工资总额
1978	149779	128019	0.85
1980	198255	164897	0.83
1981	210486	175079	0.83
1982	230005	189964	0.83
1983	247989	203182	0.82
1984	292787	234455	0.80
1985	339534	271875	0.80
1986	405310	324839	0.80
1987	436260	350557	0.80
1988	531584	429383	0.81
1989	589385	475264	0.81
1990	662156	540255	0.82
1991	755609	615184	0.81
1992	897992	735751	0.82
1993	1090634	894747	0.82
1994	1410664	1178947	0.84
1995	1561199	1312079	0.84
1996	1758549	1483936	0.84
1997	1853641	1586052	0.86
1998	1747030	1375390	0.79
1999	1779688	1379154	0.77
2000	1859617	1442792	0.78
2001	2105277	1633364	0.78
2002	2374765	1791830	0.75
2003	2723285	1988162	0.73
2004	3230903	2339836	0.72
2005	3877342	2656826	0.69
2006	4469480	3078254	0.69
2007	5365887	3660690	0.68
2008	6384902	4402592	0.69

续表

年份	全部职工工资总额	国有单位职工工资总额	国有单位职工工资总额/全部职工工资总额
2009	7535111	5338087	0.71
2010	8798003	6252755	0.71
2011	11085738	7577309	0.68
2012	12805461	8652112	0.68
2013	15633371	9118184	0.58
2014	16362974	9363412	0.57
2015	17067037	10217897	0.60
2016	17957142	10962539	0.61
2017	18566500	11388004	0.61

数据来源：《内蒙古统计年鉴 2018》“表 5－9 职工工资总额和指数”。作者整理计算。

表 9　1978～2017 年内蒙古自治区职工平均工资及增长率

年份	全部职工平均工资（元）	全部职工平均工资增长率（%）	国有单位职工平均工资（元）	国有单位职工平均工资增长率（%）
1978	712	—	749	—
1980	796	—	839	—
1981	807	1.38	851	1.43
1982	826	2.35	869	2.12
1983	862	4.36	903	3.91
1984	986	14.39	1047	15.95
1985	1095	11.05	1169	11.65
1986	1239	13.15	1325	13.34
1987	1301	5.00	1410	6.42
1988	1548	18.99	1641	16.38
1989	1685	8.85	1779	8.41
1990	1846	9.55	1971	10.79
1991	2012	8.99	2148	8.98
1992	2339	16.25	2493	16.06
1993	2796	19.54	2998	20.26
1994	3675	31.44	3942	31.49

续表

年份	全部职工平均工资（元）	全部职工平均工资增长率（%）	国有单位职工平均工资（元）	国有单位职工平均工资增长率（%）
1995	4134	12.49	4407	11.80
1996	4716	14.08	4996	13.37
1997	5124	8.65	5462	9.33
1998	5792	13.04	5979	9.47
1999	6347	9.58	6580	10.05
2000	6974	9.88	7261	10.35
2001	8250	18.30	8737	20.33
2002	9683	17.37	10287	17.74
2003	11279	16.48	11929	15.96
2004	13324	18.13	14209	19.11
2005	15985	19.97	16598	16.81
2006	18469	15.54	19386	16.80
2007	21884	18.49	22822	17.72
2008	26114	19.33	27316	19.69
2009	30699	17.56	32326	18.34
2010	35507	15.66	37602	16.32
2011	41481	16.82	44143	17.40
2012	47053	13.43	49680	12.54
2013	51388	9.21	54592	9.89
2014	54460	5.98	56987	4.39
2015	57870	6.26	62059	8.90
2016	61994	7.13	67038	8.02
2017	67688	9.18	71419	6.54

数据来源：《内蒙古统计年鉴 2018》“表 5－10 职工平均工资及指数”。作者整理计算。

表 10　1987～1998 年内蒙古各盟市国有单位年末职工人数

单位：人

各盟市	1987 年	1988 年	1989 年	1990 年	1991 年	1992 年	1993 年	1994 年	1995 年	1996 年	1997 年	1998 年
呼和浩特市	294000	303000	304000	315700	323253	335944	350719	354063	352180	380577	372441	307600
包头市	386000	395000	402000	413600	430335	441827	449102	437414	415145	420035	390894	215409
乌海市	96000	98000	101000	103500	113242	115350	114169	113768	115638	112152	109418	87565
赤峰市	280000	289000	291000	305000	313753	323719	331922	332600	346216	350252	345800	289727
呼伦贝尔盟	329000	337000	342000	361400	380296	391130	390936	392574	381149	378336	363121	282966
兴安盟	129000	133000	134000	140300	147028	150588	154106	150977	156744	157449	154817	125863
哲里木盟	231000	242000	241000	248800	257576	261244	272761	270469	279648	279888	264073	223019
锡林郭勒盟	112000	115000	120000	125800	129456	130597	122876	121389	124105	121028	116814	98550
乌兰察布盟	174000	181000	180000	188900	198603	201995	193297	198520	202114	164403	160870	122134
伊克昭盟	92000	100000	101000	110800	118326	133215	133884	133463	136355	132891	131722	112741
巴彦淖尔盟	142000	150000	149000	157800	163715	169833	168949	165877	168963	175635	167903	141873
阿拉善盟	32000	34000	34000	37100	38935	41498	40770	40405	38580	41764	39787	33883

数据来源：1987 年数据来自《内蒙古统计年鉴 1988》“职工人数及城镇个体劳动者”。1988 年数据来自《内蒙古统计年鉴 1989》“45 职工人数及城镇个体劳动者”。1989 年数据来自《内蒙古统计年鉴 1990》“45 职工人数及城镇个体劳动者”。1990 年数据来自《内蒙古统计年鉴 1991》“44 职工人数及城镇个体劳动者”。1991 年数据来自《内蒙古统计年鉴 1992》“46 职工人数及城镇个体劳动者”。1992 年数据来自《内蒙古统计年鉴 1993》“42 职工人数及城镇个体劳动者”。1993 年数据来自《内蒙古统计年鉴 1994》“40 职工人数及城镇个体劳动者”。1994 年数据来自《内蒙古统计年鉴 1995》“52 职工人数及城镇个体劳动者”。1995 年数据来自《内蒙古统计年鉴 1996》“52 职工人数及城镇个体私营劳动者”。1996 年数据来自《内蒙古统计年鉴 1997》“52 职工人数及城镇个体私营劳动者”。1997 年数据来自《内蒙古统计年鉴 1998》“50 职工人数及城镇个体私营劳动者”。1998 年数据来自《内蒙古统计年鉴 1999》“45 在岗职工人数及城镇个体私营劳动者”。

表 11　1987 ~ 1998 年各盟市国有单位职工工资总额

单位：万元

各盟市	1987 年	1988 年	1989 年	1990 年	1991 年	1992 年	1993 年	1994 年	1995 年	1996 年	1997 年	1998 年
呼和浩特市	40520. 8	48212. 4	52495	58465. 3	65494. 1	82673. 2	108745. 2	149956. 3	158245. 3	183352. 7	207400. 8	1993421
包头市	55023. 6	66413. 1	73384. 3	85488	96543. 4	115371. 1	162766. 7	222506. 8	222665. 3	246197	261676. 4	1337914
乌海市	14910. 7	17552. 8	19982. 7	23529. 8	26637. 1	30453. 4	39002. 6	50013. 1	46883. 9	48875. 8	52900. 1	496911
赤峰市	35874. 1	45554. 6	50269. 7	56990. 9	61685. 5	73816. 8	93779. 2	117922. 6	136675. 7	154387. 5	173255. 2	1529395
呼伦贝尔盟	44211. 6	53255. 3	60965. 7	71683. 7	84473. 8	99346	115082. 7	137372. 6	156835. 9	176322	188092. 2	1694532
兴安盟	14641. 9	17533. 2	18950. 8	21388	24078. 1	29362. 8	38373. 6	47100. 9	53855	62027. 5	66540. 8	635181
哲里木盟	27977. 4	35607. 1	37816. 8	41615. 1	45369. 3	54503. 9	66893. 8	82505. 3	97069. 5	107208. 3	114083. 7	1094714
锡林郭勒盟	13914. 6	16327. 4	18506. 2	21445. 3	23735. 1	28534. 6	33897. 4	44627. 6	51886. 8	57309	60753	585133
乌兰察布盟	20009. 1	24154. 1	26436. 5	29387. 3	32279. 4	36779. 3	43784. 7	55453. 3	67069. 4	61672. 3	66606. 3	626549
伊克昭盟	11854. 2	15213. 1	17263. 3	20503. 2	24249. 7	29822	40551	54831. 7	62828. 4	68049. 2	79540. 3	801308
巴彦淖尔盟	16880. 5	21228. 3	22033. 3	24928. 5	26697. 3	31629. 5	38966. 1	52945. 8	56386. 8	74474. 8	74318. 3	720529
阿拉善盟	5176. 1	6505	7463. 8	8204. 1	9321. 3	10970. 2	14627. 6	18079. 3	19823. 1	23467. 8	25767. 1	251839

数据来源：1987 年数据来自《内蒙古统计年鉴 1988》“职工工资总额及平均工资”。1988 年数据来自《内蒙古统计年鉴 1989》“46 职工工资总额及平均工资”。1989 年数据来自《内蒙古统计年鉴 1990》“46 职工工资总额及平均工资”。1990 年数据来自《内蒙古统计年鉴 1991》“45 职工工资总额及平均工资”。1991 年数据来自《内蒙古统计年鉴 1992》“47 职工工资总额及平均工资”。1992 年数据来自《内蒙古统计年鉴 1993》“43 职工工资总额及平均工资”。1993 年数据来自《内蒙古统计年鉴 1994》“41 职工工资总额及平均工资”。1994 年数据来自《内蒙古统计年鉴 1995》“53 职工工资总额及平均工资”。1995 年数据来自《内蒙古统计年鉴 1996》“54 职工工资总额及平均工资”。1996 年数据来自《内蒙古统计年鉴 1997》“54 职工工资总额及平均工资”。1997 年数据来自《内蒙古统计年鉴 1998》“52 职工工资总额及平均工资”。1998 年数据来自《内蒙古统计年鉴 1999》“47 在岗职工工资总额及平均工资”。

表 12　1987～1998 年各盟市国有单位职工平均工资

单位：元

各盟市	1987 年	1988 年	1989 年	1990 年	1991 年	1992 年	1993 年	1994 年	1995 年	1996 年	1997 年	1998 年
呼和浩特市	1400	1623	1735	1887	2056	2491	3116	4197	4541	4834	5500	6377
包头市	1459	1720	1869	2128	2301	2678	3708	5067	5421	5808	6612	6080
乌海市	1634	1877	2081	2384	2563	2765	3465	4460	4150	4338	4972	5800
赤峰市	1316	1611	1751	1917	2012	2347	2869	3593	4029	4531	5149	5369
呼伦贝尔盟	1410	1639	1821	2065	2277	2624	3012	3607	4190	4902	5292	5954
兴安盟	1164	1346	1429	1555	1681	1976	2513	3166	3582	4112	4395	5036
哲里木盟	1237	1514	1578	1724	1792	3107	2501	3088	3518	3865	4296	4945
锡林郭勒盟	1273	1441	1577	1734	1841	2182	2752	3684	4215	4742	5231	5939
乌兰察布盟	1177	1362	1464	1585	1660	1837	2305	2835	3344	3845	4196	5137
伊克昭盟	1309	1546	1637	1843	1989	2316	3048	4189	4684	5239	6134	7052
巴彦淖尔盟	1196	1447	1493	1642	1678	1891	2310	3218	3353	4355	4414	4976
阿拉善盟	1656	1973	2131	2263	2413	2755	3211	4579	5174	5653	6552	7379

数据来源：1987 年数据来自《内蒙古统计年鉴 1988》“职工工资总额及平均工资”。1988 年数据来自《内蒙古统计年鉴 1989》“46 职工工资总额及平均工资”。1989 年数据来自《内蒙古统计年鉴 1990》“46 职工工资总额及平均工资”。1990 年数据来自《内蒙古统计年鉴 1991》“45 职工工资总额及平均工资”。1991 年数据来自《内蒙古统计年鉴 1992》“47 职工工资总额及平均工资”。1992 年数据来自《内蒙古统计年鉴 1993》“43 职工工资总额及平均工资”。1993 年数据来自《内蒙古统计年鉴 1994》“41 职工工资总额及平均工资”。1994 年数据来自《内蒙古统计年鉴 1995》“53 职工工资总额及平均工资”。1995 年数据来自《内蒙古统计年鉴 1996》“54 职工工资总额及平均工资”。1996 年数据来自《内蒙古统计年鉴 1997》“54 职工工资总额及平均工资”。1997 年数据来自《内蒙古统计年鉴 1998》“52 职工工资总额及平均工资”。1998 年数据来自《内蒙古统计年鉴 1999》“47 在岗职工工资总额及平均工资”。

表 13　1987～1998 年各盟市国有单位职工平均工资增长率

单位：%

年份	1988 年	1989 年	1990 年	1991 年	1992 年	1993 年	1994 年	1995 年	1996 年	1997 年	1998 年
呼和浩特市	15.93	6.90	8.76	8.96	21.16	25.09	34.69	8.20	6.45	13.78	15.95
包头市	17.89	8.66	13.86	8.13	16.38	38.46	36.65	6.99	7.14	13.84	-8.05
乌海市	14.87	10.87	14.56	7.51	7.88	25.32	28.72	-6.95	4.53	14.62	16.65
赤峰市	22.42	8.69	9.48	4.96	16.65	22.24	25.24	12.13	12.46	13.64	4.27
呼伦贝尔盟	16.24	11.10	13.40	10.27	15.24	14.79	19.75	16.16	16.99	7.96	12.51
兴安盟	15.64	6.17	8.82	8.10	17.55	27.18	25.98	13.14	14.80	6.88	14.58
哲里木盟	22.39	4.23	9.25	3.94	73.38	-19.50	23.47	13.92	9.86	11.15	15.11
锡林郭勒盟	13.20	9.44	9.96	6.17	18.52	26.12	33.87	14.41	12.50	10.31	13.53
乌兰察布盟	15.72	7.49	8.27	4.73	10.66	25.48	22.99	17.95	14.98	9.13	22.43
伊克昭盟	18.11	5.89	12.58	7.92	16.44	31.61	37.43	11.82	11.85	17.08	14.97
巴彦淖尔盟	20.99	3.18	9.98	2.19	12.69	22.16	39.31	4.20	29.88	1.35	12.73
阿拉善盟	19.14	8.01	6.19	6.63	14.17	16.55	42.60	12.99	9.26	15.90	12.62

数据来源：1987 年数据来自《内蒙古统计年鉴 1988》“职工工资总额及平均工资”。1988 年数据来自《内蒙古统计年鉴 1989》“46 职工工资总额及平均工资”。1989 年数据来自《内蒙古统计年鉴 1990》“46 职工工资总额及平均工资”。1990 年数据来自《内蒙古统计年鉴 1991》“45 职工工资总额及平均工资”。1991 年数据来自《内蒙古统计年鉴 1992》“47 职工工资总额及平均工资”。1992 年数据来自《内蒙古统计年鉴 1993》“43 职工工资总额及平均工资”。1993 年数据来自《内蒙古统计年鉴 1994》“41 职工工资总额及平均工资”。1994 年数据来自《内蒙古统计年鉴 1995》“53 职工工资总额及平均工资”。1995 年数据来自《内蒙古统计年鉴 1996》“54 职工工资总额及平均工资”。1996 年数据来自《内蒙古统计年鉴 1997》“54 职工工资总额及平均工资”。1997 年数据来自《内蒙古统计年鉴 1998》“52 职工工资总额及平均工资”。1998 年数据来自《内蒙古统计年鉴 1999》“47 在岗职工工资总额及平均工资”。作者整理计算。

表 14　1999～2000 年内蒙古各盟市国有单位年末职工人数

单位：人

各盟市	1999 年	2000 年
呼和浩特市	281029	251011
包头市	175025	153648
乌海市	68068	63379
赤峰市	277087	266680
通辽市	217349	211861
呼伦贝尔盟	256359	243401
兴安盟	116159	104646
锡林郭勒盟	91468	89853
乌兰察布盟	114645	109035
伊克昭盟	103436	97439
巴彦淖尔盟	126177	123314
阿拉善盟	29690	26810

数据来源：1999 年数据来自《内蒙古统计年鉴 2000》“43 在岗职工人数及城镇个体私营劳动者”。2000 年数据来自《内蒙古统计年鉴 2001》“22－7 各盟市分等级注册类型年底职工人数”。

表 15　1999～2000 年各盟市国有单位职工工资总额

单位：万元

各盟市	1999 年	2000 年
呼和浩特市	198603. 2	209240
包头市	122355. 1	125137
乌海市	42971. 7	47489
赤峰市	166434. 8	167558
通辽市	124448. 7	128319
呼伦贝尔盟	167828. 8	168245
兴安盟	65381. 4	65694
锡林郭勒盟	61533. 9	65285

续表

各盟市	1999 年	2000 年
乌兰察布盟	67646. 4	73793
伊克昭盟	75873. 3	80163
巴彦淖尔盟	72271. 8	79047
阿拉善盟	22676. 8	25155

数据来源：1999 年数据来自《内蒙古统计年鉴 2000》“45 在岗职工工资总额及平均工资”。2000 年数据来自《内蒙古统计年鉴 2001》“22 - 13 各盟市职工工资总额和指数”。

表 16　1999 ~ 2000 年盟市国有单位职工平均工资及增长率

单位：元，%

各盟市	1999 年	2000 年	增长率
呼和浩特市	7053	7995	13. 36
包头市	6861	7945	15. 80
乌海市	6353	7472	17. 61
赤峰市	6117	6505	6. 34
通辽市	5695	5974	4. 90
呼伦贝尔盟	6426	6922	7. 72
兴安盟	5652	6286	11. 22
锡林郭勒盟	6661	7238	8. 66
乌兰察布盟	5935	6798	14. 54
伊克昭盟	7377	8220	11. 43
巴彦淖尔盟	5714	6383	11. 71
阿拉善盟	7807	9384	20. 20

数据来源：1999 年数据来自《内蒙古统计年鉴 2000》“45 在岗职工工资总额及平均工资”。2000 年数据来自《内蒙古统计年鉴 2001》“22 - 14 各盟市职工平均工资及指数”。作者整理计算。

表 17　2001 ~ 2017 年内蒙古各盟市国有单位年末职工人数

单位：人

各盟市	2001 年	2002 年	2003 年	2004 年	2005 年	2006 年	2007 年	2008 年	2009 年	2010 年	2011 年	2012 年	2013 年	2014 年	2015 年	2016 年	2017 年
呼和浩特市	229440	212740	208085	202725	197815	198701	201776	205459	207027	210559	218059	221859	206507	193683	191010	195403	192494
包头市	142399	135718	131582	129175	130528	123903	122284	123351	125493	126900	131495	129857	127248	118182	122440	120685	123037
呼伦贝尔市	235667	203550	199459	189806	190638	191021	187928	201525	202226	203168	205686	205790	185351	181511	185736	184548	174142
兴安盟	99859	96536	94203	92432	89424	87112	85993	87816	88824	89276	92063	92826	91507	93148	94928	93418	92001
通辽市	198799	193433	179890	183526	182860	179425	179258	180473	182681	187133	186317	186938	189756	194116	197668	197046	186562
赤峰市	258059	245076	209780	209484	204600	196305	197867	198321	194009	197164	197229	201939	199844	196860	193072	195429	190498
锡林郭勒盟	86031	77196	76305	74522	74079	74893	74404	75837	79415	81433	83626	87190	82874	84584	85599	86242	84295
乌兰察布市	103660	100606	100557	105733	105041	107123	110885	108960	103695	106292	108081	111392	111330	109787	111768	109683	111543
鄂尔多斯市	96821	89101	83101	85930	88557	92561	96501	98719	104119	111811	125069	140927	154421	148993	140086	145326	141427
巴彦淖尔市	114921	110310	105272	101351	101149	100568	101744	101287	102709	103049	102709	104589	99635	101734	103540	98640	95733
乌海市	52348	48368	46255	46719	25293	25776	26034	26648	53315	54385	56711	54369	29382	28356	27560	27226	28972
阿拉善盟	27682	22671	21582	21618	20398	21288	22938	24573	26271	25013	26087	26685	26587	27237	27560	26018	25887
直报单位	217010	209263	204710	191943	186382	186062	195002	179972	174578	170849	173659	172476	168999	168645	162798	157392	155073

数据来源：2001 年数据来自《内蒙古统计年鉴 2002》“22 – 7 各盟市登记注册类型年底职工人数”。2002 年数据来自《内蒙古统计年鉴 2003》“22 – 7 各盟市登记注册类型年底职工人数”。2003 年数据来自《内蒙古统计年鉴 2004》“22 – 7 各盟市登记注册类型年末职工人数”。2004 年数据来自《内蒙古统计年鉴 2005》“22 – 7 各盟市登记注册类型年末职工人数”。2005 年数据来自《内蒙古统计年鉴 2006》“22 – 7 各盟市登记注册类型年末职工人数”。2006 年数据来自《内蒙古统计年鉴 2007》“22 – 7 各盟市登记注册类型年末职工人数”。2007 年数据来自《内蒙古统计年鉴 2008》“22 – 7 各盟市登记注册类型年末职工人数”。2008 年数据来自《内蒙古统计年鉴 2009》“22 – 7 各盟市登记注册类型年末职工人数”。2009 年数据来自《内蒙古统计年鉴 2010》“22 – 7 各盟市登记注册类型年末职工人数”。2010 年数据来自《内蒙古统计年鉴 2011》“22 – 7各盟市登记注册类型年末职工人数”。2011 年数据来自《内蒙古统计年鉴 2012》“22 – 7 各盟市登记注册类型年末职工人数”。2012 年数据来自《内蒙古统计年鉴 2013》“22 – 7 各盟市登记注册类型年末职工人数”。2013 年数据来自《内蒙古统计年鉴 2014》“22 – 7 各盟市登记注册类型年末职工人数”。2014 年数据来自《内蒙古统计年鉴 2015》“22 – 7 各盟市登记注册类型年末职工人数”。2015 年数据来自《内蒙古统计年鉴 2016》“22 – 7 各盟市登记注册类型年末职工人数”。2016 年数据来自《内蒙古统计年鉴 2017》“22 – 7 各盟市登记注册类型年末职工人数”。2017 年数据来自《内蒙古统计年鉴 2018》“22 – 7 各盟市登记注册类型年末职工人数”。

表 18　2001～2017 年内蒙古各盟市国有单位职工工资总额

单位：万元

年份	2001 年	2002 年	2003 年	2004 年	2005 年	2006 年	2007 年	2008 年	2009 年	2010 年	2011 年	2012 年	2013 年	2014 年	2015 年	2016 年	2017 年
呼和浩特市	222205	269953	305620	390138	472343	545162.5	629026	734272.1	836802.4	921602	1004687	1064101	1077648	1031451	1098920	1191019	1327820
包头市	98791	104440	113792	250429	322423	337707.8	375231	441415.8	516559.4	584560	677169	765166	816660	760363	877560	951729	994742
呼伦贝尔市	189546	209207	224607	246914	272041	330093.7	388591	511896.4	611110.5	709741	852862	983135	950363	974693	1039121	1140711	1151101
兴安盟	203138	222554	219338	98413	104490	113038.7	128439	169701.1	193719.7	235580	292651	371622	386909	430968	527148	551882	577718
通辽市	44399	51072	58106	200559	216488	251629.1	294144	339270.8	387005.1	483867	661122	722483	808459	923758	1077174	1145850	1134270
赤峰市	76829	83251	88657	253775	272818	307719.9	395274	459119.6	576031.8	669796	836433	978195	1094299	1137435	1214779	1318065	1324248
锡林郭勒盟	79212	84632	90637	106344	125774	143752.1	172282	208968.1	261872.5	313638	395631	447727	519961	518516	573323	623641	642163
乌兰察布市	143566	149840	174656	137104	148503	174307.7	223987	279380	311419	340953	406769	488162	536430	558284	648170	733415	762667
鄂尔多斯市	93982	100859	112106	151403	190074	250754.1	308739	375563.9	487943.9	631500	793931	984166	1163071	1114187	1122223	1251473	1222229

续表

年份	2001年	2002年	2003年	2004年	2005年	2006年	2007年	2008年	2009年	2010年	2011年	2012年	2013年	2014年	2015年	2016年	2017年
巴彦淖尔市	136179	155961	201602	119235	135076	155109.5	170450	213776.9	265539	322079	383875	439383	466510	508234	556252	553155	623975
乌海市	95413	99396	109946	78028	50957	57449	70251	79411.8	231539	259288	324500	351057	154283	152215	168063	172923	207947
阿拉善盟	31913	32388	34577	38188	42253	48375	60117	80627.1	93812.8	117967	140212	156389	163255	173483	211008	208786	216505

数据来源：2001年数据来自《内蒙古统计年鉴2002》“22－13各盟市职工工资总额和指数”。2002年数据来自《内蒙古统计年鉴2003》“22－13各盟市职工工资总额和指数”。2003年数据来自《内蒙古统计年鉴2004》“22－13各盟市职工工资总额和指数”。2004年数据来自《内蒙古统计年鉴2005》“22－13各盟市职工工资总额和指数”。2005年数据来自《内蒙古统计年鉴2006》“22－13各盟市职工工资总额和指数”。2006年数据来自《内蒙古统计年鉴2007》“22－13各盟市职工工资总额和指数”。2007年数据来自《内蒙古统计年鉴2008》“22－13各盟市职工工资总额和指数”。2008年数据来自《内蒙古统计年鉴2009》“22－13各盟市职工工资总额和指数”。2009年数据来自《内蒙古统计年鉴2010》“22－13各盟市职工工资总额和指数”。2010年数据来自《内蒙古统计年鉴2011》“22－13各盟市职工工资总额和指数”。2011年数据来自《内蒙古统计年鉴2012》“22－13各盟市职工工资总额和指数”。2012年数据来自《内蒙古统计年鉴2013》“22－13各盟市职工工资总额和指数”。2013年数据来自《内蒙古统计年鉴2014》“22－13各盟市职工工资总额和指数”。2014年数据来自《内蒙古统计年鉴2015》“22－13各盟市职工工资总额和指数”。2015年数据来自《内蒙古统计年鉴2016》“22－13各盟市职工工资总额和指数”。2016年数据来自《内蒙古统计年鉴2017》“22－13各盟市职工工资总额和指数”。2017年数据来自《内蒙古统计年鉴2018》“22－13各盟市职工工资总额和指数”。

表 19　2001～2017 年内蒙古各盟市国有单位职工平均工资

单位：元

各盟市	2001 年	2002 年	2003 年	2004 年	2005 年	2006 年	2007 年	2008 年	2009 年	2010 年	2011 年	2012 年	2013 年	2014 年	2015 年	2016 年	2017 年
呼和浩特市	9478	12468	14590	19058	23040	26809	30618	35589	38932	43042	43906	47571	52442	53245	57600	61010	69292
包头市	9366	11306	15165	19166	24877	26584	30483	35805	41291	46112	51657	59112	64871	64802	71940	79008	80849
呼伦贝尔市	8192	10161	11311	12722	14535	17517	20659	25307	30207	35095	41745	47801	51102	53911	56237	62345	66101
兴安盟	7669	8390	9309	10613	11591	12883	14971	19450	21816	26370	31814	39701	42492	46324	55598	59150	63795
通辽市	7183	7681	9578	10845	11730	13995	16407	18799	21254	26185	35554	38672	42704	47797	54551	58276	60799
赤峰市	8008	9432	10513	12078	13425	15719	19951	23065	29361	33808	41859	47964	54792	58030	62703	67679	69515
锡林郭勒盟	9212	10908	11860	14173	16843	19240	23095	27703	32901	38731	47512	51639	62780	61319	67074	72645	76180
乌兰察布市	9125	9930	11196	13046	14213	16435	20424	25748	30002	32393	37683	43580	48245	51068	57974	66817	68374
鄂尔多斯市	10285	11646	13851	17801	21532	27320	31911	38373	47623	56944	63527	69599	74486	75008	80231	85107	86421
巴彦淖尔市	8299	8865	10371	11606	13339	15035	16561	21011	25906	31399	37380	42095	46613	49971	53550	56077	65179
乌海市	8559	10590	12167	16626	19749	22488	27385	30117	43914	47744	57648	63995	52911	53994	60732	63284	71775
阿拉善盟	12177	14222	15861	17774	20698	23193	27242	33500	36182	47950	53246	56509	61007	62836	75172	79299	83635

数据来源：2001 年数据来自《内蒙古统计年鉴 2002》“22－14 各盟市职工平均工资及指数”。2002 年数据来自《内蒙古统计年鉴 2003》“22－14 各盟市职工平均工资及指数”。2003 年数据来自《内蒙古统计年鉴 2004》“22－14 各盟市职工平均工资及指数”。2004 年数据来自《内蒙古统计年鉴 2005》“22－14 各盟市职工平均工资及指数”。2005 年数据来自《内蒙古统计年鉴 2006》“22－14 各盟市职工平均工资及指数”。2006 年数据来自《内蒙古统计年鉴 2007》“22－14 各盟市职工平均工资及指数”。2007 年数据来自《内蒙古统计年鉴 2008》“22－14 各盟市职工平均工资及指数”。2008 年数据来自《内蒙古统计年鉴 2009》“22－14 各盟市职工平均工资及指数”。2009 年数据来自《内蒙古统计年鉴 2010》“22－14 各盟市职工平均工资及指数”。2010 年数据来自《内蒙古统计年鉴 2011》“22－14 各盟市职工平均工资及指数”。2011 年数据来自《内蒙古统计年鉴 2012》“22－14 各盟市职工平均工资及指数”。2012 年数据来自《内蒙古统计年鉴 2013》“22－14 各盟市职工平均工资及指数”。2013 年数据来自《内蒙古统计年鉴 2014》“22－14 各盟市职工平均工资及指数”。2014 年数据来自《内蒙古统计年鉴 2015》“22－14 各盟市职工平均工资及指数”。2015 年数据来自《内蒙古统计年鉴 2016》“22－14 各盟市职工平均工资及指数”。2016 年数据来自《内蒙古统计年鉴 2017》“22－14 各盟市职工平均工资及指数”。2017 年数据来自《内蒙古统计年鉴 2018》“22－14 各盟市职工平均工资及指数”。

表 20　2001～2017 年内蒙古各盟市国有单位职工平均工资增长率

单位：%

各盟市	2002 年	2003 年	2004 年	2005 年	2006 年	2007 年	2008 年	2009 年	2010 年	2011 年	2012 年	2013 年	2014 年	2015 年	2016 年	2017 年
呼和浩特市	31.55	17.02	30.62	20.89	16.36	14.21	16.24	9.39	10.56	2.01	8.35	10.24	1.53	8.18	5.92	13.57
包头市	20.71	34.13	26.38	29.80	6.86	14.67	17.46	15.32	11.68	12.03	14.43	9.74	-0.11	11.02	9.82	2.33
呼伦贝尔市	24.04	11.32	12.47	14.25	20.52	17.94	22.50	19.36	16.18	18.95	14.51	6.91	5.50	4.31	10.86	6.02
兴安盟	9.40	10.95	14.01	9.22	11.15	16.21	29.92	12.16	20.87	20.64	24.79	7.03	9.02	20.02	6.39	7.85
通辽市	6.93	24.70	13.23	8.16	19.31	17.23	14.58	13.06	23.20	35.78	8.77	10.43	11.93	14.13	6.83	4.33
赤峰市	17.78	11.46	14.89	11.15	17.09	26.92	15.61	27.30	15.15	23.81	14.58	14.24	5.91	8.05	7.94	2.71
锡林郭勒盟	18.41	8.73	19.50	18.84	14.23	20.04	19.95	18.76	17.72	22.67	8.69	21.57	-2.33	9.39	8.31	4.87
乌兰察布市	8.82	12.75	16.52	8.95	15.63	24.27	26.07	16.52	7.97	16.33	15.65	10.70	5.85	13.52	15.25	2.33
鄂尔多斯市	13.23	18.93	28.52	20.96	26.88	16.80	20.25	24.11	19.57	11.56	9.56	7.02	0.70	6.96	6.08	1.54
巴彦淖尔市	6.82	16.99	11.91	14.93	12.71	10.15	26.87	23.30	21.20	19.05	12.61	10.73	7.20	7.16	4.72	16.23
乌海市	23.73	14.89	36.65	18.78	13.87	21.78	9.98	45.81	8.72	20.74	11.01	-17.32	2.05	12.48	4.20	13.42
阿拉善盟	16.79	11.52	12.06	16.45	12.05	17.46	22.97	8.01	32.52	11.04	6.13	7.96	3.00	19.63	5.49	5.47

数据来源：2001 年数据来自《内蒙古统计年鉴 2002》“22－14 各盟市职工平均工资及指数”。2002 年数据来自《内蒙古统计年鉴 2003》“22－14各盟市职工平均工资及指数”。2003 年数据来自《内蒙古统计年鉴 2004》“22－14 各盟市职工平均工资及指数”。2004 年数据来自《内蒙古统计年鉴 2005》“22－14 各盟市职工平均工资及指数”。2005 年数据来自《内蒙古统计年鉴 2006》“22－14 各盟市职工平均工资及指数”。2006 年数据来自《内蒙古统计年鉴 2007》“22－14 各盟市职工平均工资及指数”。2007 年数据来自《内蒙古统计年鉴 2008》“22－14 各盟市职工平均工资及指数”。2008 年数据来自《内蒙古统计年鉴 2009》“22－14 各盟市职工平均工资及指数”。2009 年数据来自《内蒙古统计年鉴 2010》“22－14 各盟市职工平均工资及指数”。2010 年数据来自《内蒙古统计年鉴 2011》“22－14 各盟市职工平均工资及指数”。2011 年数据来自《内蒙古统计年鉴 2012》“22－14 各盟市职工平均工资及指数”。2012 年数据来自《内蒙古统计年鉴 2013》“22－14 各盟市职工平均工资及指数”。2013 年数据来自《内蒙古统计年鉴 2014》“22－14 各盟市职工平均工资及指数”。2014 年数据来自《内蒙古统计年鉴 2015》“22－14 各盟市职工平均工资及指数”。2015 年数据来自《内蒙古统计年鉴 2016》“22－14 各盟市职工平均工资及指数”。2016 年数据来自《内蒙古统计年鉴 2017》“22－14 各盟市职工平均工资及指数”。2017 年数据来自《内蒙古统计年鉴 2018》“22－14 各盟市职工平均工资及指数”。作者整理计算。

表 21　1986～1992 年内蒙古各行业国有单位年末就业人员

单位：人

行业	1987 年	1988 年	1989 年	1990 年	1991 年	1992 年
总计	2602110	2682640	2709922	2822611	2932438	3021598
农、林、牧、渔、水利业	341840	344471	340449	360646	363255	361969
工业	949714	996891	1023810	1065444	1116506	1151522
地质普查和勘探业	27384	27558	24373	25462	24389	23661
建筑业	164196	160930	143094	146391	147823	158526
交通运输、邮电通信业	184527	184722	184738	189412	195780	200499
商业、公共饮食业、物资供销和仓储业	239688	252889	263108	277331	295697	313857
房地产管理、公用事业、居民服务和咨询服务业	45727	47313	48301	52152	56647	60644
卫生、体育和社会福利事业	75122	76225	77231	79084	81864	84042
教育、文化艺术和广播电视事业	274289	280937	284928	253728	300649	308390
科学研究和综合技术服务事业	27350	26820	27789	27384	27768	26782
金融、保险业	36169	39897	42219	44882	47305	50253
国家机关、政党机关和社会团体	236104	243987	249882	260695	274755	281453

数据来源：1987 年数据来自《内蒙古统计年鉴 1988》“全民所有制单位职工人数”。1988 年数据来自《内蒙古统计年鉴 1989》“13－3 全民所有制单位职工人数”。1989 年数据来自《内蒙古统计年鉴 1990》“13－3 全民所有制单位职工人数”。1990 年数据来自《内蒙古统计年鉴 1991》“13－3 全民所有制单位职工人数”。1991 年数据来自《内蒙古统计年鉴 1992》“4－3 全民所有制单位职工人数”。1992 年数据来自《内蒙古统计年鉴 1993》“3－3 国有单位职工人数”。

表 22　1986～1992 年内蒙古各行业国有单位职工劳动报酬

单位：万元

行业	1986 年	1987 年	1988 年	1989 年	1990 年	1991 年	1992 年
农、林、牧、渔、水利业	31196	34674.6	39354	41478.3	48007.1	55853.5	64516.5
工业	123624.1	135150.7	163911	190713.8	221481.1	253647	287669.4
地质普查和勘探业	5006.1	5090.4	5558.7	5190.8	6043.5	6108.7	6808.4
建筑业	26871.5	28888.2	32076.5	31960.7	33519.6	40305.3	51060.7
交通运输、邮电通信业	27081.5	30257.5	36881.7	41699.7	47608.3	53955.2	66068.8
商业、公共饮食业、物资供销和仓储业	25545.8	27612.4	33460.1	38278.6	43374.5	50259.8	59398.3
房地产管理、公用事业、居民服务和咨询服务业	4772	5458.5	6442.6	7258	8135.9	9755.8	12384.8

续表

行业	1986 年	1987 年	1988 年	1989 年	1990 年	1991 年	1992 年
卫生、体育和社会福利事业	9694.5	10789.5	12844	14030.8	15678.8	17244.3	21860.4
教育、文化艺术和广播电视事业	33873.9	37650.4	47565.6	49977.9	54728.2	59834.5	76127
科学研究和综合技术服务事业	3525.4	4009.4	4565.4	5006.6	5364.8	5735.7	6843.1
金融、保险业	4226.8	4909.9	6281.6	7160.3	8350.9	9384.7	13148.7
国家机关、政党机关和社会团体	29421.5	33733.2	40441.7	42508.6	47962.7	53099.7	69865.2

数据来源：1986 年数据、1987 年数据来自《内蒙古统计年鉴 1988》“全民所有制职工工资总额和平均工资”。1988 年数据来自《内蒙古统计年鉴 1989》“13－6 全民所有制职工工资总额和平均工资”。1989 年数据来自《内蒙古统计年鉴 1990》“13－6 全民所有制职工工资总额和平均工资”。1990 年数据来自《内蒙古统计年鉴 1991》“13－7 全民所有制职工工资总额和平均工资”。1991 年数据来自《内蒙古统计年鉴 1992》“4－8 全民所有制职工工资总额和平均工资”。1992 年数据来自《内蒙古统计年鉴 1993》“3－8 国有单位职工工资总额和平均工资”。

表 23　1986～1992 年内蒙古各行业国有单位平均工资

单位：元

行业	1986 年	1987 年	1988 年	1989 年	1990 年	1991 年	1992 年
农、林、牧、渔、水利业	1052	1162	1224	1396	1554	1796	988
工业	1464	1711	1926	2161	2370	2607	1382
地质普查和勘探业	1850	1992	2115	2369	2486	2857	1773
建筑业	1760	2020	2163	2340	2664	3173	1640
交通运输、邮电通信业	1661	2033	2288	2569	2808	3359	1541
商业、公共饮食业、物资供销和仓储业	1182	1356	1458	1596	1731	1940	1130
房地产管理、公用事业、居民服务和咨询服务业	1199	1378	1503	1591	1762	2087	1114
卫生、体育和社会福利事业	1470	1703	1831	1994	2129	2626	1373
教育、文化艺术和广播电视事业	1404	1715	1762	1892	2018	2496	1310
科学研究和综合技术服务事业	1492	1708	1819	1982	2082	2570	1390
金融、保险业	1426	1658	1537	1919	2044	2722	1381

续表

行业	1986 年	1987 年	1988 年	1989 年	1990 年	1991 年	1992 年
国家机关、政党机关和社会团体	1459	1676	1718	1867	1966	2511	1340

数据来源：1986 年数据、1987 年数据来自《内蒙古统计年鉴 1988》“全民所有制职工工资总额和平均工资”。1988 年数据来自《内蒙古统计年鉴 1989》“13 -6 全民所有制职工工资总额和平均工资”。1989 年数据来自《内蒙古统计年鉴 1990》“13 -6 全民所有制职工工资总额和平均工资”。1990 年数据来自《内蒙古统计年鉴 1991》“13 -7 全民所有制职工工资总额和平均工资”。1991 年数据来自《内蒙古统计年鉴 1992》“4 -8 全民所有制职工工资总额和平均工资”。1992 年数据来自《内蒙古统计年鉴 1993》“3 -8 国有单位职工工资总额和平均工资”。

表 24　1986 ~ 1992 年内蒙古各行业国有单位平均工资增长率

单位:%

行业	1987 年	1988 年	1989 年	1990 年	1991 年	1992 年
农、林、牧、渔、水利业	10. 46	5. 34	14. 05	11. 32	15. 57	-44. 99
工业	16. 87	12. 57	12. 20	9. 67	10. 00	-46. 99
地质普查和勘探业	7. 68	6. 17	12. 01	4. 94	14. 92	-37. 94
建筑业	14. 77	7. 08	8. 18	13. 85	19. 11	-48. 31
交通运输、邮电通信业	22. 40	12. 54	12. 28	9. 30	19. 62	-54. 12
商业、公共饮食业、物资供销和仓储业	14. 72	7. 52	9. 47	8. 46	12. 07	-41. 75
房地产管理、公用事业、居民服务和咨询服务业	14. 93	9. 07	5. 85	10. 75	18. 44	-46. 62
卫生、体育和社会福利事业	15. 85	7. 52	8. 90	6. 77	23. 34	-47. 72
教育、文化艺术和广播电视事业	22. 15	2. 74	7. 38	6. 66	23. 69	-47. 52
科学研究和综合技术服务事业	14. 48	6. 50	8. 96	5. 05	23. 44	-45. 91
金融、保险业	16. 27	-7. 30	24. 85	6. 51	33. 17	-49. 27
国家机关、政党机关和社会团体	14. 87	2. 51	8. 67	5. 30	27. 72	-46. 63

数据来源：1986 年数据、1987 年数据来自《内蒙古统计年鉴 1988》“全民所有制职工工资总额和平均工资”。1988 年数据来自《内蒙古统计年鉴 1989》“13 -6 全民所有制职工工资总额和平均工资”。1989 年数据来自《内蒙古统计年鉴 1990》“13 -6 全民所有制职工工资总额和平均工资”。1990 年数据来自《内蒙古统计年鉴 1991》“13 -7 全民所有制职工工资总额和平均工资”。1991 年数据来自《内蒙古统计年鉴 1992》“4 -8 全民所有制职工工资总额和平均工资”。1992 年数据来自《内蒙古统计年鉴 1993》“3 -8 国有单位职工工资总额和平均工资”。作者整理计算。

表 25　1993～2002 年内蒙古各行业国有单位就业人员

单位：人

行业	1993 年	1994 年	1995 年	1996 年	1997 年	1998 年	1999 年	2000 年	2001 年	2002 年
农、林、牧、渔业	324718	329958	325694	314455	309811	277329	263630	259129	243174	234331
采掘业	386229	376662	389112	387081	369832	309178	256047	231876	213206	181095
制造业	689297	670447	671521	663843	603650	252755	185010	136929	91074	74298
电力、煤气及水的生产和供应业	83089	81347	82188	78307	77452	73642	72182	70336	70223	63455
建筑业	160398	146855	131472	129859	125002	97018	74258	62791	50106	43809
地质勘查业、水利管理业	49804	46583	42793	43050	41516	36894	31833	30643	31710	31885
交通运输、仓储及邮电通信业	214639	216288	221685	219887	216369	179953	181943	180321	172109	168837
批发和零售贸易、餐饮业	286566	298492	290536	284359	253882	150466	111253	97507	81942	65336
金融、保险业	56923	59894	61531	59638	60174	59518	54049	58292	57090	57145
房地产业	8144	10084	9028	10282	9913	15273	14815	16007	14968	16341
社会服务业	55359	61933	63676	65500	72169	64814	63248	64132	62277	60127
卫生、体育和社会福利业	83040	85794	88313	89924	91305	88622	89977	91547	90214	90244
教育、文化艺术及广播电影电视业	307911	322502	328246	333951	340393	340518	344557	360921	358296	354257
科学研究和综合技术服务业	27173	28620	29820	31009	31158	29603	29219	28014	26540	25026
国家机关、政党机关和社会团体	270941	273748	279161	294628	294706	290198	294596	295980	295022	278887
其他行业	6879	7882	7795	15333	22136	18855	23316	26647	31196	32281

数据来源：1993 年数据来自《内蒙古统计年鉴 1994》“3－3 国有单位职工人数”。1994 年数据来自《内蒙古统计年鉴 1995》“3－3 国有单位数和职工人数”。1995 年数据来自《内蒙古统计年鉴 1996》“3－3 国有单位数和职工人数”。1996 年数据来自《内蒙古统计年鉴 1997》“3－3 国有单位数和职工人数”。1997 年数据来自《内蒙古统计年鉴 1998》“3－3 国有单位数和职工人数”。1998 年数据来自《内蒙古统计年鉴 1999》“3－3 国有单位数和在岗职工人数”。1999 年数据来自《内蒙古统计年鉴 2000》“3－3 国有单位数和在岗职工人数”。2000 年数据来自《内蒙古统计年鉴 2001》“5－16 国有单位年末从业人员和劳动报酬”。2001 年数据来自《内蒙古统计年鉴 2002》“5－16 国有单位年末从业人员和劳动报酬”。2002 年数据来自《内蒙古统计年鉴 2003》“5－16 国有单位年末从业人员和劳动报酬”。

表 26 1993～2002 年内蒙古各行业国有单位职工劳动报酬

单位：万元

行业	1993 年	1994 年	1995 年	1996 年	1997 年	1998 年	1999 年	2000 年	2001 年	2002 年
农、林、牧、渔业	63315.5	78688.8	91477.6	118649.5	121051.7	112580.6	123775.6	124770.5	129786.6	147391.5
采掘业	121902.1	144448.4	169456.3	185257	201711.2	181292.8	148357.1	139626.1	133742.1	120138.9
制造业	195816.9	249959.4	273241.7	298541.8	305037.7	120331.4	95827.6	78386.5	59562.5	59136.1
电力、煤气及水的生产和供应业	31723.7	47709.6	56079.4	54780.4	60397.2	70159.7	71020.2	81184.8	87516	79931.3
建筑业	68203.4	80249	71351.4	66697	75564.9	61545.2	47378.5	47441.4	36083.5	32477.6
地质勘查业、水利管理业	14868.3	19622.8	19353.6	19709.2	20591.7	21448.9	20736.6	21526.5	27332.4	31454.8
交通运输、仓储及邮电通信业	78980.7	121640.5	150192.3	183268.8	186249.6	168983.1	177504.1	189504.1	199838.3	225318.5
批发和零售贸易、餐饮业	63012.5	78623.6	85220.4	87803.4	82519.6	65746	51901.9	50694.2	48432.7	45744.9
金融、保险业	23032.2	40308.9	38885.3	41919.5	48374.5	51743	50249.6	58944.2	65350.1	74556.6
房地产业	2102.6	3778.7	3612.9	4477.2	4816.9	10931.6	10647.4	13081.8	14252.6	15927.9
社会服务业	13782.1	21985.1	25819.8	27828	34656.2	35083.5	37437.5	41368.2	46505.4	51688.9
卫生、体育和社会福利业	26993.9	38358.9	44859.4	52320.6	59104.7	60649.7	68228.4	78006.3	94439.5	111793.8
教育、文化艺术及广播电影电视业	94132.9	129456.8	143769.4	167454.7	188260.9	202800.8	229310.1	258493.9	341296.2	406013.8
科学研究和综合技术服务业	8800.1	13470.3	15028.5	18158.4	19242.7	20380.1	21709	24169.6	27641.9	32119.0
国家机关、政党机关和社会团体	86131.3	107733.2	120700.4	147998.2	163250.4	178609	205596.7	228654.9	301791.4	338587.1
其他行业	1949.1	2913.2	3030.8	9071.8	15222.2	13104.7	19473.7	22454.4	35427	37648.7

数据来源：1993 年数据来自《内蒙古统计年鉴 1994》“3－8 国有单位职工工资总额和平均工资”。1994 年数据来自《内蒙古统计年鉴 1995》“3－8 国有单位职工工资总额和平均工资”。1995 年数据来自《内蒙古统计年鉴 1996》“3－13 国有单位职工工资总额和平均工资”。1996 年数据来自《内蒙古统计年鉴 1997》“3－12 国有单位职工工资总额和平均工资”。1997 年数据来自《内蒙古统计年鉴 1998》“3－12 国有单位职工工资总额和平均工资”。1998 年数据来自《内蒙古统计年鉴 1999》“3－12 国有单位职工工资总额和平均工资”。1999 年数据来自《内蒙古统计年鉴 2000》“3－12 国有单位职工工资总额和平均工资”。2000 年数据来自《内蒙古统计年鉴 2001》“5－16 国有单位年末从业人员和劳动报酬”。2001 年数据来自《内蒙古统计年鉴 2002》“5－16 国有单位年末从业人员和劳动报酬”。2002 年数据来自《内蒙古统计年鉴 2003》“5－16 国有单位年末从业人员和劳动报酬”。

表 27　1993～2002 年内蒙古各行业国有单位职工平均工资

单位：元

行业	1993 年	1994 年	1995 年	1996 年	1997 年	1998 年	1999 年	2000 年	2001 年	2002 年
农、林、牧、渔业	1982	2403	2833	3784	3940	4020	4668	4781	5334	6297
采掘业	3304	3960	4518	4989	5616	5947	5773	6114	6336	6881
制造业	2899	3776	4151	4570	5045	4639	5126	5597	6303	8000
电力、煤气及水的生产和供应业	4000	6013	6947	7166	7831	9452	9988	11306	12671	12663
建筑业	3885	4987	5175	5156	5915	6215	6136	6570	6463	7451
地质勘查业、水利管理业	3053	4141	4386	4608	4928	5739	6316	6997	8633	9785
交通运输、仓储及邮电通信业	3731	5696	6976	8325	8591	9241	9625	10646	11769	13502
批发和零售贸易餐饮业	2260	2684	2999	3236	3238	4218	4571	5091	5814	6971
金融、保险业	4198	6855	6381	6982	8148	8631	9269	10198	11758	13437
房地产业	2728	3939	4260	4535	5041	7137	7251	8238	9578	10491
社会服务业	2527	3577	4048	4317	4828	5418	5863	6291	7375	8620
卫生、体育和社会福利业	3295	4504	5128	5871	6521	6815	7631	8580	10505	12467
教育、文化艺术及广播电影电视业	3103	4050	4426	5069	5592	5962	6713	7426	9682	11661
科学研究和综合技术服务业	3272	4715	5054	5865	6158	6804	7415	8570	10319	12747
国家机关、政党机关和社会团体	2972	3962	4375	5077	5584	6145	7041	7781	10302	12094
其他行业	2836	3796	4062	5840	6737	7682	8615	9247	11711	12590

数据来源：1993 年数据来自《内蒙古统计年鉴 1994》“3－8 国有单位职工工资总额和平均工资”。1994 年数据来自《内蒙古统计年鉴 1995》“3－8 国有单位职工工资总额和平均工资”。1995 年数据来自《内蒙古统计年鉴 1996》“3－13 国有单位职工工资总额和平均工资”。1996 年数据来自《内蒙古统计年鉴 1997》“3－12 国有单位职工工资总额和平均工资”。1997 年数据来自《内蒙古统计年鉴 1998》“3－12 国有单位职工工资总额和平均工资”。1998 年数据来自《内蒙古统计年鉴 1999》“3－12 国有单位职工工资总额和平均工资”。1999 年数据来自《内蒙古统计年鉴 2000》“3－12 国有单位职工工资总额和平均工资”。2000 年数据来自《内蒙古统计年鉴 2001》“5－14 分行业职工平均工资”。2001 年数据来自《内蒙古统计年鉴 2002》“5－14 分行业职工平均工资”。2002 年数据来自《内蒙古统计年鉴 2003》“5－14 分行业职工平均工资”。

表 28　1993～2002 年内蒙古各行业国有单位职工平均工资增长率

单位:%

行业	1994 年	1995 年	1996 年	1997 年	1998 年	1999 年	2000 年	2001 年	2002 年
农、林、牧、渔业	21.24	17.89	33.57	4.12	2.03	16.12	2.42	11.57	18.05
采掘业	19.85	14.09	10.42	12.57	5.89	-2.93	5.91	3.63	8.60
制造业	30.25	9.93	10.09	10.39	-8.05	10.50	9.19	12.61	26.92
电力、煤气及水的生产和供应业	50.33	15.53	3.15	9.28	20.70	5.67	13.20	12.07	-0.06
建筑业	28.37	3.77	-0.37	14.72	5.07	-1.27	7.07	-1.63	15.29
地质勘查业、水利管理业	35.64	5.92	5.06	6.94	16.46	10.05	10.78	23.38	13.34
交通运输、仓储及邮电通信业	52.67	22.47	19.34	3.20	7.57	4.16	10.61	10.55	14.73
批发和零售贸易餐饮业	18.76	11.74	7.90	0.06	30.27	8.37	11.38	14.20	19.90
金融、保险业	63.29	-6.91	9.42	16.70	5.93	7.39	10.02	15.30	14.28
房地产业	44.39	8.15	6.46	11.16	41.58	1.60	13.61	16.27	9.53
社会服务业	41.55	13.17	6.65	11.84	12.22	8.21	7.30	17.23	16.88
卫生、体育和社会福利业	36.69	13.85	14.49	11.07	4.51	11.97	12.44	22.44	18.68
教育、文化艺术及广播电影电视业	30.52	9.28	14.53	10.32	6.62	12.60	10.62	30.38	20.44
科学研究和综合技术服务业	44.10	7.19	16.05	5.00	10.49	8.98	15.58	20.41	23.53
国家机关、政党机关和社会团体	33.31	10.42	16.05	9.99	10.05	14.58	10.51	32.40	17.39
其他行业	33.85	7.01	43.77	15.36	14.03	12.15	7.34	26.65	7.51

数据来源：1993 年数据来自《内蒙古统计年鉴 1994》“3－8 国有单位职工工资总额和平均工资”。1994 年数据来自《内蒙古统计年鉴 1995》“3－8 国有单位职工工资总额和平均工资”。1995 年数据来自《内蒙古统计年鉴 1996》“3－13 国有单位职工工资总额和平均工资”。1996 年数据来自《内蒙古统计年鉴 1997》“3－12 国有单位职工工资总额和平均工资”。1997 年数据来自《内蒙古统计年鉴 1998》“3－12 国有单位职工工资总额和平均工资”。1998 年数据来自《内蒙古统计年鉴 1999》“3－12 国有单位职工工资总额和平均工资”。1999 年数据来自《内蒙古统计年鉴 2000》“3－12 国有单位职工工资总额和平均工资”。2000 年数据来自《内蒙古统计年鉴 2001》“5－14 分行业职工平均工资”。2001 年数据来自《内蒙古统计年鉴 2002》“5－14 分行业职工平均工资”。2002 年数据来自《内蒙古统计年鉴 2003》“5－14 分行业职工平均工资”。作者整理计算。

表 29　2003～2017 年内蒙古各行业国有单位就业人员

单位：人

行业	2003 年	2004 年	2005 年	2006 年	2007 年	2008 年	2009 年	2010 年	2011 年	2012 年	2013 年	2014 年	2015 年	2016 年	2017 年
总计	1691942	1666382	1620260	1605388	1620076	1634991	1666703	1694396	1731465	1763475	1708361	1681345	1680412	1678313	1642668
农、林、牧、渔业	310017	290582	290182	281495	281106	268139	259195	258602	253619	242290	237801	229960	227211	220595	212399
采矿业	64650	64500	41002	41132	36472	35872	61065	61384	67854	69392	37825	31830	32382	30277	26727
制造业	57044	45304	38382	32164	29636	23342	23984	23414	25086	31893	27956	21288	19449	20361	9014
电力、热力、燃气及水生产和供应业	62279	61327	60997	63759	63667	66530	66171	67749	71363	76931	61486	53184	51180	41773	24672
建筑业	42974	38619	38540	33056	31193	26880	27352	21594	22627	29587	15034	8050	9433	6694	8233
批发和零售业	47295	45600	40323	38490	37664	34411	32021	34311	32239	29758	30093	23526	19711	16884	16085
交通运输、仓储和邮政业	148980	148233	140904	133690	141829	140948	146212	147681	148898	152473	160008	155366	151634	165788	148455
住宿和餐饮业	14409	14577	13811	12909	12418	11309	10467	11036	9698	12103	9427	8397	7508	5110	6186
信息传输、软件和信息技术服务业	23365	24328	22009	27550	30750	32745	32729	32007	35682	37576	23734	15100	16898	15463	11680
金融业	53207	49110	48493	45884	43657	45055	44079	44645	46650	45495	46345	42658	41754	42973	42190
房地产业	10867	11554	8699	8034	8433	8310	8078	8421	9982	8268	6545	5439	5349	5080	6924
租赁和商务服务业	29260	21158	18135	18364	18595	19037	18713	18490	19588	22578	21483	20627	20400	16354	20170
科学研究和技术服务业	37609	38916	38694	37523	38043	39401	40309	41388	41358	45700	45992	41773	42085	39946	39860

续表

行业	2003 年	2004 年	2005 年	2006 年	2007 年	2008 年	2009 年	2010 年	2011 年	2012 年	2013 年	2014 年	2015 年	2016 年	2017 年
水利、环境和公共设施管理业	50470	53610	55230	54515	58418	60445	63484	68321	73357	72179	71910	72762	70005	71966	71516
居民服务、修理和其他服务业	5138	4791	4631	14827	15377	20599	17075	17182	17856	4191	4279	4698	4968	5336	4614
教育	318489	323934	326244	328189	332116	340786	339702	343498	342740	344833	347059	348045	345500	343746	345399
卫生和社会工作	89393	90590	90859	92273	93799	99841	104029	109257	114448	115449	125097	134678	139567	143168	147134
文化、体育和娱乐业	30376	30757	31032	30981	31453	32245	32370	32623	32150	32374	33629	34067	33215	32885	34268
公共管理、社会保障和社会组织	296120	308892	312093	310553	315450	329096	339668	352793	366270	390405	402658	429897	442163	453914	467142

数据来源：2003 年数据来自《内蒙古统计年鉴 2004》“5－16 国有单位年末从业人员和劳动报酬”。2004 年数据来自《内蒙古统计年鉴 2005》“5－14 国有单位年末从业人员和劳动报酬”。2005 年数据来自《内蒙古统计年鉴 2006》“5－14 国有单位年末从业人员和劳动报酬”。2006 年数据来自《内蒙古统计年鉴 2007》“5－14 国有单位年末从业人员和劳动报酬”。2007 年数据来自《内蒙古统计年鉴 2008》“5－14 国有单位年末从业人员和劳动报酬”。2008 年数据来自《内蒙古统计年鉴 2009》“5－13 国有单位年末从业人员和劳动报酬”。2009 年数据来自《内蒙古统计年鉴 2010》“5－13 国有单位年末从业人员和劳动报酬”。2010 年数据来自《内蒙古统计年鉴 2011》“5－13 国有单位年末从业人员和劳动报酬”。2011 年数据来自《内蒙古统计年鉴 2012》“5－13 国有单位年末从业人员和劳动报酬”。2012 年数据来自《内蒙古统计年鉴 2013》“5－13 国有单位年末从业人员和劳动报酬”。2013 年数据来自《内蒙古统计年鉴 2014》“5－13 国有单位年末从业人员和劳动报酬”。2014 年数据来自《内蒙古统计年鉴 2015》“5－13 国有单位年末从业人员和劳动报酬”。2015 年数据来自《内蒙古统计年鉴 2016》“5－13 国有单位年末从业人员和劳动报酬”。2016 年数据来自《内蒙古统计年鉴 2017》“5－13 国有单位年末从业人员和劳动报酬”。2017 年数据来自《内蒙古统计年鉴 2018》“5－13 国有单位年末从业人员和劳动报酬”。

表 30　2003～2017 年内蒙古各行业国有单位职工劳动报酬

单位：万元

行业	2003 年	2004 年	2005 年	2006 年	2007 年	2008 年	2009 年	2010 年	2011 年	2012 年	2013 年	2014 年	2015 年	2016 年	2017 年
总计	2010459	2368178	2685559. 8	3100490	3686453	4432467. 9	5371457	6298574	7624052	8712131	9198733	9444189	10307420	11066123	11505574
农、林、牧、渔业	211818	230327	248982	284705	327119	357288. 9	393429	472445	584743	647782	713301	747916	820139	826654	845868
采矿业	61406	86304	59884	88481	100997	111673. 9	261149	294112	416783	481481	301180	263324	271649	320164	298362
制造业	54224	55814	54610	49827	52237	52616. 7	59982. 7	74532	92896	171587	161754	129761	126012	157492	84031
电力、热力、燃气及水生产和供应业	100434	129066	160262	187091	212443	258319. 1	279191	319597	367239	459706	382028	354503	382410	316126	184855
建筑业	44595	53462	63093	60697	71035	71225. 4	100111	86555	104665	129513	81101	39325	49572	37939	51044
批发和零售业	41876	50256	53674	62376	66243	75907. 5	83834. 6	96972	733903	134430	150858	133976	128636	115719	120559
交通运输、仓储和邮政业	215694	247004	283786	319033	392414	461134. 8	531897	610015	146587	832024	960313	1047329	1066110	1225360	1194728
住宿和餐饮业	10621	12216	23808	15902	17240	18886. 5	18935. 6	23950	109507	36375	34639	32064	31285	19276	28265
信息传输、软件和信息技术服务业	38283	48139	49943	67140	76813	92444. 1	104798	117986	24839	170855	120808	81611	99964	92144	71095
金融业	78379	86525	106196	115147	129543	159892	187208	210640	260171	288967	314194	304370	310094	324133	331491
房地产业	12637	15560	12899	14366	17229	19965. 6	22633. 2	26405	38374	37166	33361	28621	32260	32164	41417
租赁和商务服务业	39510	29912	34756	34563	41127	46700. 3	52558. 2	63556	79875	101638	102616	90039	92753	75450	104322

续表

行业	2003 年	2004 年	2005 年	2006 年	2007 年	2008 年	2009 年	2010 年	2011 年	2012 年	2013 年	2014 年	2015 年	2016 年	2017 年
科学研究和技术服务业	53958	62359	74742	90068	108093	124349	143295	166996	191930	225024	254020	238317	257827	256726	286636
水利、环境和公共设施管理业	48906	59523	71281	82294	109804	124994.5	157942	189169	234883	275470	288601	288831	293888	301071	315995
居民服务、修理和其他服务业	4293	4664	5873	32157	38190	58864.7	57752.9	74782	89982	16688	17474	19468	22287	20317	23621
教育	420604	502498	584632	705534	847631	1039105.6	1275637	1501589	1757253	1942453	2163603	2226021	2487330	2668872	2839568
卫生和社会工作	126372	147233	168466	201087	240836	303321.9	364468	432423	524425	596305	709280	798773	884912	985685	1080008
文化、体育和娱乐业	41936	50011	60078	64732	74488	87778.7	104643	123604	142950	162399	177225	188300	205692	218536	243066
公共管理、社会保障和社会组织	404914	497304	568597	625290	762970	967998.7	1171994	1413247	1723048	2002269	2232377	2431640	2744599	3072296	3360646

数据来源：2003 年数据来自《内蒙古统计年鉴 2004》“5－16 国有单位年末从业人员和劳动报酬”。2004 年数据来自《内蒙古统计年鉴 2005》“5－14 国有单位年末从业人员和劳动报酬”。2005 年数据来自《内蒙古统计年鉴 2006》“5－14 国有单位年末从业人员和劳动报酬”。2006 年数据来自《内蒙古统计年鉴 2007》“5－14 国有单位年末从业人员和劳动报酬”。2007 年数据来自《内蒙古统计年鉴 2008》“5－14 国有单位年末从业人员和劳动报酬”。2008 年数据来自《内蒙古统计年鉴 2009》“5－13 国有单位年末从业人员和劳动报酬”。2009 年数据来自《内蒙古统计年鉴 2010》“5－13 国有单位年末从业人员和劳动报酬”。2010 年数据来自《内蒙古统计年鉴 2011》“5－13 国有单位年末从业人员和劳动报酬”。2011 年数据来自《内蒙古统计年鉴 2012》“5－13 国有单位年末从业人员和劳动报酬”。2012 年数据来自《内蒙古统计年鉴 2013》“5－13 国有单位年末从业人员和劳动报酬”。2013 年数据来自《内蒙古统计年鉴 2014》“5－13 国有单位年末从业人员和劳动报酬”。2014 年数据来自《内蒙古统计年鉴 2015》“5－13 国有单位年末从业人员和劳动报酬”。2015 年数据来自《内蒙古统计年鉴 2016》“5－13 国有单位年末从业人员和劳动报酬”。2016 年数据来自《内蒙古统计年鉴 2017》“5－13 国有单位年末从业人员和劳动报酬”。2017 年数据来自《内蒙古统计年鉴 2018》“5－13 国有单位年末从业人员和劳动报酬”。

表 31　2003～2017 年内蒙古各行业国有单位职工平均工资

单位：元

行业	2003 年	2004 年	2005 年	2006 年	2007 年	2008 年	2009 年	2010 年	2011 年	2012 年	2013 年	2014 年	2015 年	2016 年	2017 年
总计	11929	14209	16598	19386	22822	27316	32326	37602	44143	49680	54592	56987	62059	67038	71419
农、林、牧、渔业	6858	7755	8652	10185	11653	13305	15124	18499	23112	26593	29830	32795	36323	38518	41438
采矿业	9138	13383	15167	21299	27685	31586	43002	48177	61645	68178	80705	82220	83237	99658	110232
制造业	9430	12144	13598	15293	17201	21195	24314	31330	36579	52378	58433	63783	64986	76985	92097
电力、热力、燃气及水生产和供应业	16216	21357	26626	29783	33856	39458	43033	47126	52398	60710	63865	68640	76719	77251	76434
建筑业	9154	11857	13248	15162	18961	21990	28877	33494	29445	38802	56085	48797	52949	58667	62274
批发和零售业	8630	10753	12580	15930	17504	22141	25942	29394	49804	44271	50626	57016	65293	69028	74702
交通运输、仓储和邮政业	14495	16869	20084	24107	27868	33015	36238	42256	41355	55750	62313	67615	70037	74295	81056
住宿和餐饮业	7479	8446	17369	12500	14070	16531	18150	29394	34257	30367	37664	38627	40787	37156	46607
信息传输、软件和信息技术服务业	16943	20352	23738	25439	25735	29321	32924	37596	24876	45677	51149	54030	59982	60031	61190
金融业	15026	18198	22529	26314	30662	37073	44320	49278	57937	65046	70008	73389	76555	78765	82465
房地产业	11528	13503	14885	17788	21089	24170	28050	31621	38784	44861	51339	53794	60532	63297	61498
租赁和商务服务业	13903	14830	19105	19781	22430	25749	28617	34744	39972	45638	47034	47242	48733	51567	58518
科学研究和技术服务业	14267	16041	19366	24087	28637	31626	35688	40477	46612	49453	56186	57837	61956	64900	72187

续表

行业	2003 年	2004 年	2005 年	2006 年	2007 年	2008 年	2009 年	2010 年	2011 年	2012 年	2013 年	2014 年	2015 年	2016 年	2017 年
水利、环境和公共设施管理业	10424	11138	13165	14899	19014	21142	25509	28766	32760	37951	39917	40955	42894	43014	45746
居民服务、修理和其他服务业	8763	9855	12547	25754	26638	30203	33946	44900	48442	40093	41064	43109	45896	43673	54471
教育	13430	15643	18129	21479	25590	30691	37544	43789	51497	56710	62507	64333	72237	78263	82777
卫生和社会工作	14191	16406	18704	21743	25659	30544	35456	40223	46523	52705	57669	60480	64392	70626	74660
文化、体育和娱乐业	13877	16405	19444	20908	23885	28032	32689	38198	44831	50430	53177	55524	61959	66648	71911
公共管理、社会保障和社会组织	13888	16325	18438	20551	24540	30101	35276	40973	48053	52105	56662	57434	63083	68721	73169

数据来源：2003 年数据来自《内蒙古统计年鉴 2004》“5 – 14 分行业职工平均工资”。2004 年数据来自《内蒙古统计年鉴 2005》“5 – 13 分行业职工平均工资”。2005 年数据来自《内蒙古统计年鉴 2006》“5 – 13 分行业职工平均工资”。2006 年数据来自《内蒙古统计年鉴 2007》“5 – 13 分行业职工平均工资”。2007 年数据来自《内蒙古统计年鉴 2008》“5 – 13 分行业职工平均工资”。2008 年数据来自《内蒙古统计年鉴 2009》“5 – 12 分行业职工平均工资”。2009 年数据来自《内蒙古统计年鉴 2010》“5 – 12 分行业职工平均工资”。2010 年数据来自《内蒙古统计年鉴 2011》“5 – 12 分行业职工平均工资”。2011 年数据来自《内蒙古统计年鉴 2012》“5 – 12 分行业职工平均工资”。2012 年数据来自《内蒙古统计年鉴 2013》“5 – 12 分行业职工平均工资”。2013 年数据来自《内蒙古统计年鉴 2014》“5 – 12 分行业职工平均工资”。2014 年数据来自《内蒙古统计年鉴 2015》“5 – 12 分行业职工平均工资”。2015 年数据来自《内蒙古统计年鉴 2016》“5 – 12 分行业职工平均工资”。2016 年数据来自《内蒙古统计年鉴 2017》“5 – 12 分行业职工平均工资”。2017 年数据来自《内蒙古统计年鉴 2018》“5 – 12 分行业职工平均工资”。

表 32　2003～2017 年内蒙古各行业国有单位职工平均工资增长率

单位：%

行业	2004 年	2005 年	2006 年	2007 年	2008 年	2009 年	2010 年	2011 年	2012 年	2013 年	2014 年	2015 年	2016 年	2017 年
总计	19.11	16.81	16.80	17.72	19.69	18.34	16.32	17.40	12.54	9.89	4.39	8.90	8.02	6.54
农、林、牧、渔业	13.08	11.57	17.72	14.41	14.18	13.67	22.32	24.94	15.06	12.17	9.94	10.76	6.04	7.58
采矿业	46.45	13.33	40.43	29.98	14.09	36.14	12.03	27.96	10.60	18.37	1.88	1.24	19.73	10.61
制造业	28.78	11.97	12.47	12.48	23.22	14.72	28.86	16.75	43.19	11.56	9.16	1.89	18.46	19.63
电力、热力、燃气及水生产和供应业	31.70	24.67	11.86	13.68	16.55	9.06	9.51	11.19	15.86	5.20	7.48	11.77	0.69	-1.06
建筑业	29.53	11.73	14.45	25.06	15.97	31.32	15.99	-12.09	31.78	44.54	-12.99	8.51	10.80	6.15
批发和零售业	24.60	16.99	26.63	9.88	26.49	17.17	13.31	69.44	-11.11	14.35	12.62	14.52	5.72	8.22
交通运输、仓储和邮政业	16.38	19.06	20.03	15.60	18.47	9.76	16.61	-2.13	34.81	11.77	8.51	3.58	6.08	9.10
住宿和餐饮业	12.93	105.65	-28.03	12.56	17.49	9.79	61.95	16.54	-11.36	24.03	2.56	5.59	-8.90	25.44
信息传输、软件和信息技术服务业	20.12	16.64	7.17	1.16	13.93	12.29	14.19	-33.83	83.62	11.98	5.63	11.02	0.08	1.93
金融业	21.11	23.80	16.80	16.52	20.91	19.55	11.19	17.57	12.27	7.63	4.83	4.31	2.89	4.70
房地产业	17.13	10.23	19.50	18.56	14.61	16.05	12.73	22.65	15.67	14.44	4.78	12.53	4.57	-2.84
租赁和商务服务业	6.67	28.83	3.54	13.39	14.80	11.14	21.41	15.05	14.17	3.06	0.44	3.16	5.82	13.48
科学研究和技术服务业	12.43	20.73	24.38	18.89	10.44	12.84	13.42	15.16	6.09	13.61	2.94	7.12	4.75	11.23

续表

行业	2004 年	2005 年	2006 年	2007 年	2008 年	2009 年	2010 年	2011 年	2012 年	2013 年	2014 年	2015 年	2016 年	2017 年
水利、环境和公共设施管理业	6. 85	18. 20	13. 17	27. 62	11. 19	20. 66	12. 77	13. 88	15. 85	5. 18	2. 60	4. 73	0. 28	6. 35
居民服务、修理和其他服务业	12. 46	27. 32	105. 26	3. 43	13. 38	12. 39	32. 27	7. 89	-17. 24	2. 42	4. 98	6. 47	-4. 84	24. 72
教育	16. 48	15. 89	18. 48	19. 14	19. 93	22. 33	16. 63	17. 60	10. 12	10. 22	2. 92	12. 29	8. 34	5. 77
卫生和社会工作	15. 61	14. 01	16. 25	18. 01	19. 04	16. 08	13. 44	15. 66	13. 29	9. 42	4. 87	6. 47	9. 68	5. 71
文化、体育和娱乐业	18. 22	18. 52	7. 53	14. 24	17. 36	16. 61	16. 85	17. 36	12. 49	5. 45	4. 41	11. 59	7. 57	7. 90
公共管理、社会保障和社会组织	17. 55	12. 94	11. 46	19. 41	22. 66	17. 19	16. 15	17. 28	8. 43	8. 75	1. 36	9. 84	8. 94	6. 47

数据来源：2003 年数据来自《内蒙古统计年鉴 2004》“5－14 分行业职工平均工资”。2004 年数据来自《内蒙古统计年鉴 2005》“5－13 分行业职工平均工资”。2005 年数据来自《内蒙古统计年鉴 2006》“5－13 分行业职工平均工资”。2006 年数据来自《内蒙古统计年鉴 2007》“5－13 分行业职工平均工资”。2007 年数据来自《内蒙古统计年鉴 2008》“5－13 分行业职工平均工资”。2008 年数据来自《内蒙古统计年鉴 2009》“5－12 分行业职工平均工资”。2009 年数据来自《内蒙古统计年鉴 2010》“5－12 分行业职工平均工资”。2010 年数据来自《内蒙古统计年鉴 2011》“5－12 分行业职工平均工资”。2011 年数据来自《内蒙古统计年鉴 2012》“5－12 分行业职工平均工资”。2012 年数据来自《内蒙古统计年鉴 2013》“5－12 分行业职工平均工资”。2013 年数据来自《内蒙古统计年鉴 2014》“5－12 分行业职工平均工资”。2014 年数据来自《内蒙古统计年鉴 2015》“5－12 分行业职工平均工资”。2015 年数据来自《内蒙古统计年鉴 2016》“5－12 分行业职工平均工资”。2016 年数据来自《内蒙古统计年鉴 2017》“5－12 分行业职工平均工资”。2017 年数据来自《内蒙古统计年鉴 2018》“5－12 分行业职工平均工资”。作者整理计算。

后 记

收入分配是民生之源，是改善民生、实现发展成果由人民共享最重要最直接的方式。深化收入分配制度改革，推进形成合理有序的收入分配格局，让改革发展成果更多更公平惠及全体人民，是实现社会和谐、保持经济长期稳定发展的重要基础。改革开放以来，党和国家高度重视收入分配改革，出台一系列政策措施，不断调整国民收入分配格局，加大收入分配调节力度，加快推进收入分配制度改革。特别是党的十八大和十九大提出以“提低、扩中、调高”为主线的收入分配制度改革和“坚持按劳分配原则，完善按要素分配的体制机制，促进收入分配更合理、更有序”的战略部署，在增加城乡居民收入、改善人民生活和促进社会和谐等方面取得显著成效。本人 1978 年参加工作，经历了由计划经济体制向中国特色社会主义市场经济体制发展的全过程，是我国工资收入分配改革，特别是企业工资薪酬改革发展的参与者和见证者，经历了内蒙古自治区工资改革的每个关键阶段，亲身感受到了我们党通过不断改革，解放和发展生产力，把经济增长成果惠及人民，始终不渝为人民群众谋福利谋幸福的初衷和初心。

40 多年的工作经历和感受，以及积极参与国家人力资源和社会保障部原劳动工资研究所关于工资收入分配改革的一系列研究活动，为工资改革政策积极献言献策，并将国家政策在内蒙古落地开花，使我萌发了系统总结和探索收入分配改革的想法，并将企业工资分配改革历程、成就与创新、面临的矛盾和困难等汇集成册。本书编写前，曾多次与人力资源和社会保障部中国劳动和社会保障科学研究院常风林同志讨论编写目标、方法和内容，反复修改编写提纲，不断完善书稿内容，力求真实性、指导性和适用性。希望本书的编辑出版可以为企业工资分配改革提供指导和帮助，为相关部门和企业人力资源管理提供指引，为推进企业工资分配改革与发展贡献微薄力量。

本书的编辑出版得到多方的大力支持。在这里，感谢人力资源和社会保障部中国劳动和社会保障科学研究院谭中和、常风林两位同志和国务院发展研究中心钱诚博士给予的大力支持与帮助，感谢人力资源和社会保障部劳动关系司司长聂生奎在百忙之中为本书作序，感谢内蒙古财经大学吴新娣、王春枝两位教授付出的辛劳，感谢自治区人力资源和社会保障厅领导，劳动关系处吴波、唐永清、田耀恺、张晓峰，以及自治区财政厅王雄等同志给予的大力支持，感谢社会科学文献出版社刘荣副编审高效、出色的编辑工作。在本书编写过程中，我们参阅了相关文献资料，借鉴吸收了相关理论研究和实践经验成果，在此一并表示诚挚的感谢。本书难免存在一些不足甚至错误，敬请各位同仁批评指正。

高鹏博

2019 年 8 月 30 日

图书在版编目(CIP)数据

内蒙古自治区企业工资分配与政策调控研究 / 高鹏博等著. --北京:社会科学文献出版社, 2019.10
ISBN 978-7-5201-5754-4

Ⅰ.①内… Ⅱ.①高… Ⅲ.①企业管理-工资-收入分配-劳动政策-研究-内蒙古 Ⅳ.①F279.272.6

中国版本图书馆 CIP 数据核字 (2019) 第 227189 号

内蒙古自治区企业工资分配与政策调控研究

著　　者 / 高鹏博 等

出 版 人 / 谢寿光
组稿编辑 / 刘　荣
责任编辑 / 刘　荣
文稿编辑 / 张永理　陈红玉

出　　版 / 社会科学文献出版社 · 联合出版中心(010) 59367011
　　　　　地址: 北京市北三环中路甲 29 号院华龙大厦　邮编: 100029
　　　　　网址: www.ssap.com.cn
发　　行 / 市场营销中心 (010) 59367081　59367083
印　　装 / 三河市东方印刷有限公司

规　　格 / 开 本: 787mm × 1092mm　1/16
　　　　　印 张: 16.25　字 数: 289 千字
版　　次 / 2019 年 10 月第 1 版　2019 年 10 月第 1 次印刷
书　　号 / ISBN 978-7-5201-5754-4
定　　价 / 198.00 元